AF451310

Marta Panaia (Coord.)
Asalarización y profesionalización.
El difícil equilibrio entre la autonomía y la estabilidad

1ª ed. - Buenos Aires: Miño y Dávila editores - Agosto 2020.

272 p.; 22,5x14,5 cm.

ISBN: 978-84-18095-49-8

THEMA: JHBC [Investigación social y estadística]
SHBL [Sociología del trabajo y del esfuerzo]
JNM [Educación Superior y continua. Educación terciaria]

Depósito legal: --

Edición: Primera. Agosto 2020

ISBN: 978-84-18095-49-8

THEMA: JHBC [Investigación social y estadística]
SHBL [Sociología del trabajo y del esfuerzo]
JNM [Educación Superior y continua. Educación terciaria]

Depósito legal: --

Diseño: Gerardo Miño
Composición: Laura Bono

Página web: www.minoydavila.com

Mail producción: produccion@minoydavila.com
Mail administración: info@minoydavila.com

Dirección postal: Miño y Dávila s.r.l.
Tacuarí 540. Tel. (+54 11) 4331-1565
(C1071AAL), Buenos Aires.

ASALARIZACIÓN y PROFESIONALIZACIÓN

El difícil equilibrio entre la autonomía y la estabilidad

Marta Panaia

–coordinadora–

ASALARIZACIÓN y PROFESIONALIZACIÓN

El difícil equilibrio entre la autonomía y la estabilidad

ÍNDICE

Presentación

Este libro es producto de los trabajos presentados en el X Encuentro de Laboratorios de Monitoreo de Inserción de Graduados (MIG) realizado en Resistencia (Chaco), Argentina, el 23 y 24 de mayo de 2019, bajo la consigna *"Diferencias y similitudes regionales en el seguimiento de graduados"*.

De la producción debatida en esos días se hacen evidentes las diferencias entre varias profesiones en las distintas regiones del país y las transformaciones que enfrentan dadas las condiciones de flexibilidad en el mercado productivo y de trabajo, así como los desafíos que se abren a su ejercicio.

El dispositivo homogéneo utilizado para organizar este material son los *Laboratorios MIG* donde se utilizan instrumentos científico-técnicos especializados en el estudio y seguimiento de la problemática ocupacional surgida entre los jóvenes graduados y el mundo del trabajo. A partir de la experiencia pionera del *MIG* UTN FR General Pacheco, que comenzó a funcionar en el 2000, se han desarrollado espacios similares, tanto en instituciones de educación superior como en organismos del estado.

Esta es una cuestión compleja donde los *Laboratorios MIG* investigan desde la perspectiva de la formación-empleo, tratando de resolver las tensiones entre la Sociología del Trabajo y la Sociología de las Profesiones. Estos Laboratorios hacen una recolección permanente de datos sobre los graduados en distintas profesiones basados en sus trayectorias laborales y de formación. Con estos datos cuantitativos y biográficos se caracterizan las modalidades que ellos siguen para insertarse en el mercado de trabajo; y en el diagnóstico de requerimientos de demandas laborales planteadas por los diferentes contextos productivos, en distintas regiones del país.

Entre sus logros se cuenta con información para identificar el ser estudiantil, las dificultades surgidas en los trayectos estudiantiles, las características del abandono universitario, las identidades profesionales y las actuales condiciones del mercado productivo respecto de su innovación, flexibilidad y sus demandas.

Como es tradicional, los *Encuentros Nacionales* brindan a los investigadores que participan en ellos, un espacio de diálogo y un ámbito de discusión metodológica y teórica, que enriquece los trabajos presentados; que facilitan la acumulación de aprendizajes, potencian los recursos y crean lazos de cooperación y apoyo mutuo entre los equipos de trabajo.

En estos eventos se comparten los resultados logrados en cada región, y se posibilita la realización de análisis comparativos. Tales propósitos guiaron la organización de estos encuentros desde sus comienzos, en el año 2005; y vienen consolidando ininterrumpidamente el funcionamiento en una RED VIRTUAL de todos los Laboratorios *MIG*, cualquiera sea su institución sede, bajo la coordinación general del Programa del Ares de Investigación de Trabajo y Empleo (PAITE) dirigido por la Dra. Marta Panaia, investigadora principal del CONICET en el Instituto de Investigaciones "Gino Germani" de la UBA.

La periodicidad de los cinco primeros encuentros fue anual, y a partir de entonces se realizan cada dos años. La secuencia histórica ha sido:

2005. I Encuentro Nacional de Laboratorios MIG. UTN FR Gral. Pacheco
2006. II Encuentro. UTN FR Avellaneda
2007. III Encuentro. UN Río Cuarto, Facultad de Ingeniería
2008. IV Encuentro. UTN FR Resistencia
2009. V Encuentro. UTN FR Gral. Pacheco
2011. VI Encuentro Nacional y I Internacional de Laboratorios MIG. UN Río Cuarto
2013. VII Encuentro. UTN FR Avellaneda
2015. VIII Encuentro. UN Córdoba
2017. IX Encuentro. UN Avellaneda
2019. X Encuentro. UTN Resistencia

El último Encuentro cerró un ciclo de diecinueve años de trabajo conjunto que contribuye a mantener estrechos vínculos científicos e institucionales entre todos los *Laboratorios MIG*; y que permiten la reflexión colectiva, la colaboración mutua, y el intercambio de ideas sobre los desafíos interdisciplinarios que afronta la educación superior, el ejercicio profesional y los cambios que propone el contexto productivo, en el caso de las profesiones universitarias en general.

La Coordinación

 ASALARIZACIÓN Y PROFESIONALIZACIÓN

Entre la profesión y el asalariado

Marta Panaia

En el marco de los procesos de flexibilización del mercado de trabajo en la Argentina, los profesionales con título universitario han sufrido frecuentes cambios en sus formas de inserción en el mercado de trabajo tanto en la variantes de contratación, en los procesos de estabilización de sus cargos, en las dificultades de acceder a una carrera con continuidad y capacitación y en el acceso a los cargos jerárquicos.

Se pueden observar dos tipos de procesos como tendencia, un proceso de asalarización de los profesionales que a partir de la estabilidad en la empresa o en la función pública se convierten en la mayor parte de su tiempo en asalariados comprometidos con el proyecto empresario o burocrático del organismo que les da inserción, o un fuerte borramiento de los límites de los campos profesionales, aumento de la multifunción y pérdida de identidad profesional, actividades interdisciplinares y multidisciplinares o lo que se podría definir como formas problemáticas de profesionalización, con las limitaciones que este concepto plantea (Demazière, 2009).

Estas dos orientaciones plantean desde sus inicios una tensión entre la profesión y la organización y señalan la posibilidad del conflicto entre el antagonismo o la complementación. Para los profesionales la tensión se plantea entre la orientación hacia los valores profesionales y el reconocimiento de sus pares, lo que disminuye su alianza con la empresa o el estado; o la identificación con la organización que plantea como prioritario el compromiso con la institución y por lo tanto un menor compromiso profesional[1].

---

1   Estas orientaciones se corresponden con los conceptos de "cosmopolitas" y "locales" de Durand (1971), donde la profesionalización se presenta como una guerra de independencia entre el trabajo y la organización.

Entre esos dos polos, los profesionales asalariados encuentran diferentes formas de distanciamiento de la organización. Una de las mejores constataciones contra la teoría de la profesionalización como mero proceso de socialización es la débil profesionalización de los empleados más inclinados a adoptar la ideología de otras clases sociales mientras que sus posiciones en la organización del trabajo justifican ampliamente sus faltas de profesionalización.

Ambas tendencias constituyen un desafío para analizar las transformaciones que ocurren con las incumbencias profesionales en la organización del trabajo y en el mercado de trabajo y se han convertido en un ámbito fecundo de análisis sociológico tanto en una dirección micro-sociológica vinculada a la actividad productiva, el análisis interactivo del grupo profesional y con otros grupos profesionales y al destino individual o colectivo de las trayectorias profesionales; como a nivel más macro-social, en cuanto a sus jerarquía clasificatorias, competencias y monopolios de saberes y sus poderes de estructuración de las instituciones y de la totalidad social.

Trayectorias profesionales: profesionalización o profesionalismo

En la literatura funcionalista e interaccionista –que son las que más se han ocupado del proceso de profesionalización–, es evidente que es uno de los procesos más controvertidos de los estudios sobre profesiones (Maurice, 1971).

En la sociología americana la profesionalización es aplicada en general al proceso de evolución de una ocupación, particularmente a la institucionalización del estatus de asalariado (carrerización), pero más ampliamente a la evolución de la estructura de la ocupación en una sociedad en general.

El crecimiento de actividades de servicios, el desarrollo de actividades científicas, de categorías de empleados, de cuadros técnicos y gerenciales convergen hacia la emergencia de una sociedad "profesionalizada" o post-industrial (Maurice, 1971).

Este concepto tan general es fuertemente criticado por Wilensky (1964), que pone en duda la existencia de una *historia natural de la profesionalización* o de la *profesionalización para todos* y con ese argumento excluye las "quasi-profesiones", "semi-profesiones" o "profesiones marginales", que incluyen frecuentemente las profesiones asalariadas. Categoriza estos procesos como "profesionalismo" o "proletarización", pero no como profesionalización.

Las "semi-profesiones" son caracterizadas por Chapoulie (1973: 97) como aquellas donde hay grupos activos políticamente ante sus colegas y ante las autoridades establecidas que intentan promover una forma de organización similar a las de sus profesiones vecinas o que muestran una fuerte tendencia a la profesionalización. Sin embargo, esta caracterización resulta insuficiente, por la gran heterogeneidad que encierra esta categoría y porque en general funcionan como intermediarias de profesiones establecidas como los médicos y los abogados, etc. Esto queda confirmado por un artículo muy citado de Wilensky (1964), donde muestra que los procesos de institucionalización de las profesiones establecidas tienen poco que ver con la evolución que tienen las semi-profesiones. Wilensky entiende que la profesionalización implica ciertas tácticas adoptadas por los grupos de actividad o los oficios con el agregado de una *"manipulación de símbolos"*, que cambian verdaderamente de organización profesional o de modelo de conducta. O sea, ante el obstáculo que ofrece la burocratización de las ocupaciones, lo que distingue un verdadero proceso de profesionalización es *la autonomía*. Por eso solo aplica los procesos de *profesionalización* a las profesiones liberales y el *profesionalismo*, en cambio, se corresponde con los crecientes procesos de burocratización de las organizaciones.

Mac Clelland (1990: 107) citado por Evetts (2003) distingue entre la profesionalización de la manipulación exitosa del mercado por parte del grupo y de la dominación de las fuerzas externas al grupo. Si bien esta categorización pretendía diferenciar las formas de profesionalización angloamericanas y alemanas, es más fructífero para considerar el concepto de profesión y particularmente de profesionalismo.

La distinción entre profesionalización *"from within"* y profesionalización *"from above"* la retoma Evetts (2003) cuando habla de profesionalismo *"from above"* que interpreta como un instrumento de control ideológico de los asalariados destinado a facilitar el cambio organizacional. Este discurso del profesionalismo se convierte en una de las formas de disciplinamiento del *managment* moderno, que los profesionales asalariados aceptan para acceder a mayores jerarquías.

En ese sentido un aporte importante de Chapoulie (1973) es que son las condiciones de ejercicio de las prácticas profesionales las que condicionan las mismas y si estas se realizan en forma independiente van a predeterminar ciertas formas de logro profesional, estrategias de carrera y de reconocimiento de estatus, pero si las condiciones de ejercicio son predominantemente asalariadas, sus estrategias de carrera, sus prácticas y las formas de reconocimiento de la profesión serán modificadas. Sin embargo la evaluación de las mismas no se considera en cada tramo sino como evaluación de todo el curso de la carrera. Así que está introduciendo un concepto de proceso y de variación a lo largo de la misma, poco reconocido por el funcionalismo clásico.

Por otra parte, en ningún momento se habla de prácticas unificadas en el ejercicio profesional, sino que se acepta una gran variedad de prácticas que respetan los antagonismos y diferenciaciones internas, competencias técnicas y éticas profesionales que se encuentran en las diversas condiciones de empleo de las profesiones establecidas. Lo que caracteriza el modelo profesional, en sentido amplio para Chapoulie (1973) es la pertenencia a las clases medias y la formación superior que les otorga una calificación específica, marcando con esto la relación política, económica y social entre los grupos profesionales y las clases sociales.

El estudio de las profesiones como proceso social no fue suficientemente desarrollado en la investigación sociológica y tampoco en los análisis de orientación marxista, donde podría haber ayudado a comprender los cambios de la estructura de clase. En particular no se desarrollaron los indicadores sociales del proceso de limitación de la autonomía profesional, autorregulación del grupo, demarcación jurisdiccional de las bases cognitivas técnicas y el surgimiento y desaparición de las profesiones. En la medida en que los grupos profesionales son históricos, pueden convertirse en factores de transformación social.

A diferencia de lo que plantean los funcionalismos clásicos centrados en la competencia y el cierre de los campos profesionales, la sociología francesa se centra en la evolución de los grupos profesionales y en el análisis de sus trayectorias, que demuestran que estas funciones no son estáticas sino que representan una vía de movilidad social. En la medida que esas funciones se cumplen y aseguran posibilidades de desarrollo económico y humano, el análisis de estas profesiones, también permite un estudio de los cambios intergeneracionales, del acceso de nuevas poblaciones a los ámbitos universitarios, el surgimiento de nuevas trayectorias de formación-empleo; el comportamiento de esas trayectorias que inician desde lugares muy distantes a las clases más acomodadas y pueden acceder a los lugares más prestigiosos y elevados de la sociedad.

Los funcionalismos clásicos centran el análisis al interior de las profesiones y sus procesos de reproducción, fragmentación y control de sus saberes, sus relaciones con otros grupos profesionales y los mecanismos que surgen en esos grupos para mantener la hegemonía de los saberes que aseguran el control de los núcleos más estables de una profesión, en este sentido los aportes de Abbott (1988) tienen todavía mucha vigencia y son importantes su reflexiones acerca de la demarcación, la jurisdicción y la ecología de las profesiones. Abbott (2003) examina el aspecto teórico del concepto de vinculación entre las ecologías que actúan como entidades independientes, con las reglas que les son propias. Abbott sostenía en 1988 que

> "las profesiones en competencia las unas con las otras, aspiran a desarrollarse emparentándose a tal o cual esfera de trabajo que ellas transforman enseguida en 'jurisdicciones', por medio de saberes profesionales y reivindicaciones destinadas a obtener una legitimidad con los poderes públicos".

Este sistema está directamente condicionado para Abbott por la competencia. Todo lo que pasa en el seno de una profesión tiene repercusiones sobre las profesiones vecinas y se traduce sea en los desarrollos, sea en los defectos. De los desarrollos puede haber causas exteriores al sistema, o debido a cambios tecnológicos o a nuevas formas sociales como la burocracia. Todos esos cambios pueden ser el origen de nuevos saberes abstractos, o sea son profesionalizables.

Las profesiones aprovechan esas ocasiones para reforzar sus jurisdicciones por medio de transformaciones estructurales, ajustando las asociaciones, los exámenes, las revistas, brevemente todos los dispositivos de profesionalización. Esas formas de control están sometidas a auditores que sirven de árbitros para mantener la legitimidad del sistema de profesiones.

No obstante, este sistema de profesiones presenta dos inconvenientes que Abbott intenta revisar en miradas posteriores a estas primeras definiciones: la primera, es sobrestimar la solidez del cierre del campo profesional, para explicar el proceso de nacimiento de nuevas profesiones, creadas particularmente a partir de grupos pioneros; la segunda, se refiere a los auditores que fueron considerados como auditores simples encarados solamente en un sistema profesional. En realidad, lejos de ser estructuras unificadas, esos auditores son ellos mismos estructuras de interacción complejas dominadas por fuerzas ecológicas, parecidas a las ecologías que dominan en el mundo de las profesiones.

En ese texto, Abbott define dos sistemas ecológicos, el de la profesión y el del Estado o de otro auditor. Toda la sociedad podría pensarse desde el concepto de ecologías vinculadas. Insiste en la idea de que una táctica jurisdiccional no responde solamente a un objetivo profesional, sino al mismo tiempo a una parte de los objetivos del Estado o de otra estructura que lo contenga.

Así, un actor se vincula en el sistema ecológico de un dominio y no actúa como actor único, sino en una coalición relacionada a un grupo de firmas, de agencias gubernamentales, de asociaciones voluntarias que participan de alianzas y de otras compañías y cada acción profesional tiene repercusiones en todo el sistema. De esta manera, Abbott concibe el mundo social como un conjunto de ecologías múltiples y ligadas entre ellas. Aplicado al mundo de las profesiones, implica que está imbricada en un conjunto de otras ecologías por las cuales el profesional sirve de ejecutivo. De esta manera se ponen en cuestión dos conceptos que acompañaron históricamente el concepto de profesiones, por un lado, el pasaje del profesional al ejecutivo con función en el Estado, la empresa u otra institución, máxime si la profesión de origen estaba muy relacionada con la formación de "cuerpo", como es el caso de los abogados, médicos e ingenieros; y por el otro, la cuestión del cierre del campo profesional como consecuencia de la posesión de un título con incumbencias específicas y el monopolio de ejercicio que ellas defienden y controlan, el contenido de las competencias profesionales, la transmisión de saberes y la socialización de los miembros, las reglas éticas que rigen las buenas prácticas y el valor social y económico de sus actividades.

En esa concepción la profesión es un concepto en que el campo de aplicación es relativamente directo y objetivo y contribuye a formar una especie de elite profesional situada a un alto nivel de la escala de prestigio y de remuneraciones, que se instala en la estructura del mercado de trabajo con cierta estabilidad.

Toda la revisión francesa de la Sociología de las Profesiones de Dubar y Tripier (1998) abre una renovación teórica en la medida que muestra que los grupos profesionales no son cerrados, protegidos y codificados, sino entidades problemáticas donde dentro de una misma nominación, el ejercicio es muy heterogéneo y la legitimidad social no está asegurada.

En este sentido, una veta poco estudiada en la sociología argentina sobre las profesiones es la relación entre los grupos profesionales y sus colegiaturas u organismos auditores que cumplen una función importante en la demarcación, y control del grupo profesional, es la que asume los mecanismos de control y reproducción del grupo y muchas veces entra en conflicto con los grupos sindicales o los convenios colectivos que establecen los ingresos de los profesionales asalariados.

 ASALARIZACIÓN Y PROFESIONALIZACIÓN

A diferencia de los aportes de la escuela inglesa, la mirada holística de la obra de Dubar, Tripier (1998) modifica el concepto de la literatura anglo-americana de "profesión" por el de "grupos profesionales", realiza una notoria arqueología de las profesiones en Francia y relaciona la dinámica de las investigaciones sobre las profesiones con la evolución de la Sociología del Trabajo.

De ahí la revisión del concepto de profesionalización que hace Demazière (2008) que busca

"explorar los procesos de emergencia, de diferenciación y de autonomía de actividades profesionales y más ampliamente de movimientos diversificados, ambiguos y contradictorios de transformación de actividades profesionales: emergencia, identificación, delimitación, categorización, legitimación, invalidación, erosión, segmentación, destrucción y desaparición".

En este sentido los procesos de profesionalización y desprofesionalización (o "*profesionalización problemática*") como los denomina Demazière (2009), que implica la pérdida o la dificultad en lograr esos monopolios de saberes se constituyen en uno de los campos más novedosos del estudio de las profesiones en el momento actual.

Demazière (2009) se plantea la profesionalización siempre como inacabada e incompleta, porque en ella se da la tensión entre una perspectiva deseada y las dificultades atravesadas en el logro de esos objetivos.

En ese sentido, el análisis de las *trayectorias* se convierte en un instrumento clave para recoger la experiencia de reconocimiento, de legitimidad, de formación de los colectivos y de la autonomía, de comprender los dispositivos de formación y de conectar esas formaciones a los sistemas de empleo, de ver los procesos de profesionalización problemáticos y los procesos de integración inteligente a los colectivos de trabajo.

Los procesos de profesionalización resultan problemáticos en razón de ciertas propiedades, de procesos retrasados, de procesos en desarrollo y de procesos todavía inciertos, vulnerables o reversibles, que tienen estrategias heterogéneas y muchas veces contradictorias. Demazière analiza esto como campos de fuerzas y de luchas conflictuales, donde además de ser un campo en tensión el proceso mismo de profesionalización es problemático en la medida en que nomina procesos dispares, a veces muy variados del mundo del trabajo.

Es en este sentido que Demazière (2009) plantea la profesionalización como problemática, no porque se trate de fenómenos difíciles de identificar y calificar, sino porque son procesos heterogéneos y contradictorios y porque las categorías de análisis que se utilizan para estudiarlo son pragmáticas y polisémicas. Si bien este análisis de la profesionalización incorpora un contenido crítico, no es un direccionamiento ni único ni obligatorio, muestra una preocupación por los procesos de inserción, pero al mismo tiempo destaca su heterogeneidad y multiplicidad.

De la lectura teórica de la Sociología de las Profesiones y sus principales cultores surgen varias constataciones: La *primera* es la importancia decisiva que posee el tema de las formas de organización del proceso de trabajo profesional, pero también la importancia del conjunto de creencias y racionalizaciones que acompañan sus actividades en un momento dado del tiempo y del espacio. En realidad no existe una receta universal de cómo ser un profesional, no hay como postula el taylorismo un *"one best way"* para organizar el trabajo profesional y tampoco hay una definición científica de lo que es un grupo profesional y esto es lo que pone en el foco de los estudios los llamados "procesos de profesionalización" cómo se llega a ser profesional y a legitimar el ejercicio.

Esto sumado a la alta heterogeneidad de las prácticas profesionales justifica el fuerte pluralismo encontrado en la teoría sociológica donde cada corriente de pensamiento desarrolla un modelo privilegiado sobre las profesiones, su estructura, su dinámica, su función y sus efectos. No todos estos modelos se plantean las mismas cuestiones, ni recortan sus objetos de la misma manera, ni recogen el mismo tipo de datos. En ese sentido no se puede afirmar que exista una Sociología de las Profesiones, sino que hay acercamientos variados al estudio de los grupos profesionales.

Una *segunda* constatación encontrada entre los enfoques teóricos más frecuentes, como el funcionalismo y el liberalismo, que han planteado con mayor consecuencia el tema de las profesiones, es que para ellos las profesiones constituyen los elementos esenciales de la estructura social y de su regulación moral y reconocen como problema prioritario el de la reproducción de los grupos profesionales. Para los interaccionistas, en cambio, las profesiones no son "entidades" o suerte de viejas comunidades que comparten la misma cultura, sino movimientos permanentes de desestructuración y de reestructuración de segmentos profesionales en competencia y frecuente conflicto.

Para estas corrientes de pensamiento, las profesiones representan los desafíos inscriptos en trayectorias históricas y las formas de acción colectiva constituyen modelos para las carreras individuales. Esta visión tiene su raíz en un modelo crítico del *"cuerpo instituido"* y la *"vocación instituyente"*, pero todos ellos reconocen el importante papel que ocupa el campo profesional en la vida social y en la existencia personal.

Las nuevas teorías surgidas en la década del '70 y del '80, a pesar de su origen weberiano o marxista, confrontan la dinámica histórica de las profesiones con la economía de mercado culminando en la burocracia o en las grandes firmas o en ambas. Estas aproximaciones son en las profesiones de mercado cerrado de trabajo, que intentan monopolizar un segmento de actividades y de legitimar su monopolio por múltiples estrategias. Se refieren frecuentemente a un modelo liberal e intentan teorizar las relaciones entre el mercado, el Estado y las profesiones.

Como señala Tousijn (1994), se podrá objetar que hoy las profesiones se ejercitan mayormente al interior de las grandes organizaciones, y entonces, son estudiados como asalariados con los instrumentos que la sociología ha elaborado para explicar la división del trabajo en este contexto. Esto es discutible: la división del trabajo en el área en el cual operan los profesionales no se comprende sin usar el recurso y algunos instrumentos conceptuales de la Sociología de las Profesiones y, en particular, la idea de que las profesiones mismas son sujetos colectivos que poseen su identidad profesional y su estrategia profesional, aunque haya variaciones en las formas de conseguirla. Las distintas formas de complementación que se dan entre la diferentes profesiones que tienden a compartir su tarea en las organizaciones, da pie a diferentes tipos de conflictos y componendas que justifican diferentes tipologías de relación entre profesiones y que son las que dirimen los problemas a la hora de resolver su comportamiento institucional.

Sin embargo, la flexibilización del mercado de trabajo y las nuevas formas de contratación de los profesionales en las grandes empresas e incluso en la administración pública, pone en cuestión esta vinculación lineal entre el profesional y el mercado de trabajo, acercándolo más a una vinculación múltiple y compleja. Esto varía mucho según las profesiones y el poder acumulado por las colegiaturas, pero cada vez más es un asunto en revisión por las consecuencias de la flexibilización misma del mercado de trabajo.

La situación actual no implica una superación de las viejas teorías por las nuevas, más bien todos los intentos recientes de sintetizar la historia del trabajo, las formas de organización del trabajo, las formas de organizar la producción y la participación de los trabajadores ponen el acento en la incertidumbre que plantea la crisis y los cambios estructurales que están enfrentando las economías de nuestros países y, en todo caso, de analizar una nueva estructuración del campo de investigación que nos ocupa. Sin embargo, es evidente que las constataciones empíricas y los estudios sobre los grupos profesionales hacen nuevos aportes que son importantes considerar.

Entre ellos, hay algunos más generalistas como los aportes de Tripier y Dubar (1998) que aportan una arqueología y una sistematización teórica de las Sociología de las Profesiones, los aportes de Abbott (1988) que avanzan sobre las formas de control que caracterizan a las profesiones en tanto que construcciones sociales. Esos controles están concentrados en la etapa de la formación y la socialización profesional y el control de los códigos éticos que definen el comportamiento profesional. De allí proviene la palabra *licencia* que indica que una profesión tiene el derecho de *licenciar* o sea autorizar a sus miembros a ejercer. Con un criterio más amplio, se puede considerar el concepto de *jurisdicción,* que implica para una profesión la capacidad de regular no solo sus condiciones de producción y reproducción sino también su entorno especialmente otras profesiones que compiten en el campo o fracciones que se encuentran subordinadas a ellas y que recientemente son puestas en cuestión por el propio Abbott (2003).

No es porque sí, la tendencia reciente a trabajar grupos profesionales en situaciones límites, en actividades legítimas o ilegítimas, actividades marginales o voluntarias, porque en alguna medida, eso significa no trabajar en base al modelo de profesión establecida sino a la existencia de procesos múltiples de ocupaciones que no responden a reglas generales y a partir de los relevamientos de datos empíricos. De ahí la revisión del concepto de profesionalización que hace Demazière (2008).

Esta definición se acerca mucho a la metodología de los Laboratorios MIG[2] en el sentido de captar en las trayectorias profesionales, los procesos, los motores, las bifurcaciones, los estancamientos, los ascensos y los descensos, sin pensar que todas las trayectorias profesionales siguen un modelo establecido (Panaia, 2006; 2009; 2011; 2013). La incursión por profesiones distintas muestra caminos diferentes para

---

2   Los Laboratorios MIG trabajan con un dispositivo de recolección de datos basado en la articulación de los métodos cuantitativos y cualitativos. La recolección de los datos de tipo cuantitativo se realiza por medio de una encuesta de tipo longitudinal, la cual hace hincapié solamente en la trayectoria de formación-empleo. Los datos de tipo cualitativo se realiza a través de una entrevista semi-estructurada, biográfica, que capta las diferentes secuencias de su vida familiar, residencial, laboral y de formación, en forma retrospectiva. Los datos obtenidos en estos Laboratorios son comparables entre sí. En este momento funcionan con esta metodología los laboratorios siguientes: MIG Gral. Pacheco (UTN) 2000; MIG Río Cuarto (UNRC), 2004; MIG Avellaneda (UTN) 2006; MIG. Resistencia (UTN) 2007; MIG. Río Gallegos, 2008; MIG-Turismo 2008-11; 2009 MIG-Córdoba; 2014 MIG-UNDAV.

   ASALARIZACIÓN y PROFESIONALIZACIÓN

la estabilización, los logros de institucionalización y los grados en que ello se logra y vincula este proceso con otras categorías de análisis ligadas a la formación del grupo, su consolidación y estabilización, o por el contrario llevan a rupturas teóricas y desmembramientos del grupo, fragmentación o autonomización de distintos grupos profesionales y en ese caso, cuál es realmente el proceso de profesionalización.

Si bien este análisis de la profesionalización incorpora un contenido crítico, no es un direccionamiento ni único ni obligatorio, muestra una preocupación por los procesos de inserción, pero al mismo tiempo destaca su heterogeneidad y multiplicidad.

Hay que ver, lo que Abbott (2003) plantea como la tarea de los auditores, es decir de los controladores de la profesión que cumplen un rol de poder y de orden que acompaña los procesos de evolución de los colectivos profesionales. Esto incluye el análisis de la actividad de los idóneos, de los *amateurs* de los voluntarios, de los no calificados, etc., que aparecen en muchos colectivos profesionales y constituyen categorías en el límite.

Metodología y relevamientos empíricos

Los datos se recogen y analizan a dos niveles: El análisis micro aporta a las identidades individuales y sociales, a las trayectorias de formación-empleo, al nivel de ingresos, a las jerarquías sociales, a la distribución de los tiempos de trabajo que se alteran con la flexibilidad y modifican su vida cotidiana, a los posicionamientos en la inserción al mercado de trabajo y a la estructuración de los espacios próximos de vinculación social.

A nivel macro-social el análisis de las profesiones permite comprender la estructuración de la sociedad total, pero también el cumplimiento de necesidades básicas que la sociedad tiene que cubrir para poder asistir a su población, como las funciones de educación, de salud, de administración, de crecimiento, etc.

Por otra parte, Demazière no desconoce el aspecto cultural de la profesionalización, como trayectoria y considera que la profesionalización es también un proceso de vinculación social con otros grupos y otras profesiones, ya lo plantea Abbott desde sus ecologías y lo retoman los aportes de Gadea (2012), que incorpora la regulación o más precisamente la autorregulación como una dimensión característica de las profesiones siguiendo los rastros de Durkheim. Gadea se interesa por estudiar los límites de los campos profesionales y como los considera móviles y flexibles, con esto abre un amplio campo de análisis que tiene que ver con el problema de las fronteras, pero que implica considerar un grupo profesional como un ser colectivo y como tal tienen un nacimiento, un desarrollo y una terminación que puede prolongarse o no en el tiempo.

Surgimiento, transición y desaparición o estabilización de los Grupos Profesionales

La profesionalización es también un proceso de vinculación social con otros grupos y otras profesiones, ya lo planteaba Abbott desde sus ecologías y lo retoman los aportes de Gadea (2012) que incorpora la regulación o más precisamente la autorregulación, como una dimensión característica de las profesiones siguiendo los rastros de Durkheim. Gadea se interesa por estudiar los límites de los campos profesionales y como los considera móviles y flexibles, con esto abre un amplio campo de análisis que tiene que ver con el problema de las fronteras, pero que implica considerar un grupo profesional como un ser colectivo y como tal tienen un nacimiento, un desarrollo y una terminación que puede prolongarse o no en el tiempo.

Gadea distingue dos categorías diferentes de grupos profesionales, los llamados *"grupos establecidos"*, en general con un gran prestigio, con procesos de formación altamente institucionalizados, con un título protegido y un mercado de trabajo cerrado.

Una segunda categoría es lo que él llama *"categorías formalizadas"*, en la medida que no siempre disponen de un monopolio del título y del ejercicio, pero son objeto de una formación específica, sancionada institucionalmente. Además de estas dos grandes categorías, presenta una *tercera* categoría que llama *"oficios de hecho"*, que se caracteriza por la ausencia de la organización formal y la institucionalización de los saberes y de los aprendizajes. Una cuarta categoría está vinculada al concepto de fronteras y se refiere a las *"situaciones límites"*, o sea actividades que no pueden ser consideradas como profesionales, sea porque ellas no dan lugar a una remuneración que permita vivir de esa actividad o porque es una actividad que se practica de manera irregular y no continua.

Es decir, que la idea es que los grupos profesionales como seres colectivos, pueden nacer, desarrollar sus actividades, estableciendo una identidad que puede ser más o menos larga y persistente o desaparecer por un proceso lento o rápido de desprofesionalización o de aparición de nuevos saberes, ruptura de las reglas de competencia cambios importantes en el sistema político y económico, cambios tecnológicos, etc. Luego hay situaciones contextuales que generan riesgos potenciales, invasiones en el campo, apropiaciones de saberes que pueden producir movimientos y nuevas dinámicas.

Aportes desde la Experiencia de Los Laboratorios MIG

De la experiencia realizada con los Laboratorios de Monitoreo de Inserción de Graduados (MIG) en distintas profesiones universitarias y distintas regiones del país, surge que hay factores que ponen en tensión la identidad de los profesionales y se refleja en sus trayectorias de diferentes maneras, porque tienen que ver con la constitución de sí mismos. Las trayectorias laborales truncadas o con frecuentes bifurcaciones, el abandono de varias carreras universitarias y las dificultades de inserción en actividades relacionadas con los estudios realizados, son algunos de los escenarios más frecuentes.

Argentina es un país que tiene un extenso territorio y muchas diferencias regionales que producen títulos con similitud de contenidos, pero con ejercicios profesionales muy heterogéneos. El hecho de contar con Laboratorios en distintas Regiones y con metodologías comparables permite observar estos distintos procesos.

En estos Laboratorios se recoge información sobre distintas profesiones, según sean las Carreras que se dicten en cada Universidad, que pueden ser Nacionales o Tecnológicas, pero siempre de gestión pública y van desde las profesiones más estabilizadas como la Medicina y la Ingeniería, hasta las más nuevas como Turismo, Comunicación y Enfermería.

La exclusión de trayectorias continuas o de largo plazo, condiciona la conformación de los campos profesionales y su reproducción y la flexibilización de los mercados de trabajo y las formaciones interdisciplinarias contribuyen a complejizar los procesos de conformación de las identidades profesionales, los procesos de profesionalización y la movilidad social.

El rol de la tecnología, la necesidad de la innovación y los cambios en el mercado de trabajo intervienen en estos procesos por las nuevas formas de organización del trabajo y muchas veces precarización o asalarización de los profesionales, con transformaciones poco estudiadas en su identidad. Más limitado aún es este proceso en las mujeres profesionales, frecuentemente descalificadas en sus conocimientos y capacidades por su género. Por otra parte, la pérdida en grandes sectores de la población de la centralidad del trabajo como área ordenadora de sus actividades y trayectorias de vida que se refleja en trayectorias caóticas y discontinuas, a veces muy dispersa.

La brecha entre la teoría anglo sajona, la escuela francesa y los aportes de la teoría marxista lejos de estar superada, está en tensión entre los interrogantes que la Sociología del Trabajo no puede contestar, particularmente en el área de formación y empleo en los procesos de *"profesionalización problemáticos"* (Demazière, 2009) y la incidencia de la flexibilización de los mercados de trabajo que genera procesos crecientes de desprofesionalización y una vuelta a las preguntas teóricas que fundaron el campo de la Sociología de las Profesiones. La declinación o las transformaciones de algunas profesiones que son hoy claves para el desarrollo, como la *Ingeniería,* las enormes ramificaciones de las profesiones del *"care"* con las múltiples formas de enfermería, cuidados especiales, atenciones domiciliarias, gerontología, etc. y sus complejidades tecnológicas o de profesiones que se han expandido fuertemente desde sectores más informales en todos los niveles, como la *Informática*, la *Comunicación* o los casi inexistentes, pero acuciantes estudios sobre el personal de *Seguridad*, generan un área de indagación que interpela los límites entre la Sociología del Trabajo y la de las Profesiones.

Así aparece la necesidad de repensar sus aportes teóricos, a partir de los relevamientos longitudinales y biográficos, con datos empíricos y recientes sobre cada profesión y cada grupo profesional; desde el género, que aporta nuevas miradas y desde los límites jurisdiccionales, desde la formación-empleo impulsada por el Estado y por los formadores privados en dirección de resolver la tensión en las fronteras de los colectivos profesionales, pero también para discriminar los aportes disciplinarios de la Sociología del Trabajo, de la Sociología de las Profesiones y de otras disciplinas que aportan variedades novedosas como la Tecnología, el *Management* y la Sociología del Género, cuando se trata de analizar categorías socio-profesionales, procesos de inserción en el mercado de trabajo, de profesiones que han adquirido cierta notoriedad y masividad, como las vinculadas a la comunicación, a la informática, al cuerpo, al arte y los servicios o que muestran desajustes en la formación y el trabajo y se alejan de los procesos clásicos de profesionalización.

Por otra parte, muchos saberes profesionales se constituyen en el seno del aparato estatal en áreas específicas (como es el caso de abogados, médicos, ingenieros, sociólogos, etc.) y también en casos que el saber profesional se ejerce exclusivamente, o casi, en el mismo Estado (científicos, diplomáticos, policías, militares, magistrados), generando

 ASALARIZACIÓN y PROFESIONALIZACIÓN

procesos de "*profesionalización problemáticos*", burocráticos o dominados por estructuras externas a la profesión misma.

Del análisis de las trayectorias se observa mayor fragmentación en las profesiones y el surgimiento de nuevas profesiones ligadas al fuerte crecimiento de las formaciones de posgrado, que polarizaciones entre el ejercicio liberal y el asalariado, también llamado proceso de proletarización de los profesionales, si bien este es más frecuente sobre todo en los profesionales que trabajan en la función pública.

Muchas actividades buscan las vías de la profesionalización, aunque otras pierden control y reservas, dejan de acumular conocimientos y legitimidad y se dispersan en otras áreas profesionales. Si hay una proximidad con la Sociología del Trabajo, por un lado, ésta se debilita con la pérdida de la centralidad del trabajo en las identidades sociales, por el otro. La internacionalización también trae el modelo de las empresas de servicios profesionales, acercando profesiones a la discusión sobre corporaciones, mercados, *business*, internacionalización y globalización y no sólo con los aportes de la Sociología del Trabajo. Además, hay una enorme diversificación de los grupos profesionales y de las intersecciones o demarcaciones del campo profesional al desplazar el debate de ese campo clásico del trabajo.

Tres casos ejemplifican los procesos de profesionalización difícil: Por un lado, el caso de las enfermeras, frecuentemente considerada una semi-profesión o una categoría profesional, en un contexto de transformación[3], que tienen tanto dificultad para hacer carrera en su medio como en mantener la autonomía de sus actividades. La perspectiva de carrera de esta actividad son las jefaturas administrativas, que implican el abandono de la tarea práctica cerca de los enfermos por la tarea de gestión y de repartición de tareas. Por otra parte, en la tarea propia de su rol la pelea por el logro de su autonomía, sigue planteada con el médico que le delega tareas que la valorizan, pero que la obligan a delegar a su vez parte de su trabajo en las cuidadoras. En ambos casos –las enfermeras y las cuidadoras– lo que se pone en tensión es la posibilidad de profesionalización de ambas categorías subordinadas en la división del trabajo hospitalario. La evidencia de la delegación de parte de sus tareas propias, que en general es informal, afecta la profesionalización del propio grupo y de los grupos vecinos que están siempre basados en los conocimientos técnicos propios de su rol. En ese ámbito de escasa autonomía, la profesionalización es problemática

---

3   En Argentina no tienen reconocimiento en el Estatuto Médico hasta 2019.

o difícil y, sin embargo, es innegable la base técnica y la necesidad de la profesionalización de las enfermeras (Panaia y Delfino, 2019).

Otro caso muy evidente, es el de los ingenieros, que puede considerarse una profesión establecida por su importancia en los avances tecnológicos y su rol en el desarrollo, por las bases cognitivas específicas y los procesos de institucionalización de esta profesión, que construyeron durante el período de sustitución de importaciones una identificación entre los ingenieros y la gerencia de las grandes empresas y del Estado, ampliando su bases cognitivas a la gestión y la administración, delegando en alguna medida sus actividades propiamente técnicas en los técnicos. Sin embargo en un contexto de globalización y flexibilización creciente, se observa la destrucción de las carreras de empresas, tienden a perder la estabilidad de sus cargos y sus roles ejecutivos frente a los *managers*, especializados en la gestión. La imposibilidad de estabilizarse en sus cargos y acceder a las jerarquías más altas de la empresa o el Estado los lleva a formar consultoras independientes y aceptar cargos de asesores de varias empresas o instituciones, dificultando la posibilidad de profesionalizarse en una línea de actividad sobre sus bases cognitivas técnicas.

Respecto del aumento de los cuadros jerárquicos y la conformación de las elites superiores de la estructura social, es bastante evidente que el nuevo *management* trata de responder a las demandas de autenticidad, autonomía y libertad de las profesiones y enriquecer el acceso a los cargos jerárquicos de múltiples especialidades sin que los profesionales que provienen de la formación de cuerpos, sean los que preferentemente ocupen las elites funcionarias, aunque no necesariamente sean los más creativos y, por otra parte, culturalmente los jóvenes soportan con dificultad la disciplina de la empresa, del estado y de las administraciones muy rígidas, con el control estricto de los jefes y se niegan a ejercerlo con sus subordinados.

Por último, los agentes de turismo, considerada también una categoría profesional que comparte la división de tareas con otros grupos vecinos como los vendedores de pasajes, o los coordinadores de grupos turísticos, cuyo conocimiento técnico de las condiciones y características de viaje, basados en una relación de servicios personales especializados, compiten con una tecnología de plataformas que maneja una enorme cantidad de datos, con una gran celeridad, bajos costos y vacía de alguna manera su rol propio de gerenciar los viajes, apropiándose parte de sus tareas por su supremacía técnica. Sus posibilidades de profesionalización se convierten en problemáticas o difíciles, porque compiten con las de cualquier técnico informático, que no tenga cono-

cimientos especializados en turismo, pero que puede trabajar desde
una plataforma en el armado de toda la secuencia del viaje o con las de
un profesor de idioma que puede guiar un grupo por sus conocimientos idiomáticos sin tener conocimientos específicos (Panaia y Totino,
2012). Este segmento de economía digital o plataformas promueve
una lógica de empresa en oposición al segmento tradicional que pierde
lentamente su legitimidad (Panaia, 2011; 2015).

El caso argentino

En las últimas décadas se experimentan en países centrales y
periféricos, transformaciones estructurales que les permiten ocupar
lugares de peso a nivel internacional, pero que muestran un proceso
de disminución en la gravitación de la industria en el conjunto de la
actividad económica (Ortiz y Schorr, 2009).

En los países desarrollados este proceso está ligado a la maduración y la sofisticación del entramado industrial. Esto produce fuertes
aumentos en la productividad por la incorporación de un amplio abanico de tecnologías y bienes de capital, que –entre otras consecuencias– producen una caída de los precios relativos de los productos
industriales; en los servicios y en distintos tipos de actividades no
productivas cerebro-intensivas asociadas a sectores fabriles de punta.
En la Argentina, en cambio, la desindustrialización proviene directamente de la desarticulación productiva y la reestructuración regresiva
del aparato manufacturero iniciada a mediados de los años '70 con
el golpe militar.

Este proceso, según Ortiz, Schorr (2009) está ligado al predominio
de ciertos sectores que adquieren poder de veto sobre el desarrollo de
otros sectores, que conforman mercados muy concentrados y vinculados a capitales transnacionales y que se distancian cada vez más
del tejido fabril local. Por otra parte, se produce un gran retroceso de
actividades con elevado desarrollo tecnológico e ingenieril y fuerte
potencial en la creación de cadenas de valor con generación de empleo,
es decir, en el fortalecimiento del entramado industrial interno.

La apertura comercial implementada, particularmente desde 2015,
plantea una dualidad estructural entre los que exportan y los que no
lo hacen y la estructura de precios relativos. También tiende a desalentar la inversión industrial en estos países y como contrapartida la
centralidad de la especulación financiera en el proceso de acumulación
y reproducción ampliada del capital con las empresas que empujan a
la crisis a las empresas de niveles menores.

En síntesis, los principales factores explicativos de la desindustrialización argentina de las últimas décadas está ligada al aumento de
la brecha entre la economía local y de las naciones más desarrolladas
con el afianzamiento de la globalización. De manera que, la desindustrialización por modernización y profundización industrial registrada
en los países más desarrollados es muy diferente, contrasta con la
desindustrialización por crisis y simplificación por crisis y simplificación productiva argentina, o sea que se genera el carácter trunco
y desarticulado de la estructura manufacturera consolidada por las
políticas neo-liberales de los últimos años.

Como consecuencia, el sector industrial productor de bienes de
capital argentino carece de espaldas suficientes para hacer frente a
una demanda de inversiones en expansión. Por esa razón, Argentina,
en la última década, mantiene una fuerte heterogeneidad al interior
de la trama industrial, con dependencia tecnológica, lo que se refleja
en el mantenimiento de una matriz productiva trunca y desarticulada.

En base a los casos estudiados se presentan tres conclusiones para
las actividades profesionales. En *primer* lugar, los procesos de tercerización de la economía que lleva a una menor disponibilidad de
empleos directamente relacionados con el sector productivo. O sea
que hay una fuerte demanda hacia los servicios y una declinación del
sector industrial.

En *segundo lugar*, el aumento de las estructuras jerárquicas de
las empresas que pone en cuestión quienes son cuadros y quienes no y
que revisa en los hechos la relación con la empresa/Estado/institución
y con el proyecto personal de los profesionales que pueden acceder,
ocasionando a veces serios divorcios, dificultades para el ingreso de
jóvenes, etc. Todas estas razones convierten la relación de los profesionales con las instituciones, con el Estado y con el mercado en situaciones mucho más inestables, porque lesionan la acumulación de sus
saberes, la legitimidad de su ejercicio y sobre todo su poder de mando
y la proyección futura de su carrera. De hecho el cuestionamiento a
la acumulación de poder de las colegiaturas y las Asociaciones profesionales, tienen que ver con un control de la profesión que escapa a la
flexibilidad del mercado y mantiene cupos de poder en el que es difícil
entrar y negociar, sobre todo para el Estado (caso de la Res. 1254/18).

Por último, en *tercer* lugar, los cambios en la separación de las
tareas de concepción, de investigación, de desarrollo, de producción,
y de gestión que eran consideradas inevitables en las instituciones
universitarias, no resultan hoy operatoria.

Algunas reflexiones finales

Las últimas décadas muestran una crisis de las profesiones tradicionalmente establecidas, como la Ingeniería, por los cambios en el mercado de trabajo profesional y en la estructura productiva, pero también la aparición de grupos profesionales nuevos, el crecimiento de fracciones profesionales y categorías que tienen dificultades en profesionalizarse. Esto pone en tensión los procesos de profesionalización. En especial sus posibilidades de carrera profesional, de autonomía, de autorregulación y de posibilidades de reproducción de su campo profesional. En un contexto de globalización, de flexibilización de los mercados de trabajo, de segmentación de los mismos y de heterogeneidad y coexistencia de distintos modelos productivos, las trayectorias de los grupos profesionales muestran sus dificultades para profesionalizarse.

Los estudios realizados muestran bastante consenso sobre tres procesos que resultan significativos a la hora de evaluar que los afectan más directamente. En *primer* lugar, los procesos de tercerización de la economía que lleva a una menor disponibilidad de empleos directamente relacionados con el sector productivo. O sea que hay una fuerte demanda hacia los servicios y una declinación del sector industrial.

En *segundo lugar*, el aumento de las estructuras jerárquicas de las empresas que pone en cuestión quienes son cuadros y quienes no y que revisa en los hechos la relación con la empresa/Estado/institución y con el proyecto personal de los profesionales que pueden acceder, ocasionando a veces serios divorcios, dificultades para el ingreso de jóvenes, reconversiones dolorosas, despidos a veces numerosos, por reestructuraciones empresarias y no pocas veces por competencias técnicas que quedan obsoletas después de varios años.

Todas estas razones convierten la relación de los profesionales con las instituciones, con el Estado y con el mercado en situaciones mucho más inestables, porque lesionan la acumulación de sus saberes, la reproducción de su base cognitiva, la legitimidad de su ejercicio, pero sobre todo su poder de mando y la proyección futura de su carrera. De hecho el cuestionamiento a la acumulación de poder de las colegiaturas y las Asociaciones profesionales, tienen que ver con un control de la profesión que escapa a la flexibilidad del mercado y mantiene cupos de poder en el que es difícil entrar y negociar, sobre todo para el Estado[4].

Por último, en *tercer* lugar, los cambios en la separación de las tareas de concepción, de investigación, de desarrollo, de producción, y de gestión que son consideradas inevitables por el funcionamiento de compartimientos estancos, actualmente no reconocen esta división que no es operatoria, porque la flexibilización a nivel de la empresa, el mercado, el salario, la fábrica, la formación se generaliza cada vez más. Por este motivo los aspirantes a esos cargos deberán manejar la matriz de conocimientos técnicos, pero también manejar otras lógicas, saber dirigir equipos, comunicarse fluidamente, ejercer liderazgos, etc.

Es posible entonces pensar que la identidad proporcionada por la socialización tradicional basada en los conocimientos técnicos resulta insuficiente. Y de la misma manera, las trayectorias profesionales que estaban pensadas como el pasaje de una etapa de producción a una etapa de gestión, tienen contornos borrosos, porque ya no se puede separar nítidamente una de otra, hay elementos de ambas en las dos. Programar el porvenir deviene más complicado y difícil y el concepto de formación-empleo deviene una antigüedad, que no puede ser pensado solamente para la inserción en el mercado de trabajo. Sin embargo, lo que cobra mayor importancia es la elaboración de un plan o proyecto personal durante el curso de los estudios, muchas veces multi-ocupacional que provoca procesos de desprofesionalización más que de cohesión profesional. Es tarea de los sociólogos tratar de analizar el significado de estas trayectorias cada vez más difusas.

Para el caso argentino, respecto del *primer punto* hay que reconocer que las estadísticas son muy deficitarias y no hay buenas evaluaciones de la cantidad de profesionales que trabaja en cada ámbito, ni de los procesos de surgimiento y desaparición de profesiones. No obstante lo que habría que valorar de estas apreciaciones son los posicionamientos estratégicos respecto a la innovación, que tiende a ocupar al profesional, sobre todo en las empresas más nuevas y

---

4   De hecho, está pendiente de aplicación la Resolución 1254/18 del Ministerio de Educación (Argentina) se reducen la cantidad de actividades reservadas para cada profesión, según las incumbencias de su título. Quedan solo como exclusivas las que comprometen *el interés público y ponen en riesgo en forma directa la salud, la seguridad o los bienes de las personas.* La resolución abarca 37 profesiones y tiene validez nacional. En principio, es llamativo que una Resolución ministerial pueda modificar las incumbencias otorgadas por Ley a cada profesión para su ejercicio, y que no se modifiquen primero los planes de estudio, antes de modificar las incumbencias, ya que se les está ofreciendo a los cursantes y a los graduados un título con determinadas incumbencias. Por otro, si bien es prematuro para conocer la reacción de las colegiaturas, es evidente que se producirá una puja de poderes para preservar las incumbencias de cada profesión.

creativas y los formatos educativos que aseguren la reproducción de la formación de base.

Es preciso aclarar que ninguno de estos tipos de estudio es frecuente en nuestro medio y existen contadas excepciones en que sean comparables por el uso de relevamientos y métodos similares. Por otra parte, los estudios no son homologables para todas las profesiones porque priman distintas representaciones de carrera y son otros los objetivos valorados socialmente en cada una, en las cuales ellas se desenvuelven. Los trabajos genéricos que abordan este tipo de temática dan cuenta fundamentalmente del hecho de la ruptura de las trayectorias socio-profesionales o laborales dadas las condiciones existentes de contratación en el mercado de trabajo o el nivel educativo. Es decir, trabajan con categorías sociales más amplias o de determinado nivel de estudios alcanzados lo cual acentúa la desprofesionalización de los grupos hacia una evolución incierta en términos de permanencia del grupo.

En cuanto al *tercer* punto a partir de las entrevistas biográficas[5] que permiten hacer un primer barrido de los parámetros que usan los propios graduados para calificar sus expectativas y representación de su experiencia profesional, tanto referida a las dificultades para construir la trayectoria profesional, como la realización de sus expectativas y la percepción de la solidez de la formación recibida[6].

En realidad la investigación sobre los territorios de cada profesión, sometida a sus reglas específicas solo tiene como límite la autonomía de otros grupos profesionales. Sin embargo, la noción de jurisdicción, tan cara a Abbott, lo único que marca es la existencia de territorios que obedecen a una misma regla, pero esto no significa que se encierren en una lucha corporatista. Más allá de su poder auto-regulador y de la defensa de sus intereses, los grupos profesionales representan una acumulación de capital social y de conocimiento que los constituye en una fuerza y en una identidad colectiva para mejorar las condiciones de trabajo sin que esto derive necesariamente en privilegios y abusos. Más allá de la importancia de profundizar los estudios sobre los grupos profesionales, es evidente que una aproximación transversal muestra algunos procesos de interés: todos aparecen atravesados por los cambios tecnológicos que interpelan las bases cognitivas de estos grupos; todos presentan transformaciones de género; las pro-

---

5   Todos nuestros estudios sobre las profesiones articulan un método de relevamiento cuantitativo con una entrevista biográfica en profundidad. Cf. Panaia, M. 2006.

6   Estos datos están referidos específicamente a la Universidades relevadas.

fesiones masculinas o femeninas tienen actualmente una tendencia fuerte a las formas mixtas, que las obligan a salir de la desigualdad de posiciones y de carreras entre hombres y mujeres; y, por último, todas las formas de regulación son cada vez más heterogéneas. En este sentido, la regulación de las carreras de formación puede contribuir a facilitar la delimitación de sus territorios profesionales o incumbencias. Se puede concluir que el modelo de profesiones, en tanto forma de organización del trabajo calificado tiene posibilidades de extenderse ampliamente sobre la base de la masificación de la Educación Superior y la multiplicidad de terminales universitarias, lo que tambén habilita a trabajar las jurisdicciones o fronteras como dominios científicos.

Bibliografía

Abbott, A. (1988) *The system of profession. An Essay on the Division of Expert Labor*, Chicago, University Chicago, Press.

Abbott, A. (2003) "Écologies liées. Ä propos du système des professions". En Menger, M., *Les professions et leurs sociologies*, Paris, EMSH.

Bercot, R., Diday, S. y Gadea, Ch. (2012) *Les groupes professionnels en tension*, Toulouse, Francia, Octares.

Chapoulie, J.M. (1973) «Sur l'analyse sociologique des groupes professionnels», *Revue Française de Sociologie*, N° 14, vol. 1, (pp. 86-114).

Demazière, Didier (2009) "Postface: Professionnalisations problemátiques et problemátiques de la professionnalisation", *Formation Emploi*, N° 108, (pp. 83-89), Marseille, CEREQ.

Demazière, Didier (2008) "L'ancien, l'emergent et le nouveau: quelle dynamique des activités professionnelles?", *Formation et Emploi*, N° 101, (41-54), Marseille, CEREQ.

Dubar, Claude y Tripier, Pierre (1998) «Sociologie du professions», París, Armand Colin.

Durand, M. (1971) «Professionnalisation et allégeance chez les cadres et les techniciens», *Sociologie du travail*, vol. XIII, janvier-décembre, (pp. 185-212).

Evetts, J. (2003) «The Sociological Analysis of Professionalism. Occupational Changhe in the Modern World», *International Sociology*, N° 18, (2), (pp. 395-415), SAGE.

Gadea, Ch. (2012) "Dynamiques de la régulation", en Bercot, R., Diday, S. y Gadea, Ch. (2012) op.cit.

Godard, F. y Cabames, R. (1996) *Uso de las Historias de Vida en las Ciencias Sociales*, Centro de Investigaciones sobre Dinámica Social Serie II, Bogotá, Universidad del Externado de Colombia, julio.

   ASALARIZACIÓN y PROFESIONALIZACIÓN

Maurice, M. (1971) "Propos sur la Sociologie des professions", *Sociologie du travail*, vol. XIII, janvier-décembre, (pp. 213-225).

Menger, M. (2003) *Les professions et leurs sociologies*, Paris, EMSH.

Ortiz, R. y Schorr, M. (2009) "Evolución reciente de la industria argentina de bienes de capital", *Revista H Industria*, Año 3, N° 4, primer semestre (pp. 2-28).

Panaia, Marta (2000) "Demandas empresariales sobre las calificaciones de los ingenieros en Argentina", ALAST, CD.

Panaia, M. (2006) *Trayectorias de Ingenieros Tecnológicos. Graduados y alumnos en el mercado de trabajo*, Buenos Aires-España, Miño y Dávila, marzo.

Panaia, M. (Coord.) (2009) *Inserción de jóvenes en el mercado de trabajo*, Buenos Aires, La Colmena.

Panaia, M. (Coord.) (2011) *Trayectorias de graduados y estudiantes de Ingeniería*, Buenos Aires, Biblos.

Panaia, M. (2013) *Abandonar la universidad con o sin título*, Buenos Aires, Miño y Dávila, UTN-FRA.

Panaia, M. y Tottino, L. (2012) "El perfil de los trabajadores de las Agencias de Viajes y Turismo de la Ciudad de Buenos Aires entre los años 2008 y 2010", (pp. 265-272), en Barbetti y Ortiz (Comp.), *Fronteras abiertas de América Latina: geopolítica, cambios culturales y transformaciones sociales: Encuentro Pre- Alas 2011, preparatorio del Congreso de Recife 2011*, Resistencia, Argentina, Universidad Nacional del Nordeste, Centro de Estudios Sociales.

Panaia, M. (Coord.) (2015) *Universidades en cambio: ¿generalistas o profesionalizantes?*, Buenos Aires-Madrid, Editorial Miño y Dávila.

Panaia, M. y Delfino, A. (2019) *El estallido del tiempo*, Buenos Aires-Madrid, Miño y Dávila, UBA-CONICET-UNL, diciembre.

Tousijn, Willen (1994) "In concetto di professionalizzazione e la divisione del lavoro tra occupazioni", *Sociologia del Lavoro*, N° 53, AIS, (pp. 99-115).

Wilensky, H. (1964) "The professionalization of everyone", *The American Journal of Sociology*, vol. LXX, N° 2, set., (pp. 137-158).

Inserción laboral, inclusión y profesionalización en la UNDAV

Vanina Simone

Introducción

Hacia finales del siglo pasado los procesos sociales que vinculan la educación y el trabajo llamaron la atención de organismos internacionales, investigadores, académicos y autoridades gubernamentales a propósito de las transformaciones socio-económicas y políticas acontecidas hacia las décadas de 1970 y 1980, las cuales constituyen, según Arceo (2011) la respuesta del capital a la caída de la tasas de ganancia observada en los años previos y son fundamento de la actual crisis: la caída del esquema económico-político de posguerra y la transnacionalización de los procesos productivos. Para alcanzar nuevos incrementos de rentabilidad del capital, fue necesaria la eliminación de las barreras al comercio y a la circulación de capital. Los países centrales, las grandes empresas multinacionales y los organismos multilaterales alentaron la apertura comercial, la eliminación de las restricciones a la inversión extranjera y a la entrada de capitales especulativos, y la especialización de la periferia en la producción de bienes y servicios en los que cuentan con ventajas comparativas estáticas (Arceo, 2011). Por su parte, el sistema educativo es cuestionado –entre otras críticas– porque ya no logra tener una clara correspondencia con el mercado de trabajo y la forma de distribución de la fuerza de trabajo, el mundo productivo se transforma en cantidad y calidad de empleo requerido socialmente. La transición de la educación al empleo y la correspondencia entre titulaciones y ocupaciones, nivel educativo y estatus socioeconómico son materia de debate (Teichler, 2005). Esta situación difiere en los países centrales y periféricos, donde estos últimos profundizan su función de proveedores de materias primas y se incrementa la desigualdad. La concentración de la riqueza es lo que ha crecido en las últimas décadas, como también la desigualdad dentro de los países, la polarización y el estancamiento de los ingresos de las capas medias (Milanovic, 2018). En este contexto, la preocupación por dinamizar la función democratizadora y de movilidad social del sistema educativo en la región latinoamericana aparece aunque con nuevos desafíos. Se torna prudente también evitar falsas promesas, ya que las titulaciones universitarias no garantizan ocupaciones de calidad y empleos y retribuciones equitativas para todos quienes posean dichas credenciales, las mismas bases institucionales del mercado de trabajo son racistas y clasistas (Gentili, 2019). La educación es un terreno de confrontación y de disputa de poder (Gentili, 2019). En este sentido, pensar a la educación y sus instituciones no sólo como productoras de profesionales para el mercado, implica formar a sus estudiantes *"en aquellas competencias generales que les permitirán integrarse como ciudadanos, con condiciones para la participación social plena en todos los ámbitos de la vida, familiar, laboral, política y social"* (Filmus, 2017).

En nuestro país, las universidades creadas hacia comienzos de siglo se plantean el reto de inaugurar un modelo educativo inclusivo. Esta no es una tarea sencilla y según Juarros (2006) varios autores (Rama, 1970; Tenti, 1993; Chiroleau, 1990; Cano García, 1998) han afirmado que la mera existencia de un ingreso irrestricto no revierte las actuales condiciones de inequidad y exclusión social en la región. Distinguen de este modo, el acceso formal del acceso real a las instituciones universitarias.

> "Si a éstas ingresan alumnos que no poseen las calidades necesarias para apropiarse de los conocimientos que la misma produce y reproduce, el acceso es sólo ilusorio aunque este acceso ilusorio puede tener efectos secundarios trascendentes en la vida de los tradicionalmente excluidos que si bien no llegan a completar su carrera universitaria, se enriquecen del capital cultural durante su tránsito por este ámbito" (Juarros, 2006: 81).

El proceso inclusivo va más allá de la posibilidad de acceder formalmente a los estudios universitarios y plantea mejorar las posibilidades concretas para completar la formación (Chiroleau, 2009). Asimismo el origen social y la condición de género suelen tener incidencia en los logros académicos y en la inserción ocupacional luego de la obtención del título. En este marco, se torna un gran desafío para las instituciones de educación superior lograr la inclusión según la define Chiroleau (2019), esto es, reconocer la fragmentación y heterogeneidad social y la existencia de grupos que han sido discriminados o han quedado al margen por sus propias características, para de este modo *"generar las condiciones propicias para la obtención de resultados favorables sin comprometer la calidad académica"*.

Así, las nuevas universidades creadas en el país durante las primeras décadas de este siglo[1] tienen como objetivo primordial ampliar los procesos democratizadores de la educación superior –ofrecer acceso educativo de calidad y gratuito en zonas donde hay poblaciones relegadas a dicha oportunidad– para crear profesionales que se comprometan social y económicamente con la zona de influencia. A su vez, tienen la misión de formar profesionales que sean demandados por el mercado que existe a su alrededor y colaboren en la incorporación de conocimiento y destrezas en dichas áreas (Iavorski Losada y otros, 2017). Con esta perspectiva y bajo este contexto nace la Universidad Nacional de Avellaneda (UNDAV) en el año 2009. *"Uno de los desafíos que se plantearon en el marco de esta nueva modalidad estatal, es la creación de un nuevo modelo de universidad capaz de dar respuesta a los problemas cotidianos de la producción, la educación básica y media, la salud y la inclusión"* (Calzoni, Domenech y Presa, 2014: 54). En esta línea, la UNDAV ofrece carreras, encara proyectos de investigación y promueve nuevos conocimientos en áreas problemáticas y de gran importancia para la zona, como lo son aquellas relacionadas con la producción, el medio ambiente, las artes, la actividad deportiva y la salud (Iavorski Losada y otros, 2017).

El nuevo modelo opone a la visión meritocrática –que hace alusión sólo a los esfuerzos de carácter individual– una visión inclusiva que brinde las condiciones concretas para que aquellas personas que así lo quieran puedan completar la formación superior. La educación no puede convertirse en una cuestión individual que esconde desigualdades sociales y culturales. Esto es, centrada en el individuo y la autonomía individual, en la cual finalmente el derecho a la educación es erosionado y pasa a ser un servicio al que se tiene acceso no por vía de la ciudadanía sino por vía del consumo, y, por tanto, mediante el pago del mismo (Santos, 2005). El espíritu ordenador de las nuevas universidades nacionales se orienta a garantizar el pleno ejercicio del derecho a la formación y se inclina hacia un principio de igualdad más

---

1   Hacia comienzos de siglo crearon en el país dieciocho nuevas universidades nacionales, según datos de la Secretaría de Políticas Universitarias del Ministerio de Educación de la Nación (SPU) –que lista un total de cincuenta y cinco universidades nacionales–. En este período de notable crecimiento institucional, ocho se crean con radicación en el Conurbano Bonaerense. La UNAJ (Florencio Varela), UNDAV (Avellaneda), UNJSP (José C. Paz), UNM (Moreno), UNO (Merlo), UNAHUR (Hurlingham), UNaB (Alte. Brown) y Universidad Raúl Scalabrini Ortiz (San Isidro).

cercano al denominado modelo de "igualdad de posiciones" (Dubet, 2014).

En este camino hacia la inclusión, las instituciones de educación superior asumen nuevos desafíos y compromisos, tanto respecto a la estructura organizativa, como a la relación con los docentes y los estudiantes que ingresan (Iavorski Losada y otros, 2017). Mecanismos y programas de nivelación y preparación de los aspirantes, seguimiento de los estudiantes y graduados/as, sistemas de becas y jerarquización de la función de extensión –que en las universidades tradicionales es considerada un complemento de la función primordial de enseñanza–, en la UNDAV ambas funciones están imbricadas, cuestión que se plasma en los estatutos, en la visión organizativa, en los programas y en la relación de la universidad con su entorno, son algunos aspectos que caracterizan a esta joven institución.

Esta marca institucional se ve reflejada en las primeras cohortes de graduados y graduadas quienes ingresan con antecedentes educativos frustrantes y/ trayectos formativos "truncos", es decir, por diversos motivos y condiciones quedaron excluidos del sistema educativo. Ante estas situaciones, la nueva universidad aparece como una institución facilitadora de la continuidad de los proyectos, genera de este modo mecanismos de valoración social –permite restituir para estos grupos el derecho a la educación superior– y, al mismo tiempo, se convierte en un vehículo de profesionalización para aquellos trabajadores y trabajadoras en actividad.

Por otra parte, una propuesta de formación superior con poca tradición en el país, como es la Licenciatura en Ciencias Ambientales genera interrogantes acerca de la inserción profesional de quienes se gradúan y no cuentan con experiencia laboral previa, es decir, que inicien la transición hacia la vida activa a partir de esta titulación, tanto de la tecnicatura universitaria como de la licenciatura. Las empresas y las dependencias de reclutamiento de personal cuentan con poca información sobre esta nueva carrera y las incumbencias que otorga a sus profesionales[2], de manera que la presentación espontánea de los y las graduadas puede significar mayores dudas en cuanto a qué tipo de tareas pueden realizar y su tratamiento –en este sentido– dife-

---

2   En un trabajo de relevamiento de la demanda realizado por el equipo de investigación del Laboratorio de Monitoreo de Inserción de Graduados de la UNDAV durante los años 2016 y 2017, se observa que varias empresas de la zona y autoridades de un Parque Industrial instalado en una localidad cercana, manifestaron no conocer la existencia del dictado de la carrera, ni sus incumbencias, debido a los pocos años de instalación de la carrera y la universidad.

   ASALARIZACIÓN y PROFESIONALIZACIÓN

rir de aquellos profesionales con titulaciones tradicionales. En estos casos se advierte la importancia de la gestión de contactos mientras cursan la carrera, tanto con docentes, autoridades y pares, con el fin de vincularse con ámbitos laborales del área, como así también informarse sobre algunos mecanismos y organismos dirigidos a organizar la transición, como, por ejemplo, las pasantías, voluntariados y becas.

La inserción profesional condensa dos cuestiones, la transición de un estado a otro (de inactividad a otro de actividad laboral, de joven a adulto), y las formas cambiantes (por tanto, históricas) en que se configura y organiza ese pasaje o transición (Lefresne, 2010). La inserción profesional designa a la vez un proceso y un resultado de ese proceso (Panaia, 2006: 29), pero ni el proceso ni el resultado es lineal y predeterminado. El concepto de inserción ha sido cuestionado por las dificultades para establecer un punto de vista compartido sobre cuáles serían las fronteras del período (Jacinto, 2010). El resultado supone alcanzar un tipo de empleo estable al final de ese proceso, sin embargo, desde hace varias décadas ese trabajo "típico" está en crisis, la transición supone la combinación de situaciones o estados y zonas "grises", la salida y la entrada al mercado de trabajo es frecuente y los trabajos son de corta duración y las condiciones de contratación precarias, abunda la contratación por pequeños trabajos, tareas y por proyectos. La duración de los procesos tampoco es homogénea, sin embargo, los ritmos diferenciados de salida del sistema educativo, las características del mercado de trabajo y los ciclos económicos, la utilización de mano de obra y los mecanismos y organismos públicos de organización de la transición, pueden mostrar grandes procesos sociales que ordenan y moldean esta transición (Rose, 1994) en contextos nacionales. Sin embargo, los grandes trazos no explican las heterogeneidades y diferencias al interior de la población y, por tanto, otro nivel de análisis es necesario para comprender cómo intervienen los mandatos culturales de género, los valores asociados al trabajo, las estructuras y estrategias de las familias, el origen social y la evaluación y decisiones personales en torno al propio recorrido.

El artículo propone una mirada amplia de la inserción profesional de los y las graduadas de Ciencias Ambientales, que contempla la inclusión de un grupo que había sido excluido de la educación superior, pero que sí estaba vinculado al mercado de trabajo, y por otro, un grupo que ingresa directamente a la carrera luego de finalizar la escuela media y proyecta su acceso al empleo y/o su perfil profesional relacionado con la formación en Ciencias Ambientales.

La carrera de Ciencias Ambientales en la UNDAV

La carrera de Ciencias Ambientales es una de las primeras en dictarse en la Universidad Nacional de Avellaneda –en adelante UNDAV–. Su cursado comienza en el 2011, año de inicio del primer ciclo lectivo de esta joven institución. Actualmente integra el Departamento de Ambiente y Turismo, el cual además de la Licenciatura y la Tecnicatura (como título intermedio) en Ciencias Ambientales, ofrece desde el año 2016 la Tecnicatura en Conservación de la Naturaleza y Áreas Ambientales Protegidas.

Conforme a los objetivos fundacionales de la UNDAV de crear una universidad "situada" y "anclada" en el territorio y su comunidad (Iavorski y otros, 2017), esta carrera se origina a partir de la necesidad de abordar los problemas ambientales de su zona de influencia derivados tanto de las actividades industriales generales, como las del polo petroquímico, el CEAMSE[3] y sus consecuencias sobre el Riachuelo. La licenciatura brinda una formación multidisciplinaria en Ciencias Básicas y Aplicadas en materia ambiental, con asignaturas optativas dirigidas a la gestión ambiental, a la consultoría en temas ambientales en actividades industriales y urbanas, al área ecológica y una tesina o trabajo final que puede dar inicio a una carrera académica y de investigación. El perfil de los docentes da cuenta de estas orientaciones ya que la mitad de ellos se desempeña como profesionales del área –además de la actividad de docencia–, mientras que la otra mitad está conformada por docentes-investigadores en distintas disciplinas científicas, según datos suministrados por el Departamento (Entrevista a las autoridades del Departamento, noviembre 2018).

La duración del plan de estudios de la tecnicatura es de tres años y de la licenciatura es de cuatro años y medio. Se torna interesante conocer los modos de inserción de los graduados y graduadas, al ser una carrera "nueva" con poca tradición en el país, data de los primeros años del año 2000[4].

Según los registros administrativos, los primeros graduados y graduadas datan de mayo del año 2015. Desde esa fecha hasta diciembre

---

3   Coordinación Ecológica Área Metropolitana. Sociedad del Estado.

4   La Facultad de Agronomía de la UBA dicta la carrera desde el año 2003, surge como una iniciativa con pocos antecedentes en la Argentina, dirigida a dar respuestas a las problemáticas ambientales, con una formación que incorpora los recursos naturales, la producción y las dimensiones sociales y económicas asociadas. En la zona sur del Gran Buenos Aires, la Universidad Nacional de Lanús dicta una carrera similar pero orientada a las problemáticas urbanas y a las políticas públicas del área, como es la Licenciatura en Gestión Ambiental Urbana.

de 2017, 37 personas obtienen titulaciones de Ciencias Ambientales, seis de ellos con dos títulos, el intermedio de técnicos/as y el de licenciados/as en Ciencias Ambientales y los/as 31 restantes con el título intermedio. Del total de esta población, el Laboratorio MIG-UNDAV[5] lleva relevados hasta la fecha 18 casos. La mayoría corresponden a graduados y graduadas de la tecnicatura (16) y los dos restantes también lo son de la licenciatura.

Las cohortes de graduados 2015, 2016 y 2017 fueron entrevistados[6] entre un año y un año y medio con posterioridad a la obtención del título, por tanto, se trata de graduados/as recientes con trayectorias laborales post-titulación de corta duración. Esta aclaración da cuenta del carácter relativo y no estático de nuestros análisis y del estado de avance de nuestras investigaciones. Futuros seguimientos pueden profundizar los aportes actuales sobre las inserciones laborales y las trayectorias académicas y profesionales de los graduados y las graduadas recientes en Ciencias Ambientales de la UNDAV.

Al analizar las trayectorias educativas y laborales de esta población de graduados/as relevada por el Laboratorio MIG-UNDAV se observa una primera distinción que explica dos formas distintas de articular la formación con el trabajo. Si se trata de la primera experiencia formativa, luego del egreso del nivel medio (ingreso directo) o, si por el contrario, provienen de otros trayectos formativos sin culminar, discontinúan los estudios y la formación en la UNDAV brinda la posibilidad de culminar los estudios de nivel superior. A partir de esta distinción, la población se separa en dos grupos de similar tamaño. El primero compuesto por titulados con edades cercanas a los 23/24 años, mientras que el segundo admite mayor variedad etaria que va desde los 28 hasta los 55 años.

---

5   El Laboratorio de Monitoreo de Inserción de Graduados de la Universidad Nacional de Avellaneda (MIG-UNDAV), tiene como objetivo conocer, describir y analizar por medio de un dispositivo de relevamiento estadístico e investigación permanente las trayectorias educativas y laborales de los y las graduados/as y estudiantes, así como las demandas del medio hacia Universidad. Dicho objetivo, en el caso de los y las graduados/as permite conocer la historia personal y familiar, las características de inserción en el mercado de trabajo, la historia de formación, las situaciones de alargamiento e interrupción de los estudios, la evaluación académica recibida y las estrategias que se llevan a cabo en el desarrollo de la carrera profesional entre sus principales ejes de análisis.

6   El Laboratorio MIG utiliza una metodología cuanti-cualitativa, mediante las técnicas del cuestionario retrospectivo y el relato biográfico. Este artículo es un primer avance del análisis de los cuestionarios y los relatos biográficos de los 18 graduados/as en Ciencias Ambientales relevados, es decir, de quienes luego de ser contactados/as, accedieron a completar el cuestionario y a realizar la entrevista sobre sus recorridos educativos y laborales.

Se presentan ambos grupos según las trayectorias sean de continuas o discontinuas. Se describen las características familiares, los antecedentes educativos, la elección de la carrera, la elección de la universidad, la relación con el mercado de trabajo, los cambios a partir de la titulación y las expectativas profesionales.

Trayectorias continuas: dificultades y logros en la construcción de perfiles profesionales

Dentro de este grupo de trayectorias de ingreso directo y continuidad en el sistema educativo, se observan a su vez dos subgrupos. El primero conformado por graduadas de la tecnicatura que encuentran dificultades en proyectarse en la profesión, tanto por la poca claridad respecto a las decisiones vocacionales como por la imposibilidad de emplearse en un trabajo acorde a la formación. El segundo subgrupo, por casos que construyen trayectos profesionales con articulación entre la formación y el trabajo, ya sea con orientaciones hacia la carrera académica, de consultoría o en organismos públicos dedicados al área ambiental.

Veamos el ***primer subgrupo***[7]. Se trata de tres casos de jóvenes graduadas. El grupo se caracteriza por provenir de familias con niveles educativos medios y altos y con formaciones técnicas, docentes o relacionadas con el área de las Ciencias Ambientales u ocupaciones vinculadas a las actividades industriales. Residen en la zona de influencia de la Universidad, dos en el partido de Avellaneda y el otro caso en Quilmes. Se trata de familias oriundas de la zona o establecidas desde hace varias décadas. Cursan durante los primeros años con ayuda de sus familias y no se insertan en el mercado laboral, debido a que la estrategia familiar es la de priorizar el estudio en esta etapa. Realizan búsquedas de empleo luego de obtener el título de tecnicatura ya que sienten la necesidad de trabajar para aplicar parte de la formación recibida pero los esfuerzos resultan infructuosos. Sólo un caso se emplea en la UTN-FRA, pero no a causa de una decisión deliberada, sino por recomendación e insistencia de otra compañera que necesitaba encontrar una reemplazante para el puesto que dejaba. Otro rasgo en común entre ellas es la falta de claridad respecto de la elección de la carrera.

---

7   Se aclara que los nombres de las y los graduados han sido cambiados para reservar la identidad de los informantes y mantener la confidencialidad.

   ASALARIZACIÓN y PROFESIONALIZACIÓN

Para *Fernanda*, Técnica en Ciencias Ambientales de 23 años, el hecho de no encontrar trabajo relacionado con su formación, provoca un gran desaliento para realizar la tesis de licenciatura. Luego de un año de contrato en el Municipio de Avellaneda para trabajar en ACUMAR[8], con el cambio de autoridades de la cuenca, finaliza el contrato, busca trabajo durante tres años (2014 a 2016) relacionado con la carrera, tuvo entrevistas en una planta de tratamientos del Gobierno de la Ciudad de Buenos Aires y en otra empresa de Bernal, pero no logra ingresar a ningún empleo.

Soledad, de la misma edad y con el mismo título, busca empleo mediante Internet al egresar de la tecnicatura y no logra acceder a ningún empleo relacionado con la carrera por el lapso de un año y medio de búsqueda.

El caso de *Raquel* de 25 años difiere en parte del anterior, ya que tiene un trayecto educativo previo, pero no discontinúa sus estudios, cursa un año de Ingeniería Química en la UTN-FRA y luego se pasa a la UNDAV, sin interrumpir los ciclos lectivos de estudio, sin embargo, al igual que los dos casos anteriores le resulta difícil proyectarse en la profesión.

Elección de la carrera y la universidad

La decisión de continuar estudios de nivel superior luego de la culminación del nivel secundario implica afrontar desafíos en una etapa de transición hacia la vida adulta. Como resume Paoloni (2015) el ingreso a la Universidad es un proceso dinámico, implica redefinir metas, autopercepciones e incluso las valoraciones sobre las potencialidades con que se cuenta.

En algunos casos, las certidumbres sobre las propias proyecciones son más claras, como en el caso de *Fernanda*, de 23 años, técnica en Ciencias Ambientales: *"(...) siempre me interesó la parte de biología, medio ambiente" "Averigüé en la UBA en Agronomía, pero por cercanía me quedaba mucho mejor la UNDAV"*.

Y en otros –por el contrario– se observa falta de claridad en la capacidad de decisión y fijación de metas sobre el propio futuro. El relato siguiente muestra esta situación:

"Honestamente no sabía bien que estudiar y estaba terminando el colegio y todos mis compañeros se estaban anotando y a mí me empezó a agarrar la

---

8   (ACUMAR) Autoridad de la Cuenca Matanzas Riachuelo.

desesperación por no tener nada, entonces empecé a ver y un conocido me habló de la UNDAV que se iba a abrir (…) lo que estaba viendo tenía que ver más con la parte de ecología, de biología, leí el plan de estudio de ambientales y me pareció que estaba bueno (…) me metí (…) pero la realidad que no estaba 100% segura (…)".

Cuando se indaga más específicamente respecto de la elección de la Universidad, contesta: "(…) *Me queda cerca porque yo vivo en Wilde y además como no estaba súper segura (…) las otras carreras todavía de ambientales eran generalmente ingenierías*" (*Soledad*, técnica en Ciencias Ambientales, 23 años, cohorte 2016).

Para *Raquel*, de 25 años y Técnica en Ciencias Ambientales, la elección de la carrera "*(…) quedó por descarte*". Le interesaban varias ramas entre las que estaba ambiental, por ese motivo elige y se inscribe en primer lugar en Ingeniería Química (en la UTN-FRA), pero antes de terminar el primer año se da cuenta que "*la ingeniería en sí*" no era lo que ella esperaba y a fines de ese mismo año hace el ingreso a la UNDAV y comienza al año siguiente con el cursado de la Licenciatura en Ciencias Ambientales.

Inserción en el mercado de trabajo

La inserción profesional designa a la vez un proceso y un resultado de ese proceso (Panaia, 2006: 29). El proceso de inserción implica búsquedas, alternancia de períodos de trabajo y de períodos de búsqueda y, además, pone en juego las expectativas de quienes se quieren insertar en el mundo laboral y las limitaciones o márgenes de oportunidad del mercado de trabajo (Simone, 2015).

Cuando ese proceso está signado por la situación de desempleo o de cambio permanente se denomina "*inserción no adquirida*" (Panaia, 2006: 29), como los casos de *Fernanda* y *Soledad*.

Fernanda trabaja por breve tiempo mientras cursa el segundo año de la carrera. A través del Departamento de Ciencias Ambientales, obtiene un contrato para trabajar en ACUMAR durante un año, ante el cambio de autoridades de la cuenca, finaliza el contrato y no la vuelven a convocar. Cuando egresa de la tecnicatura busca durante tres años un empleo relacionado con la carrera, pero no logra ingresar al mercado laboral.

Del mismo modo, *Soledad* comienza su búsqueda laboral cuando finaliza la tecnicatura pero no encuentra empleo en el lapso de un año y medio. Durante su cursada vive con su familia de origen y recibe ayuda de sus padres para los gastos estudiantiles. Cree que la falta de experiencia laboral es un obstáculo a la hora de ingresar en el mercado de trabajo de acuerdo a los requerimientos en sus búsquedas laborales relacionadas con la formación. Por este motivo, plantea que

> "si hubiese más pasantías o esas cosas nos ayudaría mucho porque también hay mucha gente grande, que es como que se recibe y encima que tienen mayor edad que nosotros que somos más chicos tampoco tiene la experiencia de nada, entonces tal vez para las empresas o eso es hasta más difícil porque es grande y no tiene experiencia, nosotros como que tenemos el tema que sos más chica, no se nos puede pedir tanta experiencia, pero falta eso (…)" (*Soledad*, Técnica en Ciencias Ambientales, 23 años, cohorte 2016).

Resulta difícil sin experiencia laboral previa y con una orientación vocacional poco clara, identificarse con un rol profesional aún en construcción. Desde la estrategia de la familia de origen de priorizar el estudio, se siente "obligada" a culminar la licenciatura, pero ella plantea la necesidad de conocer el mundo laboral ya que *"toda la vida la pasó dentro de un aula"*. El futuro aparece como incierto en parte por el contexto socio-económico, sin embargo, la cuestión ambiental se visualiza como algo necesario en el futuro, y con posibilidades de brindar ocupaciones a los futuros graduados. El futuro profesional en palabras de *Soledad*:

> "La verdad que incierto, porque creo que todos nos anotamos en esta carrera porque la vemos como algo muy importante a futuro el tema ambiental, en nuestro país poco a poco se va instalando el tema, entonces se van exigiendo más cosas y creo que vamos a tener oportunidad, no lo veo como que acá no se va a hacer nunca ambiental, creo que está creciendo, pero después si bien es difícil, imaginarse como uno lo dice 'de que vas a trabajar' y no sé, de lo que salga, porque la verdad que es difícil saber en qué vamos a terminar, (…) es incierto pero tengo esperanza de que va a mejorar" (*Soledad*, Técnica en Ciencias Ambientales, 23 años, cohorte 2016).

Finalización de la licenciatura con gran desmotivación

Cabe destacar que para este subgrupo la finalización de la licenciatura se torna una actividad tediosa y es vivida como una carga más que cómo una nueva etapa de aprendizaje. En estos casos, el fracaso en las búsquedas laborales en ámbitos acordes con la formación, el cambio de tema de la tesina y la poca claridad respecto al proyecto profesional, hacen que esta etapa de finalización de carrera se experimente con desmotivación. La obtención del título intermedio y el hecho buscar y no poder comenzar con trabajos en el área de interés es un factor que hace las veces de "prueba" o de "evaluación" de las capacidades adquiridas en la formación y puestas a jugar en el mercado de trabajo. En el caso de estas trayectorias de ingreso directo esa instancia de prueba "intermedia" no resulta beneficiosa para la continuidad y la motivación de finalización de carrera. Así lo expresa una graduada:

> "(…) El tema de la tesis, como que me costó porque estaba desganada o también al no encontrar trabajo, como que no me daba mucho entusiasmo hacerla (…) pero bueno igual la hice" (*Fernanda*, Técnica en Ciencias Ambientales, 23 años, cohorte 2015).

Además, comenta que cuando defienda su tesina sobre residuos sólidos urbanos, su intención es buscar trabajo *de cualquier cosa, hasta que aparezca algo*". En el mismo sentido, se expresa otra de las graduadas de 23 años, *Soledad,* cuando reflexiona sobre el egreso de la licenciatura y la desmotivación para continuar:

> "(…) Me costaron mucho estos últimos años como que ya no tenía más ganas de estudiar, ya quería dejar, bueno el otro día justo di el ultimo parcial y cuando recibí la nota fue como un alivio de estos dos años que la vine remando, el doble por las pocas ganas que tenia de estudiar".

El **segundo subgrupo** se compone de cinco jóvenes, dos varones y tres dos mujeres, quienes a partir de un proyecto de carrera claro y planificado –en algunos casos desde la elección de la orientación de la escuela media– logran construir un perfil profesional en Ciencias Ambientales con una articulación temprana entre formación y empleo ó inserciones en el área hacia el final de la carrera e inicios en actividades de investigación. Se observa también –en el caso de graduados varones– iniciativas que apuntan a la autonomía, luego de obtener la titulación intermedia, al mudarse del hogar de origen para comenzar una vida en forma independiente –ya sea solos o para conformar una nueva familia–. En el caso de los varones, el mandato de trabajar para lograr la independencia económica es el que predomina, mientras que las mujeres optan por no trabajar durante los primeros años de la carrera. Estudian con ayuda familiar o con el aporte de becas, buscan ocupaciones luego de egresar de la tecnicatura y logran inserciones relacionadas con la formación.

Respecto de las características de las familias de origen, aparece en este grupo tres hogares monoparentales en los cuales la jefa de hogar es la madre, por distintas circunstancias (fallecimiento, abandono, separación). De este modo, la relación temprana con el mercado de trabajo asume una prioridad mayor que en los casos anteriores. La ocupación de los padres es bastante disímil, van desde técnico aeronáutico, techista hasta empresario pero sus niveles educativos son niveles medios, secundario completo e incompleto y universitario incompleto. En el caso de las madres, también tienen niveles educativos medios completos e incompletos y terciarios/universitarios completos. Sus ocupaciones también varían, odontóloga, ama de casa, preceptora, empleada administrativa y empresaria. Respecto del lugar de residencia, cuatro casos residen en la zona de influencia de la Universidad, dos en el partido de Lanús y dos en Lomas de Zamora –aunque uno de ellos luego de su egreso como técnico se independiza del hogar de familiar y se muda a la ciudad de Buenos Aires–. El otro caso reside en el partido de Ezeiza, junto a su madre y abuelos maternos.

Los varones del grupo se autonomizan del hogar de origen aproximadamente en la misma época que egresan del ciclo de tecnicatura, mientras que las mujeres permanecen y no presentan cambios al respecto, es decir, su situación residencial y conyugal es la misma que en el momento del ingreso a la Universidad.

Elección de la carrera y la universidad

Nicolás, decide un cambio de colegio secundario por la orientación en Ciencias Naturales, se inscribe para comenzar la carrera de biología en la UBA pero no termina el trámite porque decide comenzar en la UNDAV.

"Salía del título de bachiller en naturales y me había anotado en la UBA. En realidad busqué muchas carreras: Ciencias de la Atmósfera, Oceanografía y a todas les encontraba un pero (…) Varias porque tenían mucha matemática, otra porque a la UBA tenía un viaje de dos horas. Yo vivía en Lomas en ese entonces y tenía que ir a Exactas o a La Plata. Y me terminé anotando en Biología (…) pero no iba a poder trabajar (…) entonces me enteré de la UNDAV por un profesor de ética del colegio que vino y nos contó de onda, si nos interesaba. El plan de estudios tenía un poco de todo lo que me gustaba. Clima, geología, biología, un poco de cada ciencia (…)" (*Nicolás*, técnico en Ciencias Ambientales, 24 años, cohorte 2015).

Telma también menciona la orientación en Ciencias Naturales del colegio secundario "*sí teníamos una profesora que nos daba mucha Geología, Ecología. Le gustaba el tema, entonces lo daba con ganas*".

Al igual que *Nicolás*, hace la preinscripción en la UBA pero no completa el trámite y se inscribe en la UNDAV.

> "(…) Quería algo relacionado a la naturaleza, el medio ambiente. Y la que más me gustó (…) una chica conocida que había estudiado Ambientales pero en la UBA. Busqué el plan de estudios de ellos (…). Y después una de mis primas me dijo que vio carteles de esta universidad –UNDAV–. Entonces busqué y era similar. El de la UBA tiene más de Ingeniería, para ingenieros agrónomos, Geología también estaba, pero era muy específico (…). Acá –UNDAV– veías de todo. Eso es lo que está bueno".

El paso por la idea o la pre-inscripción en la carrera de UBA se repite otra vez más, en el caso de *Leonel*, su propio padre había cursado en la UBA pero abandona en el último año la carrera de Agronomía. Cuando estaba por inscribirse en la UBA, a pesar de las dos horas de viaje, se entera que ese año (2011) abre la inscripción en la UNDAV para la carrera en Ciencias Ambientales. Le interesa todo aquello relacionado con los recursos naturales y la orientación del secundario es en Ciencias Naturales. Sin embargo, dice *"no es una carrera que vos sabés de qué vas a trabajar"*, pero decide estudiar *"lo que le gusta"*, su idea cambió principalmente cuando comienza a buscar trabajo y cuando transita por el proceso de hacer una tesis, que le permite exponer y explayar todos sus conocimientos.

Jimena, técnica en Ciencias Ambientales de 25 años, cursó sus estudios secundarios en una escuela técnica, le gusta la parte técnica y las ciencias, por ese motivo sus elecciones se orientaron a la Ingeniería Ambiental, pero cómo no encuentra oferta en la zona sur, ya que reside en el partido de Ezeiza, se inclina por carreras similares –pero que no estén orientadas a gestión porque a ella le gustan las ciencias–, así encuentra la carrera de la UBA y la de la UNDAV. En una feria de universidades se entera de la existencia de la nueva Universidad y como el plazo de inscripción era más extenso, llega a inscribirse para cursar desde comienzos del 2012.

María, también técnica de 25 años, luego de cursar sus estudios secundarios, decide comenzar con sus estudios universitarios. Cuenta que *"(…) toda la vida quise ser bióloga, en realidad, desde muy chiquita"*, pero en ese momento varios factores obstaculizaron esa elección, desde la supuesta dificultosa salida laboral hasta la lejanía de las dos casas de estudios que brindan la carrera (UBA y UNLP).

> "Hubo gente alrededor mío que me tiró bastante abajo el tema de la carrera de bióloga, es como mi gran frustración (…) Me decían no hay mucha salida. Me hablaban más que nada de la salida laboral. A esto súmale que las dos

   ASALARIZACIÓN y PROFESIONALIZACIÓN

universidades públicas que podía ir estaban a dos horas de mi casa" (*María,
técnica en Ciencias Ambientales, 25 años, cohorte 2017*).

Se inscribe entonces en la carrera de Ciencias Ambientales de
la UNDAV porque supone que se trata de una formación similar y
acorde con sus intereses, cerca de su hogar y con una expectativa de
inserción más amplia que la licenciatura en Biología. Estas expectativas no se cumplen al egresar de la tecnicatura, ya que algunas de
las materias optativas relacionadas con las disciplinas biológicas no
se dictan por no cubrir el cupo mínimo de estudiantes interesados y
respecto a la salida laboral, le resulta una búsqueda infructuosa y
no logra inserciones vinculadas al área. A partir de experiencias de
pasantías y voluntariado en proyectos de investigación vinculados a
conservación de la naturaleza y ecología proyecta un perfil académico
con un claro interés por la docencia y la investigación.

Inserción en el mercado de trabajo

Como se advierte en los párrafos anteriores, en los varones está
presente el mandato social de proveedor del hogar y de trabajar para
obtener los propios ingresos como signo de madurez y responsabilidad.
Los primeros trabajos son temporales y mal pagos, generalmente en
el sector comercio y servicios, se trata de los primeros contactos con
el mercado de trabajo.

Nicolás, cuenta que comienza a trabajar porque *"quería tener mi
plata, para no molestar a nadie o a mi vieja y pelear menos, porque no
tenía la mejor relación, así que ni bien salí del colegio, quería trabajar.
Y estuve tres meses en un (local de comidas rápidas) como primera
experiencia. Después en un call center"*. También trabaja como profesor
particular del idioma inglés hasta que en el tercer año de cursada
por intermedio de una compañera de estudios trabaja en ACUMAR
contratado por el Municipio de Avellaneda. Luego se ocupa en una
empresa que se dedica a hacer auditorías y también como ayudante de
segunda en una materia en la universidad. Desde esos primeros trabajos asociados a la carrera se siente motivado para continuar la formación, aplicar y desarrollar sus conocimientos y habilidades en esta
área. En el siguiente relato se desprende su motivación y la manera
en la que estratégicamente utiliza cada una de las oportunidades
laborales para afianzar su identidad y construir su perfil profesional:

"(…) desde el primer trabajo asociado a la carrera, porque (…) era un trabajo
de inspección de la limpieza del río. Había un técnico químico, todo un

intercambio constante. Por ahí no teníamos competencia en más nada, pero (…) uno aplicaba o por ahí veía una emergencia y avisaba. Sí, es como que, desde el primer día, que tuve la oportunidad de trabajar en algo de ambiente que yo sentí que aplicaba (…). Aparte uno trata de mostrarse. Por más que no sea por ahí exactamente lo que te piden, como que (…) te sale de adentro. (…) El siguiente [trabajo] ya fue más relacionado con control industrial de ACUMAR, se me capacitó para hacer trabajo profesional, pero al principio participaba menos y después siempre era dando una opinión. Y hoy en día lo aplico todos los días. Después el otro trabajo estaba un poco más alejado porque era todo cálculos. Y sí, era constantemente aplicar esa base de sistemas de tratamiento (…)".

En esa construcción, el título intermedio técnico es visualizado por *Nicolás* como la llave que puede abrir

"todas las puertas laborales (…) porque hoy en día (…). Primero que no es común tener título terciario o universitario técnico. Ya el secundario técnico tengo entendido que ayuda mucho a conseguir trabajo. Y por lo menos en mi caso, excepto la primera ronda de ACUMAR, digamos, todo generaba interés porque tenía título técnico. En el primer trabajo buscaban un técnico, este de la empresa privada que hacía ensayos".

Las expectativas respecto del título técnico se asemejan a las de las graduadas del otro subgrupo, pero en este caso el título funciona como llave y en los otros casos ante la imposibilidad de ingresar al mundo laboral, parece dejar las puertas más cerradas y desmotiva la culminación de la carrera. *Nicolás* continúa en ACUMAR, pero pasa al área de industrias, se dedica a frigoríficos y sus tareas consisten en *"hacer análisis de expedientes. Surgen necesidades y hacés un poco de todo (…) clausuras, reconvertís, evaluás toma de muestras, hacés gráficos generales"* (*Nicolás*, técnico en Ciencias Ambientales, 24 años, cohorte 2015).

En cambio, *Telma* de 24 años, plantea no trabajar durante la carrera, no por recomendación de sus padres como en el caso de las graduadas del otro subgrupo, sino debido a una decisión personal en base al camino transitado por sus hermanas mayores quienes se dedicaron full time al estudio de sus carreras universitarias hasta llegar a los últimos años de las cursadas. De esta forma se configura una meta clara respecto de su proyecto profesional: *"(…) la idea era dedicarme al estudio y poder terminar cuanto antes. Mi plan era hacerlo todo por año así como estaba estructurado"*. A partir de su trabajo en un laboratorio de análisis industriales y ambientales, si bien ocupa un cargo administrativo de redacción de informes técnicos ambiéntales, modelos disfuncionales –que es ver cómo los efluentes gaseosos impactan en la calidad del aire–, legislaciones comparadas y los que corresponden al OPDS organismo provincial de desarrollo sustentable, nota que su formación necesitaría mayores conocimientos de química y *"(...) más referido a lo que son los análisis ambientales. No tan teórico sino práctico. El tema es que no tenemos laboratorio. Entonces se re complica"*. Si bien tuvieron algunas clases en los laboratorios de química de la UTN-FRA, les decían *"así se separa, así se tamiza"*. *"Y mirando nada más. No podíamos tocar nada. Aparte también eran ensayos simples. No era algo, una extracción de metales o algo así (...)"*. Según ella, este es el punto más deficitario para desempeñarse en su trabajo actual y que no fue abordado en forma adecuada al no contar con infraestructura propia. Esta observación sobre la falta de prácticas de laboratorio se reitera en palabras de varios graduados y graduadas, aunque entienden que se trata de una nueva institución que está en vías de consolidación.

Como caso contrario, a *Leonel* le parece bien combinar estudio y trabajo y dice *"siempre trabajé"*, *"te da responsabilidad, horarios, obligaciones"*. Durante la cursada trabaja como empleado y luego como encargado de depósito, laboratorio y producción en la empresa familiar dedicada a la fabricación de tubos para análisis clínicos. Su jornada es de ocho horas y dos años más tarde se convierte en autónomo socio de la S.R.L., pero dice no participar de las ganancias. Trabaja en la empresa familiar del padre durante sus estudios, le permite tener horarios flexibles, inicia el proyecto de autonomía del hogar de origen a los dos años de cursar, ya que comienza la convivencia con su pareja. Cuando está esperando su primer hijo y egresa de la tecnicatura busca otro trabajo, pero mantiene el familiar. En el último año de cursada por discusiones familiares, el padre lo despide de la empresa, luego de tres meses de búsqueda, comienza a trabajar como empleado en la empresa de distribución de la madre y hace trabajos dos veces por mes en forma independiente para una consultora ambiental. Al hacer búsquedas laborales en el rubro, advierte que la mayor demanda se relaciona con el área de seguridad e higiene y medio ambiente, pero en la carrera encuentra una falta de conocimientos específicamente en seguridad e higiene. Su meta es proyectarse como profesional de las Ciencias Ambientales. Ante los problemas personales –en el caso de *Leonel* con su padre– y aun cuando se trata de una formación en vías de reconocimiento en el mercado de trabajo, son los propios graduados y graduadas quienes van a ser protagonistas en la construcción de ese camino, como afirma *Leonel* de 23 años: *"digan lo que digan voy a trabajar de lo que estudié"*.

Jimena cursa la carrera con apoyo de la beca nacional progresar y realiza pequeños trabajos en forma temporal, como asesoramiento técnico en las elecciones con el sistema electrónico en el gobierno de la ciudad, suplencias en un colegio como docente de inglés, docente del programa fines, entre otros. Cuando finaliza el ciclo de la tecnicatura, se presenta a una convocatoria para hacer un intercambio con una universidad de mejicana, cursa un cuatrimestre de Ingeniería Ambiental en la Universidad Estatal de Puebla, principalmente elige materias y talleres en laboratorio. Plantea el intercambio como un deseo cumplido de poder hacer un viaje y conocer otros territorios. A la vuelta, cursa el último cuatrimestre y finaliza la cursada de la licenciatura y comienza con el proceso de tesis. Es esta etapa donde busca trabajo por todos los medios, pero el contexto socio-económico es poco favorable (año 2017). Entonces decide participar de todas las actividades posibles que se ofrecen en la universidad, realiza tutorías de pares, participa de proyectos de investigación y se desempeña como Ayudante-alumna[9]. A partir de estos contactos y actividades se postula para dos becas, de CONICET y de la CNEA[10], gana ambas pero elige la de la CNEA.

María realiza trabajos de manera eventual durante sus estudios, luego del egreso de la tecnicatura realiza búsquedas laborales entregando su *currículum vitae* en forma personal y luego por Internet, pero no logra que la convoquen a una entrevista laboral. *"No tuve ni una entrevista, ni siquiera de algo relacionado a lo mío, nada"*. Le parece importante obtener un ingreso para solventar sus gastos y se emplea en consultoras y *call centers*, aunque estos empleos no le resultan satisfactorios en ningún sentido ya que la presión *"es continuamente exigirte ventas"*. Manifiesta sentir angustia al *"no tener ni siquiera un trabajo que esté remotamente relacionado"* con su formación. Sus inquietudes vocacionales la llevan a indagar en programas

---

9   Los estudiantes de la Universidad Nacional de Avellaneda, podrán ser designados en la categoría de Ayudantes Alumnos en trabajos de docencia, enseñanza, investigación, extensión y/o actividades de las áreas de transferencia, que desarrollen las distintas áreas de la Universidad. La incorporación de Ayudante Alumno tiene por objeto iniciar la formación académica y docente de estudiantes en las distintas áreas de la Universidad. Es una actividad *ad-honorem*. Se designan mediante una convocatoria interna y un procedimiento de selección de aspirantes, quienes tienen que mantener la condición de estudiantes regulares y tener aprobado el 40% o más del plan de estudios de la carrera a la que pertenece la asignatura. La duración es de dos años con una posibilidad de continuidad de un año más en caso que sea satisfactorio el informe de evaluación.

10   Comisión Nacional de Energía Atómica.

y proyectos de investigación del área de conservación de la naturaleza y ecología que solicitan pasantes y voluntarios para hacer los trabajos de campo y de laboratorio. De esta forma participa de proyectos vinculados con la investigación de aves en varias provincias del país y adquiere experiencia en el trabajo de campo, muestreo y laboratorio. A partir de estas experiencias y de una docente de la UNDAV se contacta con un grupo de investigación de otra universidad nacional y prepara un proyecto para aplicar a una beca de investigación en CONICET.

Algunas definiciones en la construcción de los perfiles profesionales

A pesar de que a *Telma* le gusta *"lo que es conservación"* dice no tener experiencia en eso y duda de la empleabilidad de esa orientación:

"(…) No sé si es fácil entrar a un trabajo (…). Y tampoco sería acá, tendría que irme a otra provincia. Acá en la ciudad no va a ver cosas así. Y después lo que me interesa es lo de consultoría ambiental. Que es ver si una empresa tiene efluentes líquidos, gaseosos, según el proceso que emite, si cumple con la legislación, qué puede hacer para no contaminar. Es un poco lo que empecé a hacer ahora en el trabajo".

Si bien aprendió mucho en su trabajo actual, busca otro empleo más relacionado con la titulación de Licenciada en Ciencias Ambientales, espera *"tener otro trabajo dedicado más a medio ambiente"* o un cambio de empresa con mejores condiciones laborales.

Por su lado, *Leonel* —mientras tramita su título de licenciatura— se orienta a la carrera académica y de investigación. Lo seleccionan y se postula a una Beca Doctoral CONICET[11] en Proyectos estratégicos, en el campo de investigación en Oceanografía, con un proyecto para evaluar el impacto de los pesticidas en el océano con un grupo de investigación de Bahía Blanca. Es interesante destacar que la mitad de los casos de este subgrupo apunta a la construcción de perfiles académicos y de investigación en distintas áreas, instituciones y organismos pero vinculados con la conservación y la ecología.

Las trayectorias denominadas de *"ingreso directo"* presentan búsquedas vocacionales —en la mayoría de los casos— planificadas desde la escuela secundaria, aunque en algunos se observan dudas e incertidumbre respecto de la elección y esta situación dificulta la

---

11 Consejo Nacional de Investigaciones Científicas y Técnicas.

construcción de los recorridos profesionales, en un área nueva, con desconocimiento de parte de la demanda laboral y la competencia con otras titulaciones en el mercado de trabajo. De acuerdo al análisis, la población relevada da cuenta de dos formas de articular estudio y trabajo. Una, de combinación desde el inicio de los estudios, y la otra con intenciones de ingresar al mercado de trabajo luego del egreso del ciclo de tecnicatura. El proceso de inserción presenta dificultades para la mayoría de los y las jóvenes graduados/as. El contexto socioeconómico poco favorable a la actividad productiva e industrial (año 2017 y 2018)[12] por un lado, la falta de experiencia laboral que brinda saberes referidos a la socialización en los ámbitos de trabajo (manejo de las relaciones, saberes tácitos, de expresión, entre otros) y el desconocimiento de las incumbencias técnicas y profesionales del título por parte de los posibles demandantes, son factores estructurales, contextuales y particulares que inciden en esta población que transita hacia la vida activa laboral. De manera general conforman la organización de la transición profesional (Rose, 1994). Además, factores cómo las estrategias de la familia de origen, los mandatos sociales de género y las conformaciones de los hogares, explican –en parte– algunos de dichos direccionamientos vinculados a la combinación de estudio y trabajo.

En el próximo apartado, se presentan aquellas trayectorias de discontinuidad entre el nivel medio y el ingreso a la carrera de Ciencias Ambientales en la UNDAV, en las cuáles la elección de la carrera y la inserción laboral cobra un sentido diferente, ya que se trata de una población adulta y en otra etapa de su ciclo vital.

Trayectorias discontinuas: la UNDAV brinda la posibilidad de concretar el proyecto inconcluso de la educación superior

La heterogeneidad de las historias de vida de los y las graduados/as de este grupo, en cuanto a edades, antecedentes educativos, laborales y familiares y sus expectativas en relación a la formación recibida en la UNDAV hace necesario un análisis de sentido sobre el

---

12 Según el Centro de Estudios de la Unión Industrial Argentina (en base a datos del Ministerio de Trabajo) indica que la contracción del empleo asalariado manufacturero desde 2015 fue de 145,3 mil puestos (-11,6%). Esta caída supera ampliamente la del resto de los sectores de la economía, en donde construcción (-2,8%) y transporte (-3%) son los siguientes sectores más afectados (CEU-UIA, 2020).

  ASALARIZACIÓN y PROFESIONALIZACIÓN

significado que este recorrido educativo y la graduación tiene para este grupo. Con posterioridad se presenta un breve resumen del recorrido de *Jacinto* como caso ilustrativo de la población de primeros graduados en Ciencias Ambientales de la universidad.

En todos los casos de este grupo la UNDAV brinda o renueva la posibilidad de concretar el proyecto inconcluso de obtener una titulación de educación superior. La inserción laboral en relación a la formación se visualiza como posible, pero –mayoritariamente– no es la meta principal que este grupo de graduados y graduadas buscaron al ingresar. Además, la acumulación de saberes en otras ramas laborales hace –a veces– difícil el "cambio de timón" de esa trayectoria. En algunos casos se presenta como una posible actividad adicional a la ocupación principal, sin embargo, en aquellos donde dicha ocupación no forma parte de una inquietud vocacional y se trata, por ejemplo, de la continuidad inercial del negocio familiar, la formación en la UNDAV puede transformarse en la tabla de pique para alcanzar el cambio anhelado en la vida laboral.

En palabras de *Natalia*, de 51 años, cuenta sobre la carrera

"ya la empecé con edad avanzada, por así decirlo. Entonces tenía que conseguir, primero lograr esa deuda conmigo que era alguna vez terminar una carrera. Por otro lado, era consciente que no podía pensar en trabajar de eso. Entonces tenía que ser algo que me llenara, (…) el espíritu más que la cuestión laboral".

Las dificultades y recorridos vitales dan cuenta de situaciones adversas que frustran o demoran el proyecto de realizar estudios superiores. En algunos casos por instituciones o docentes con actitudes "expulsivas más que inclusivas", las primeras experiencias universitarias se tornan importantes para la trayectoria posterior y la inflexibilidad de posturas institucionales o de algunos docentes resultan expulsivas, no sólo de dicha institución en particular sino del sistema superior en general. En otros casos, la incompatibilidad con trabajos de turnos rotativos e instituciones universitarias poco interesadas en el ingreso a su comunidad de estudiantes-trabajadores, obstaculiza la consecución de estudios superiores, se prioriza el trabajo y las decisiones se orientan a pensar con naturalidad que *"trabajo y estudio no siempre se llevan bien"* como plantea *Francisco*, de 50 años, técnico en Ciencias Ambientales (cohorte 2015). *Micaela*, de 33 años, manifiesta que ingresa luego del secundario al mercado de trabajo –como empleada de una empresa de cines cerca de su hogar– porque *"tenía que trabajar para poder estudiar (…) y no me iban a mantener el estudio"*. Inicia el CBC en la UBA en la carrera de Farmacia, pero no le fue posible hacer ambas actividades, *"después se complica por la cuestión (…) era o trabajar o estudiar"*. Los turnos rotativos laborales eran una dificultad importante para continuar con el CBC *"lo que me mato a mí fue el horario. Había días que por ahí trabajaba trece horas y me iba a las tres de la mañana"*.

Luego formó pareja, fue madre y pospuso la carrera universitaria. Por intermedio de su hermana se informa de la UNDAV y de una carrera que según la hermana *"tiene materias que seguro te gustan"*. Así, llega a la universidad luego de nueve años de su primer intento en la UBA para continuar con su proyecto y en esta etapa con ayuda de su familia, madre y hermanas para cuidar a su hija. Asimismo, encuentra un ámbito institucional receptivo a su situación familiar, de manera que no fuera un impedimento para la continuidad. Cuenta que *"(…) he venido a cursar con mi hija. O sea, la verdad que lo que antes no pude hacer, después lo pude hacer acá"* (*Micaela*, 33 años, técnica en Ciencias Ambientales, cohorte 2017).

En otros casos las migraciones por cuestiones laborales (sean propias o de la familia de origen) imposibilitan la continuidad y son situaciones desestabilizadoras para los proyectos de formativos.

En la mayoría de los casos la cercanía de la Universidad con el lugar de residencia y/o el laboral es uno de los factores que colabora con la factibilidad de llevar a cabo los proyectos formativos inconclusos, es decir, se torna en un factor importante en las decisiones sobre el ingreso y la continuidad de los estudios superiores. De manera que, de los diez casos de este grupo, seis son residentes del partido de Avellaneda, dos del lindero Lanús, uno de Quilmes y un solo caso de otro partido más alejado de la zona sur del Gran Buenos Aires.

A continuación, se presenta el recorrido de *Jacinto*, técnico en Ciencias Ambientales, como caso ilustrativo de este grupo que se caracteriza por sus antecedentes educativos discontinuos, en los cuales la formación en la UNDAV brinda la posibilidad de finalizar ese proyecto inconcluso, abrir nuevos caminos profesionales y hacer efectivos los derechos ciudadanos.

El recorrido de *Jacinto*

Jacinto, de 52 años, oriundo del partido de Avellaneda, mientras cursa el secundario solicita trabajo en centros de cómputos. Trabaja por la noche porque la información se cargaba en horario nocturno. Los principales clientes eran bancos, aprende a utilizar las computadoras, programas, se acerca al mundo de la informática. Cuando termina el secundario técnico y en ese entonces después del servicio militar, intenta estudiar en la Universidad Nacional de Lomas de Zamora, pero

> "(…) no me fue muy bien porque ir a la Universidad de Lomas era muy difícil, yo trabajaba tenía que mantener a una familia, entraba a trabajar a una distribuidora de diarios y revistas en Capital de 6 de la mañana a 3 de la tarde (…) tenía que cursar a partir de las 18 horas muy cansado, llegaba muy jugado (…) y prefería mantener a mi familia (…) las condiciones estaban dadas como para que no puedas estudiar, eran horarios rotativos (en el trabajo) [y las distancias muy grandes para combinar estudio, trabajo y vida familiar]".

Luego hace otro intento en la Facultad Regional Avellaneda de la Universidad Tecnológica Nacional –UTN-FRA– se inscribe en la tecnicatura en programación, que es arancelada, y como se queda sin empleo tuvo que abandonar. Con posterioridad en el año 2005 se inscribe en un centro de formación técnica de CABA para estudiar Análisis de Sistemas, esta formación le interesa y aprende a programar, gracias a dichos conocimientos y a su experiencia en el área ingresa al municipio de Avellaneda en un contexto de crisis socio económica (año 2002-2003) y continúa hasta la actualidad.

Cuando se informa sobre la apertura de la UNDAV, experimenta una gran motivación, con los hijos en edades adultas, piensa *"puedo darme el gusto, yo siempre quise ser universitario"*. Se inscribe en el año 2011 en la Licenciatura en Ciencias Ambientales ya que *"siempre le interesó"*, cursa sin interrupciones y egresa del ciclo intermedio en marzo de 2016 y la cursada de la licenciatura en diciembre de 2017. Al finalizar como técnico en Ciencias Ambientales se desempeña como docente auxiliar en la materia de Ingeniería Ambiental.

Los años en la universidad son vivenciados como un espacio de aprendizaje y de desarrollo personal. En su relato comenta que recursa materias porque no estaba conforme con su performance, en este sentido lo vive como *"un regalo para mí mismo"*. Además, dice:

> "(…) A mí los tiempos no, más allá de que tenga edad puede ser que consiga trabajo de esto o no o porque la idea fue estudiar algo que te pueda hacer conocer gente en el campo, estudiar, brindar una ayuda a eso voy (…) la otra profesión no te lo da porque estás en una oficina, no ves a la gente, esto te obliga a ver a la gente, hablar con la gente y capaz que no consigo trabajo o capaz que sí, de hecho no se sabe porque es una profesión nueva, es lo mismo que seguridad e higiene, seguridad e higiene recién ahora en los años noventa empezaron a obligarnos a tener técnicos en seguridad e higiene y bueno está

en nosotros obligar a las empresas a tener un técnico en Ciencias Ambientales o un licenciado en Ciencias Ambientales, es así, pero bueno vamos a ver qué es lo que pasa (…).

(…) Pero me interesaría más por ejemplo porque mi idea es mantener el trabajo a la tarde, trabajar de esta profesión a la mañana".

Si bien dice que le gusta la actividad docente parece más volcado a la investigación, así lo explica: *me gusta más la parte de investigación, me gusta más el laboratorio, me gusta la química (...)*". Actualmente se encuentra en proceso de realización de la tesina sobre contaminación de metales pesados en el suelo de Avellaneda.

El recorrido de *Jacinto* ilustra la importancia de completar un proyecto vital "inconcluso", en el sentido de saldar una "deuda" personal y de convertirse en referente familiar en materia de logros sociales. A partir de esta nueva profesión experimenta la posibilidad de hacer un aporte al bienestar de su comunidad y de esta forma lograr una integración acorde con sus expectativas, es decir, poder participar de manera plena en todos los ámbitos de la vida.

Reflexiones finales

Este primer avance sobre el análisis de las trayectorias educativas y laborales de los graduados y graduadas de Ciencias Ambientales muestra la heterogeneidad de historias de vida condicionadas por la estructura familiar, los contextos socio-económicos, los mandatos sociales y las variadas expectativas sobre la formación en vistas de las etapas del ciclo vital, los proyectos inconclusos en materia educativa y los desafíos personales.

Algunas reflexiones y propuestas surgen de este estudio y se puntualizan seguidamente:

- La necesidad de replantear el alcance de los títulos intermedios cuando no son habilitantes para el mercado laboral y el esfuerzo de construcción de un nuevo campo profesional, compartido con otros profesionales. Un camino que se está llevando a cabo es el de aunar esfuerzos y acuerdos entre universidades que dictan la misma carrera (Entrevista a las autoridades de la carrera) e incentivar a los estudiantes a la culminación de la titulación de Licenciatura, según plantean las autoridades de la universidad al ser consultadas por la situación del título intermedio en el mercado de trabajo.

- Una parte de los/las estudiantes vienen de trayectorias discontinuas de formación, pero insertos en el mercado de trabajo, se inscriben en la universidad para cumplir proyectos "truncados", la titulación y la inserción cobran otros significados: trabajo adicional, actividades relacionadas con la vocación, opción para generar ingresos luego de la jubilación, realización y desarrollo personal y una actividad que permita aportar al bienestar de la comunidad.

Para finalizar, se concluye que no hay un sentido único para pensar y evaluar los procesos de la inserción post-titulación universitaria. Esto implica ampliar nuestra mirada en función de los desafíos actuales de la educación superior y la relación entre educación y trabajo con eje en procesos inclusivos. Tanto en las dimensiones analíticas para indagar sobre las poblaciones de graduados/as como para aportar a la reflexión junto con las autoridades educativas, evaluadoras y docentes. Al mismo tiempo, este avance deja entrever que la UNDAV logra su objetivo de convertirse en una universidad "anclada" en el territorio e inmersa en una comunidad, con funciones que van más allá de la "producción" de profesionales para el mercado laboral. Se erige como un espacio social donde los sujetos desarrollan su integralidad y potencian sus condiciones de ejercer una ciudadanía plena.

Bibliografía

Arceo, E. (2011) *El largo camino a la crisis. Centro, periferia y transformaciones de la economía mundial*, Buenos Aires, Cara o Ceca.

Calzoni, J., Domench, P. y Presa, A. (2014) *Universidad Nacional de Avellaneda. Apuntes de una fundación*, Avellaneda, UNDAV Ediciones.

Chiroleau, A. (2009) "La inclusión en la educación superior como política pública: tres experiencias en América Latina", *Revista Iberoamericana de Educación*, 48, (5), p. 4.

Chiroleu, A. (2019) "Expansión de oportunidades en la educación superior en Argentina, Brasil y Chile: alcances y límites de una política necesaria". En Ezcurra, A. M (Comp.), *Derecho a la educación. Expansión y desigualdad: tendencias y políticas en Argentina y América Latina*, UNTREF.

Dubet, F. (2014) *Repensar la justicia social: contra el mito de la igualdad de oportunidades*, Buenos Aires, Siglo veintiuno editores.

Filmus, D. (2017) "La restauración de las políticas neoliberales en la educación argentina". En Filmus, D. (Comp.), *Educar para el mercado. Escuela, universidad y ciencia en tiempos de neoliberalismo*, Buenos Aires, Editorial Octubre.

Gentili, P. (2019) "'Crear espacios de reconocimiento es la clave de la lucha política actual', La universidad hoy, a 100 años de la Reforma", *Política universitaria*,

N° 6, vol. 2, IEC-Conadu. Disponible en: [https://iec.conadu.org.ar/files/publicaciones/1560873343_politica-universitaria-6.pdf].

Iavorski Losada, I., Simone, V., Tottino, L. e Iribarnegaray, N. (2017) "La universidad Nacional de Avellaneda y los debates en torno a la masificación y democratización de la educación superior de las últimas dos décadas". En Panaia, M. (Coord.), *De la formación al empleo. El desafío de la innovación*, Buenos Aires, Miño y Dávila editores.

Jacinto, C. (2010) "Elementos para un marco analítico de los dispositivos de inserción laboral de jóvenes y su incidencia en las trayectorias". En Jacinto, C. (Comp.), *La construcción social de trayectorias laborales de jóvenes: políticas, instituciones, dispositivos y subjetividades*, Buenos Aires, Teseo/IDES.

Juarros, M. F. (2006) "¿Educación superior como derecho o como privilegio? Las políticas de admisión a la universidad en el contexto de los países de la región", *Andamios*, N° 5, vol. 3, diciembre, pp. 69-90.

Lefresne, F. (2010) "La inserción profesional de los jóvenes y las políticas de empleo y de formación: una comparación de los sistemas europeos". En Jacinto, C. (Comp.), *La construcción social de trayectorias laborales de jóvenes: políticas, instituciones, dispositivos y subjetividades*, Buenos Aires, Teseo/IDES.

Milanovic, B. (2018) "Revertir la concentración del capital", entrevista a Branko Milanovic, *Revista Nueva Sociedad*. Disponible en: [https://nuso.org/articulo/revertir-la-concentracion-del-capital/].

Panaia, M. (Coord.) (2006) *Trayectorias de ingenieros tecnológicos. Graduados y alumnos en el mercado de trabajo*, Buenos Aires-Madrid, Miño y Dávila y FRGP UTN.

Paoloni, P. V. (2015) "Abandono y permanencia en carreras de Ingeniería". En Panaia, M. (Coord.), *Universidades en cambio: ¿generalistas o profesionalistas?*, Buenos Aires, Miño y Dávila editores.

Rose, J. (1994) "Nuevos planteamientos a propósito de la inserción profesional", *Revista Europea de la Formación profesional*, (2), pp. 69-73.

Santos, B. de Sousa (2005) *La universidad en el siglo XXI*, Buenos Aires, Miño y Dávila Editores/Laboratorio de Políticas Públicas.

Simone, V. (2015) "Los ingenieros electrónicos: problemas de inserción y sectores demandantes". En Panaia, M. (Coord.), *Universidades en cambio: ¿generalistas o profesionalistas?*, Buenos Aires, Miño y Dávila editores.

Teichler, U. (2005) *Graduados y empleo: investigación, metodología y resultados*, Madrid-Buenos Aires, WZI Universitat Kassel, Universidad de Buenos Aires, Facultad de Filosofía y Letras y Miño y Dávila Editores.

 ASALARIZACIÓN y PROFESIONALIZACIÓN

LOS COMUNICADORES Y LA CONSTRUCCIÓN DE UNA IDENTIDAD SOCIAL PROFESIONAL

Cecilia Blanco

Palabras preliminares

¿Cómo construyen su identidad tres cohortes de graduados de la carrera de Comunicación Social de la ex ECI (Escuela de Ciencias de la Información), actual Facultad de Ciencias de la Comunicación (FCC), de la Universidad Nacional de Córdoba (UNC)? Esta pregunta puede responderse a partir del análisis de los relatos de los sujetos respecto de sus trayectorias educativas y laborales desde una perspectiva inductivista, aunque incorporando, además, sus condiciones objetivas de origen, de educación y de trabajo. En tal sentido, entendemos a las trayectorias de educación y de trabajo de estos profesionales como parte de sus biografías. Desde el enfoque estructural de las temporalidades sociales de Godard (1996) entendemos a las biografías como el resultado de la concatenación causal de factores exógenos (o estructurales y externos –el contexto en sentido amplio–) y endógenos (relativos a las historias individuales tales como la residencial, la familiar, la matrimonial, de salud), que direccionan el rumbo de la vida de los sujetos y sus historias profesionales.

En este artículo se analizan las identidades sociales en el marco de las trayectorias laborales de los sujetos. Se aborda el proceso de inserción profesional-laboral tomando al contexto en un sentido amplio. Para tal fin, analizan, integralmente una diversidad de factores, tales como los tiempos de educación y de trabajo, los cuales se superponen permanentemente en la experiencia de los graduados universitarios, a partir de una trayectoria laboral que se construye en simultáneo con el tramo de formación. Se trata de un proceso en el que entran en juego tanto la situación del contexto social y económico como los cambios en la institución universitaria, las transformaciones de la estructura productiva y el mercado de trabajo, y las decisiones individuales de los sujetos. Es en este interjuego de factores que se configuran y reconfiguran los escenarios de inserción laboral y las trayectorias de los individuos, así como los ámbitos tradicionales de ejercicio de la profesión y las identidades sociales profesionales.

Ahora bien, ¿cómo relacionar al trabajo con la cuestión de la identidad? Esta pregunta fue planteada y magistralmente respondida por Dubar (1991, 2001). El autor entiende que el término identidad se puede usar en dos sentidos: a) como definición de sí, de lo que la persona es o quiere ser; b) como definición de un nosotros hecha por los otros, o lo que es igual, en función de la pertenencia a una categoría principal (o identidad colectiva). Mientras que, para el primer sentido, la identidad se define como lo que las personas tenemos más de íntimo y personal (algo tradicionalmente considerado propio del campo de estudio de la psicología); para el segundo, la identidad proviene de las clasificaciones sociales, de las formas de situar a los individuos y a las actividades en categorías y clases (algo considerado característico de las ciencias sociales).

La reconstrucción inductiva de las identidades implica tomar en consideración no sólo las maneras de vivir el trabajo y de darle sentido, condicionadas por las formas de organización del trabajo, sino también las maneras de contar y anticipar su ciclo de vida laboral y, además, su trayectoria personal, por cierto condicionada socialmente por su origen social, su formación de base y toda la trayectoria de su linaje (Bourdieu, 1980 en Dubar, 2001: 13), aunque reconociendo, también que la misma es personalmente construida y por su experiencia, no solo de trabajo sino de su vida privada, especialmente afectiva, y de sus creencias y prácticas simbólicas, en especial las religiosas y políticas (Dubar, 2001: 13). Se trata de formas de identificación por los otros, pero también por sí mismos, de forma reflexiva y narrativa. Son mezclas de referencias heredadas y de puntos de referencia construidos por experiencia. Combinan identidades para los otros (culturales y de *status*) e identidades para sí (reflexivas y narrativas). Intentan dar coherencia a las esferas de existencia personal y a momentos sucesivos de dicha trayectoria personal. Son a la vez "mundos" que estructuran los tipos de relato y permiten categorizar las experiencias profesionales de cada uno (Demazière y Dubar, 1997) y las construcciones sociohistóricas que justifican los dispositivos de integración, de diferenciación y de exclusión social (Dubar, 2001: 13).

La combinación de los aportes de Godard (1996) y Dubar (1991; 2001) nos permiten plantear que la identidad social profesional de un grupo específico de titulados universitarios se configura a lo largo de sus trayectorias, como resultado de la concatenación de factores, y a partir de la interacción permanente de los individuos con los grupos, individuos o instituciones que les asignan características y su propio proceso de asimilación o rechazo de esas asignaciones.

En otras palabras, las identidades profesionales de estos graduados son el resultado de una construcción en el marco de sus trayectorias sociales. Tomando a Godard (1996) las mismas son el resultado de una concatenación de factores exógenos y endógenos a sus trayectorias biográficas, y tomando a Dubar (1991; 2001) son el resultado de la puesta en juego de las definiciones de sí hechas por nosotros y las definiciones de nosotros hechas por otros.

El presente artículo se propone analizar la manera en que se configuran estas identidades a partir de una reconstrucción que toma en consideración, en ocho secciones diferenciadas, una serie de elementos tales como: 1) su origen social; 2) el origen social de la elección de carrera; 3) la base cognitiva adquirida en la universidad, en cuanto a capital cultural fehacientemente adquirido a lo largo de la carrera universitaria; 4) la manera en que evalúan la formación para el trabajo; 5) las características de la estructura productiva; 6) las representaciones sociales respecto de la comunicación, el comunicador y la ex ECI de la UNC por parte del mercado; 7) las características generales de las trayectorias laborales de los 74 graduados; 8) la formación de posgrado adquirida;9) la reconstrucción de las trayectorias laborales de 6 sujetos del total de 74 y de sus perspectivas iniciales al comenzar la carrera; cómo fueron modificándose con el tiempo; cómo evalúan su trayectoria laboral; cómo se auto-perciben hoy y mañana en relación con la profesión; 10) las discusiones teóricas. Asimismo, con anterioridad al desarrollo medular del artículo presentamos a continuación, algunos conceptos sensibilizadores y las cuestiones metodológicas.

Los conceptos sensibilizadores

Para estudiar la manera en que se construyen las identidades sociales profesionales de estos graduados de comunicación, enmarcamos el análisis en el estudio mayor de las trayectorias de estos sujetos. A su vez, enmarcamos las trayectorias en sus biografías, y las entendemos conformadas por una serie de concatenaciones causales de acontecimientos (temporalidades individuales y estructurales). En tal sentido, nos ubicamos en la Sociología del Acontecimiento sin entrar ni en el objetivismo estructuralista ni en el subjetivismo constructivista. El objeto de la biografía no es el análisis de la estructura narrativa, ni la historia del sujeto individual sino el ser sociológico que es menos sujeto en sí mismo que los acontecimientos que organizan su vida y su coyuntura. Se trata de captar a priori –como acto teórico– aquellos acontecimientos, tanto internos como externos, que pudieran estar incidiendo como potenciales de cambio en la trayectoria de un individuo (Godard, 1996).

Mientras tanto, con Dubar (2001: 9), entendemos que las identidades en el trabajo no derivan mecánicamente de las situaciones definidas desde el exterior a partir de criterios objetivos. Como son maneras de considerar el propio trabajo y considerarse –o no– como actor en la organización, estas identidades dependen sobre todo de las relaciones que se mantienen con los otros actores (jefes, colegas, clientes) de este trabajo vivenciado, es decir, de una situación construida y definida subjetivamente. Estas relaciones son de poder, entendiendo al término "poder" en un sentido amplio como la capacidad de influir sobre los otros y de participar en estrategias de actor. Así, las identidades en el trabajo resultan en maneras de ser "actor de sí", en ser "miembro activo" de una situación restringida.

Dubar (2001) entiende, en definitiva, que la situación objetiva, si bien relevante, no es suficiente para comprender las identidades en el trabajo. Aprehender las definiciones de situación, o la relación subjetiva individual y con todos los participantes de/en la actividad de trabajo, resulta indispensable. La observación y escucha atenta del discurso de los trabajadores permitirá al investigador modelizar, de manera inductiva, estas identidades. Las mismas constituyen modelos culturales de organización, formas de enfrentar el poder y definiciones de sí y de los otros (Sainsaulieu, 1985 en Dubar, 2001: 9), y dependen tanto del lugar que se ocupa en el trabajo como de los valores, creencias y representaciones que se emplean en la actividad profesional. Estas son las concepciones de sí en el trabajo que ponen en juego las relaciones entre identidad personal e identidades colectivas.

Para Dubar (1991: 111), la identidad es *"el resultado a la vez estable y provisorio, individual y colectivo, subjetivo y objetivo, biográfico y estructural de diversos procesos de socialización que conjuntamente construyen los individuos y definen las instituciones"*. Así, las identidades se construyen a partir de la conjugación de elementos de la propia historia personal y social, de las instituciones productoras y reproductoras (Gerwec, 2001: 5). Los grupos y subgrupos de una sociedad procesan y reordenan estos elementos a su manera, en función de sus propios condicionamientos y proyectos sociales y culturales, afectados, su vez, por un marco espacio-temporal y unas características particulares de la estructura social.

La identidad se construye y reconstruye diariamente en el interior del proceso de socialización, y es resultado de dos procesos que se entrelazan e influencian mutuamente: por una parte, del proceso de atribución de la identidad por parte de las instituciones y los agentes con lo que el individuo entra en relación directamente; por la otra, del proceso de incorporación de la identidad por parte de los individuos, reconstruirle a partir de las trayectorias sociales de los sujetos (Dubar, 1991 en Gerwec, 2001).

El primer proceso tiene relación con el juego de fuerzas entre todos los actores involucrados y la utilización de categorías y su legitimación, las cuales son utilizadas para dar entidad a las personas o grupos de personas. El segundo proceso tiene relación, más bien, con la historia que los sujetos relatan sobre lo que son, en otras palabras, con su propia trayectoria.

Asimismo, pensar en el proceso de atribución de identidad por parte de las instituciones y agentes implica pensar en el proceso de asignación de identidad social virtual descripto por Goffman. Para Goffman (2009; 2010), las representaciones sociales[1], contribuyen a construir identidades virtuales que no necesariamente se condicen con las identidades reales de los sujetos o grupos de sujeto en estudio. Para Goffman (2010 y 2009), la identidad social es el conjunto de atributos estructurales del sujeto (rol social u ocupación, signos corporizados de prestigio o de estigma, clases de repertorio) y características personales (como la honestidad, entre otras).

Cuando se idealizan, cristalizan y, en definitiva, normativizan, las expectativas de los sujetos o grupos respecto de cómo deberían ser (o qué atributos deberían poseer) determinados otros sujetos pertenecientes a determinadas otras categorías sociales, se elaboran las identidades sociales virtuales. Mientras tanto, y como contraparte las características y atributos reales de los individuos y/o grupos conforman la identidad social real (Goffman, 2010).

Cada vez que no hay coincidencia entre la identidad social virtual y la identidad social real, se produce el estigma social. El estigma es el resultado de la incongruencia entre las expectativas estereotipadas respecto de cómo debería ser un subtipo de individuos (identidad virtual asignada) y los atributos y/o características que efectivamente mantiene/n ese o ese subtipo/s de individuo/s. El estigma tiene lugar

---

1   Ver Arraya Umaña (2002) para profundizar el concepto de Representaciones Sociales.

con la presencia en el sujeto de un atributo considerado desacreditador por parte de los individuos que se consideran normales y esto genera, al mismo tiempo, cierto desprecio de éstos hacia aquel (Goffman, 2010).

En relación con el segundo proceso, el mismo concierne a la interiorización activa de una identidad que en principio es otorgada por terceros, pero que, al mismo tiempo, es construida en un proceso de incorporación y/o rechazo de las categorías asignadas. Cuando, por ejemplo, hay desacuerdo entre la identidad real de los sujetos y la identidad virtual asignada por los otros, los sujetos pueden desarrollar dos estrategias transaccionales diferentes: a) una externa (u objetiva), relativa a las transacciones entre el individuo y los significados, con el objetivo de acomodar la identidad propia a la atribuida por los otros; b) una interna (o subjetiva), relativa a la lucha entre la aceptación de la identidad atribuida y el deseo de construir nuevas identidades.

Dubar (1991 en Gerwec, 2001: 6) entiende que la construcción de la identidad social se da en la articulación de estas dos transacciones. Para el autor (en Gerwec, 2001: 6) *las relaciones entre las identidades heredadas, aceptadas o rechazadas, y las identidades vívidas, en continuidad y ruptura con las precedentes, dependen de los modos de reconocimiento y legitimación de las instituciones y sus agentes.*

A su vez los individuos de cada generación reconstruyen sus identidades reales a partir de las identidades heredadas de la generación precedente y de las categorizaciones sociales a ellos asignadas, las cuales evolucionan con el tiempo. Esto último, a su vez, permite anticipaciones recíprocas sobre las cuales pueden desarrollarse negociaciones de las identidades (Dubar, 1991 en Gerwec, 2001).De esta manera, las identidades sociales y profesionales

> "son construcciones sociales implicadas en la interacción entre las trayectorias individuales y los sistemas de empleo, de trabajo y de formación. Producto de procesos de socialización, las identidades constituyen formas sociales de construcción individuales de cada generación, dentro de cada sociedad" (Dubar, 1991: 262).

Tras bambalinas: las consideraciones metodológicas

El análisis de las identidades sociales profesionales de estos 74 graduados de comunicación, cohortes 2000, 2002 y 2005, de la ex ECI de la UNC se llevó a cabo a partir de los datos recabados para la tesis doctoral relativa a sus trayectorias educativas y laborales, realizada en el año 2016. La investigación siguió los lineamientos de la *Groun-*

ded Theory (Strauss y Corbin, 1990; 1994), y aplicó cuestionarios longitudinales y entrevistas biográficas[2].

La selección de las cohortes 2000, 2002 y 2005, obedeció a un muestreo según propósitos (*purposeful sampling*) (Patton, 1990 en Maxwell, 1996: 6) o muestreo basado en criterios (*criterion based selection*) (Le Compte y Preissle, 1996 citado por Maxwell, 1996). Se seleccionaron en principio estas tres cohortes de graduados por diferentes razones.

En primer término, la Universidad Nacional de Córdoba (UNC), es la principal Institución de Educación Superior (IES) pública de Argentina que ofrece graduados de comunicación al mercado nacional. En 2010, por ejemplo, el 20% del total de 1906 graduados en comunicación e información, del total de universidades públicas del país provenía de la ex Escuela de Ciencias de la Información (ECI) de la UNC, hoy Facultad de Ciencias de la Comunicación (FCC) de dicha universidad (Anuario de Estadísticas Universitarias, 2010). Dicho en otras palabras, los graduados de comunicación de la UNC eran y son el primer grupo modal de graduados de comunicación del país.

A su vez, la ex ECI, de la UNC, perteneció, hasta el 11 de diciembre de 2015, a la ex Facultad de Derecho y Ciencias Sociales (FDyCS), hoy Facultad de Derecho (FD) (*La Voz del Interior*, 12 de diciembre de 2015; UNC, 12 de diciembre de 2015), y fue la segunda escuela de periodismo fundada en el país en 1971[3] (Cicalese, 2008).

Por otra parte, según la UNESCO (IIPE, 2002), en nuestro país, durante el año 2000, los graduados de Comunicación Social representaban un 20% de profesionales desocupados, siendo el grupo más afectado de todas las ramas del conocimiento. Mientras tanto, recién en el año 2000, la ECI de la UNC puede sistematizar datos sobre sus graduados a partir de la incorporación del sistema SIU Kolla Guaraní en Despacho de Alumnos. Hasta ese momento, los datos sobre los graduados eran archivados en carpetas, de las que no se tiene total conocimiento sobre su estado y ubicación. Asimismo, datos recabados por el sistema informático SIU Kolla Guaraní de la UNC, muestran, desde el año 2000 hasta el año 2008 inclusive, que los graduados de comunicación, en comparación con graduados del resto de las carreras que se dictan en la institución, son los que menos expectativas labo-

---

2   Siguiendo los lineamientos desarrollados por los Laboratorios de Monitoreo de Inserción de Graduados (MIG), Argentina, hecho que permitió generar datos comparables a nivel nacional (Panaia, 2009; 2001; 2015; 2017).

3   Siendo la primera la Escuela de Periodismo de la Universidad Nacional de la Plata, en 1934.

rales tienen en relación con su futuro profesional. Simultáneamente, Los datos obtenidos ese año, publicados en el Anuario Estadístico UNC, año 2001 (al año siguiente), fueron relativos a las siguientes variables: 1) Total de egresados de carreras de grado según título y sexo; 2) Total de egresados por año de ingreso a la carrera, ambos sexos; 3) Total de egresados por grupos de edad, 4) Total de egresados por Estado civil; 5) Distribución de egresados según intención de continuar los estudios. Mientras tanto, en el año 2001, el SIU Kolla Guaraní mide las mismas variables que en el año 2000 (datos publicados en Anuario Estadístico UNC, año 2002). A su vez, en el año 2002, contrariamente a incrementarse las variables estudiadas, se trabajan solo: a) Total de egresados de carreras de grado según título y sexo; b) Total de egresados por año de ingreso a la carrera, ambos sexos; c) Total de egresados por grupos de edad (Anuario Estadístico UNC, 2003); d) Recién en 2005, el sistema Kolla Guaraní incorpora algunas variables de interés para la Sociología del Trabajo y de las profesiones. Además de las mencionadas en el punto b, y algunas otras de tipo demográficas, se incluyen: 1) Egresados por expectativas de trabajo según área de estudio y dependencia; 2) Egresados según situación laboral (Anuario Estadístico UNC, 2006). Por último, el análisis comparado de los datos relativos a las expectativas de trabajo y situación laboral de los graduados en comunicación frente a las de los graduados de Derecho y Trabajo Social (recibidos de las otras dos carreras que ofreció, hasta diciembre de 2015, la FDyCS de la UNC), reforzó la relevancia de estudiar las cohortes elegidas para el estudio.

En otro orden de cosas, se estudiaron las trayectorias en el marco de las biografías de los sujetos enmarcándolas en el modelo estructural de las temporalidades sociales de Godard (1996). Por lo tanto, el tiempo es una cuestión central. Así, transformamos a los acontecimientos en factores exógenos y endógenos. Operacionalizamos los factores exógenos entendiéndolos como aquellos tiempos institucionales de educación y de trabajo, y como aquellos de carácter estructural, y a los factores endógenos, como a aquellos relativos a la historia vital del sujeto (tiempos familiares, residenciales, matrimoniales, de salud y/o enfermedad de formación profesional y/o post escolar). Esto nos permitió materializarlos y organizarlos en formato de calendarios (o planillas de acontecimientos).

Lo anterior permitió realizar una encuesta longitudinal retrospectiva (Godard, 1996: 46) mediada por calendarios. Esto implicó, para cada graduado, del llenado de una planilla de acontecimientos por cada año desde el momento en que ingresó a la carrera universitaria hasta el momento en el que se le hizo la encuesta, en 2014. En cada planilla debió consignar datos referidos a su trayectoria educativa y a su trayectoria laboral. Esto contribuyó a ligar los datos exógenos con los endógenos. Además, a establecer una relación entre los procesos de decisión a lo largo de la trayectoria educativa y laboral, y la inserción en el mercado de trabajo.

A su vez, y con la ayuda de las planillas, realizamos, a los mismos sujetos, entrevistas biográficas (Demazière y Dubar, 1997 y Panaia, 2006). Las entrevistas biográficas a los sujetos encuestados permitieron reconstruir sus historias vitales, tomando en consideración su origen social, su historia familiar, de formación secundaria, de formación universitaria el origen de elección de carrera, la manera en que evaluaron su formación para el trabajo, su historia laboral, su situación actual y sus perspectivas futuras.

Por otra parte, se llevó a cabo un muestreo teórico para estudiar la manera en que los encargados de seleccionar comunicadores de medios masivos, entidades públicas, empresas, ong's caracterizan a la comunicación y a los comunicadores. Es decir, nos propusimos comparar las representaciones sociales que mantienen diferentes gerencias de recursos humanos. Nos propusimos maximizar los contrastes entre los discursos y representaciones de los selectores de personal de empresas de distinto tamaño, siguiendo los indicadores del Registro Industrial de la Provincia de Córdoba y de la Subdirección de Indicadores de Gestión de la Municipalidad de la ciudad. Se trabajó mediante la codificación abierta; la jerarquización de categorías, la comparación constante, la codificación axial y la selectiva. Realizamos un reconocimiento de jerarquizaciones en los discursos de los entrevistados, de los núcleos centrales y periféricos, de las representaciones sociales, de los contrastes, y de las modalidades que adoptan las tres dimensiones mencionadas con anterioridad (Arraya Umaña, 2002; Petracci y Kornblit, 2004). Adoptamos el enfoque procesual de las representaciones sociales. Para este último, las representaciones, al formar parte de la realidad social, contribuyen a configurarla, generando efectos específicos.

La médula espinal

El origen social de los graduados en estudio

Según Bourdieu (2005; 2007), la familia del agente, como cuerpo articulado, tiende a perpetuarse socialmente mediante el despliegue de estrategias, que dependen de la posesión o no de determinados capitales. Las estrategias educativas, entendidas como estrategias de inversión en el mundo social, permiten a los agentes entrar en contacto con el campo escolar. De un total de sujetos de la cohorte 2000, el 57% estudió en un colegio privado; de un total de 32 sujetos de la cohorte 2002, el 68,7%; y del total de 28 de la cohorte 2005, el 75%. El hecho de que todas las cohortes tengan como grupo modal a aquellos que estudiaron en colegios privados puede tener explicación en el nivel educativo y el tipo de ocupación y distribución sesgada de género en el sistema productivo de sus progenitores.

En cuanto al nivel educativo de los progenitores, un 57% del total de 74 graduados tiene padres sin estudios universitarios, porcentaje que se incrementa a un 74% en relación con sus madres. Estos resultados podrían estar mostrando lo que Dubet (2005) llama el aumento de la matrícula universitaria a partir de la incorporación en el sistema de "nuevos estudiantes", en contraposición al arquetipo del "Heredero" descripto por Bourdieu y Passeron (2003), en París, en la década del 70[4].

En cuanto a la situación laboral de padres y madres, son ellas las que se distribuyen, preferentemente, en el sector público de la economía (un 41%) y son ellos los que se emplazan, más equitativamente, entre el sector privado (un 28%) y el público (un 23%). A su vez, los padres trabajan más en el Comercio, la Gestión Administrativo-Legal, realizando tareas de trabajo manual, ventas y asesoría y las madres en Servicios Sociales Básicos, desarrollando tareas educativas y de salud. Asimismo, un porcentaje significativo de graduados tiene madres amas de casa (un 32%), hecho que se condice con la tradicional división sexual del trabajo de los hogares.

El origen social de elección de carrera

La elección de una carrera universitaria estaría asociada, en principio, a los intereses y proyectos de los actores. En este estudio, el punto originario de la decisión de los casos estudiados parece tener relación, siguiendo a Bourdieu, con factores estructurales que condicionan las decisiones. El 98% del total de casos señaló que no hubiera

---

4   En Córdoba, Argentina, hay un conjunto de escuelas privadas que mantienen cuotas mensuales accesibles, que no se acercan ni en 1/10 a los montos de las cuotas mensuales en universidades privadas. Existe otro grupo de colegios secundarios privados, de carácter exclusivo, que cobran montos similares o iguales a los de una universidad privada. Ahora bien, no encontramos, con la excepción de dos casos, sujetos que hayan estudiado en este tipo de escuelas.

    ASALARIZACIÓN y PROFESIONALIZACIÓN

estudiado en otra institución que no fuera la UNC. Si bien aparece, al comienzo de las entrevistas, una referencia al *"prestigio"* de la universidad, a la *"chapa"*, a la *"calidad de su formación"*, los mismos sujetos reconocen, en etapas más avanzadas, que sus padres no están dispuestos a, o no pueden afrontar el gasto que implica estudiar en una universidad privada.

Asimismo, los motivos de elección de la carrera son variados, y, en la mayoría de los casos, difusos. En una gran proporción de casos, las expectativas y las motivaciones iniciales no se condicen con lo que el plan curricular de la carrera ofrece. Hay muchos sujetos que inicialmente quieren estudiar Sociología, Ciencias Políticas, Diplomacia, Recursos Humanos, Relaciones Públicas, Publicidad y/o *Marketing*, Periodismo o Periodismo Deportivo y que, por razones económicas, deben optar por Comunicación. La ECI de la UNC parece convertirse en un lugar de paso para lograr objetivos a largo plazo, entre y/o a posteriori de la graduación, sea a partir del desarrollo de una carrera profesional en el marco de ámbitos laborales no relacionados con el ejercicio de la profesión del comunicador, sea mediante una formación técnica y/o de posgrado complementaria en paralelo o a posteriori de la graduación.

La formación académica de los graduados

Mientras tanto, la ex ECI, actual FCC de la UNC, mantiene un plan de estudios (el plan 93) donde se privilegia la formación teórico enciclopédica general (3 años de ciclo básico con formación general en Teorías Sociológicas, Semiótica, Lingüística, Antropología; Historia universal y Argentina, Economía y Ciencia Política), con una formación ideológico crítica (que privilegia ante todo a autores como Marx, Gramsci, Mattelart, Schmucler, Adorno, Horkheimer, Althusser), y con una fragmentación de la formación profesional a partir del cuarto año de la carrera, cuando empieza el ciclo de especialización profesional, con cinco orientaciones diferentes a saber: -Comunicación Audiovisual; -Comunicación Gráfica; -Comunicación Radial; -Comunicación Institucional; -Investigación y Planificación en Comunicación Social (Blanco, 2015a; Blanco, 2015b). Mientras tanto, la demanda requiere de profesionales con calificaciones y competencias técnicas, del orden del saber hacer profesional, que respondan a los requerimientos del nuevo paradigma tecno-productivo.

Evaluación de la formación para el trabajo

A continuación, mostramos las principales dificultades que algunos de los 74 graduados entrevistados para esta investigación han señalado en cuanto a su formación para el trabajo. Su manera de evaluar resulta significativa, puesto que más de la mitad de ellos ingresó a trabajar durante el ciclo básico de la carrera, hecho que les permitió desarrollar una mirada realista tanto en torno a los capitales en juego en el campo económico como a los capitales culturales adquiridos en la universidad.

Evaluación del Plan de Estudio

Observamos una tendencia a evaluar la formación académica general como fragmentaria. Se critica el régimen de cursado cuatrimestral, la fragmentación del conocimiento, y la falta de práctica profesional. Para *Mabel* (comunicación personal, 3 de julio de 2014), por ejemplo,

"(…) Mirá, yo creo que hay muy buenos docentes pero yo creo que (…) a ver (…) creo que lo que cuesta (…) a lo mejor será por el tema del cursado cuatrimestral (…) lo que costaba era ver la relación de los contenidos que estábamos viendo con vista a un campo laboral a una aplicación de esos conocimientos (…) porque vos ves un poquito de lingüística, un poquito de semiótica, un poquito de antropología, sociología I y II; un poquito de psicología social; de psicología individual, antropología y es como que (…) no tenés el tiempo suficiente de asimilar los conocimientos para después decir hacia dónde los proyecto (…) por lo menos el plan nuestro, me parece que al ser cuatrimestral, lo único que más o menos podías agarrar herramientas, que a su vez eran las más prácticos, que eran los talleres anuales de, gráfica, radio, y de audiovisual (…) pero que también, a su vez, era donde teníamos más dificultades para la práctica porque no teníamos elementos (…) no teníamos infraestructura (…) en radio teníamos un práctico al año (…) me acuerdo en radio tuve que hacer el práctico dos veces porque el tipo me decía cerrá el tema y en vez de cerrar el tema yo abría (…) pero lo más difícil era congeniar la práctica con la teoría (…)" (*Mabel*, comunicación personal, 3 de julio de 2014).

Además, otro aspecto señalado por *Marta* (comunicación personal, 15 de agosto de 2014), por ejemplo, es que en la carrera falta estímulo para que los estudiantes dejen de ser solo receptores. Ella considera que fue una simple "receptora de información", que salió sin haber tenido práctica profesional y que: "*(…) hoy por hoy no se puede sin práctica profesional (…)*".

A su vez, entiende que la separación de orientaciones del plan de estudios es "pésima", y que el mismo es "obsoleto":

"(…) El plan de estudio, la separación de orientaciones es pésima. Primero porque no tenés una base, si dividiéramos, ¿dónde está periodismo digital? Ese plan es totalmente obsoleto. En nuestra época que todavía no existía eso, lo mismo me parece malo porque no podés separar tele, radio y gráfica. De última si querés periodismo, institucional, o si querés publicidad, pero dale un marco más grande. Yo quise hacer radio en un principio. Y pensé que radio lo iba a poder ejercer sin especializarme como oficio. Después me doy cuenta que institucional es lo mismo, podés ejercerla perfectamente sin estudiarla. No así investigación que necesitás estudiarla, pero la verdad es que institucional, no. Es una opinión personal. Cuando me quise ir de institucional, perdía un año, así que me quedé en institucional" (*Marta*, comunicación personal, 15 de agosto de 2014).

Mientras tanto, para *Débora* (Comunicación personal, 4 de julio de 2014), *Yael* (comunicación personal, 14 de agosto de 2014), *Nahuel* (12 de agosto de 2014) y *Cecilia* (comunicación personal, 26 de agosto de 2014), lo que falta en la formación es:

"conexión con el mundo del trabajo"; "experiencia práctica"; "especialización" "actualización bibliográfica"; "Formación en administración"; "en gestión"; "en cosas que las empresas te piden", "en contabilidad básica"; "en marketing"; "en diseño gráfico"; en "idiomas"; en "computación"; "en periodismo", "en armar campañas y en cómo publicitarlas"; "en publicidad"; "en cuestiones básicas de medios"; "en cómo armar campañas publicitarias y/o de marketing", en "cómo llevar el conocimiento teórico a la práctica"; "en cómo moverte", "en hacer una revista, un guión pero además editarlo"; "en hacer una campaña audiovisual para televisión pero a la vez un diagnóstico organizacional con una encuesta, evaluando".

Características de la estructura productiva

Los graduados cohortes 2000, 2002 y 2005 de la ECI de la UNC se insertan en el contexto marco de un sistema productivo, heterogéneo y dual (Salvia, 2016), que demanda pocos profesionales por la escasa especialización. En la ciudad de Córdoba, en el año 2011, hay un 92% de empresas pequeñas y micro; un 7% de PyMEs y, apenas, un 1% de empresas grandes (Copello, 2011). El 84% del total de empresas radicadas en la localidad se aboca a la actividad productora de servicios. Una estructura productiva heterogénea y dual (factor estructural), contribuye, junto a otros factores coyunturales, a configurar un mercado de trabajo segmentado, así como al establecimiento de relaciones laborales heterogéneas de inclusión-marginación.

Ese mercado segmentado, se precariza y flexibiliza, de manera continuada, por las políticas económicas de los distintos gobiernos nacionales y provinciales. Además, y muy puntualmente, el mercado laboral para comunicadores sociales adquiere dos características distintivas: por una parte, la presencia de un campo mediático reducido, dominado por los grandes conglomerados mediáticos y un tercer sector, conformado por radios comunitarias, que por sus condiciones estructurales de origen y funcionamiento, ofrecen hoy nula oferta laboral a los graduados de comunicación; por la otra, la presencia de representaciones sociales negativas en los selectores de personal acerca de los comunicadores graduados de la ECI, la histórica relación de la institución con el mercado, la formación académica que aquellos adquieren durante la carrera.

Las representaciones sobre el comunicador por parte del mercado

Si bien la representación social respecto de la comunicación y los comunicadores por parte de los selectores de personal de las empresas y las competencias pretendidas tienen relación con la estructura productiva y los modos de organización del trabajo, también consideramos que las mismas están condicionadas, además, por factores intervinientes como la formación profesional específica de los miembros de las áreas de recursos humanos estudiados. La formación académica de los profesionales que trabajan en las áreas de recursos humanos de las empresas contribuye a conformar representaciones sociales respecto de la comunicación, los comunicadores, la ECI y la formación que éstos reciben. También contribuyen a definir los perfiles profesionales específicos para comunicadores dentro de las empresas. A su vez, sus experiencias previas en las entrevistas de selección se conjugan con sus creencias y prenociones. La manera en que éstos representan a la ECI, a la formación que los graduados adquieren durante sus estudios de grado, a los graduados de la nacional en contraste con los de las universidades privadas, y a la histórica relación de la ECI con el mercado de trabajo, tienen su efecto en la mayor o menor demanda de comunicadores en el mercado de trabajo.

La estigmatización social (en términos *goffmianos*) contribuye a generar una baja demanda de estos profesionales en el mercado de trabajo. La misma, se manifiesta de dos maneras diferentes, aunque relacionadas: por una parte, a través de concepciones prejuiciosas y limitantes respecto de la comunicación y los comunicadores. Por la otra, a partir de la exigencia, para los postulantes a los puestos, de competencias que no adquirieron, necesariamente, en la academia. Si bien los selectores de personal reconocen con claridad las falencias de formación de los graduados de la UNC, exigen de ellos competencias que éstos no poseen. Los responsables de selección de personal suelen coincidir en señalar que los profesionales de la comunicación requieren de competencias técnicas (Ceballos Acasuso, Lovey, Oviedo y Moreiro, 2015) relacionadas con un nuevo paradigma de comunicación y un nuevo paradigma tecno productivo: el de la comunicación multimedia; el de la comunicación estratégica; el de la comunicación comercial, el de la globalización fundada en la expansión inusitada de las nuevas tecnologías.

Las representaciones y demandas por parte de las empresas

Habitualmente, la manera de entender a la comunicación dentro de una empresa queda asociada a un modo puntual de producción. Por ejemplo, en empresas que funcionan bajo la modalidad taylorista/fordista es común encontrar en los entrevistados la noción telegráfica de la comunicación, como si se tratara de una "bajada de información" desde determinada área hacia un público amplio. Coincidente tal afirmación con la forma en que el taylorismo, como modo de producción, entiende a la comunicación. La estructura, en términos marxistas, aunque también bourderianos, pareciera condicionar las representaciones sociales respecto de las comunicaciones. En este sentido, se podría señalar, con Bourdieu, que las condiciones objetivas condicionan las percepciones que los sujetos mantienen respecto de su realidad. A su vez, estas representaciones sociales se ven reforzadas por la formación que mantienen los profesionales encargados de seleccionar personal. Por ejemplo, si el selector es Licenciado en Administración de Empresas, entenderá que la comunicación es de carácter empresario, destinada a generar rentabilidad económica, asociándola al marketing y la comercialización y que el comunicador, en este marco, solo se encarga de estructurar un mensaje y buscar el mejor medio para difundir la información deseada (brindada, normalmente, por el Área de la cual depende el profesional). El comunicador queda así reducido a un profesional que cuenta con poco margen de maniobra.

Algunas representaciones que se saturan con celeridad en un muestreo realizado a ong's, entidades públicas y empresas (micro, pequeñas, medianas y grandes), que podrían estar contribuyendo a reducir las posibilidades de los comunicadores de ser seleccionados en una entrevista de trabajo son, por ejemplo: a) que el comunicador social se dedica más al manejo de la información de mensajes de la comunicación; a la estructura de un texto; a la elección del canal más eficiente para que un mensaje llegue al público objetivo, evitando el ruido; b) que en realidad la promoción de marca no es netamente comunicación y ver el canal, sino que participan todos desde una visión macro; c) que, en todo caso, un relacionista público tiene la capacidad de ir y venir; de relacionarse con una diversidad de eventos y públicos; de manejar el *mailing*, de hacer comunicación desde lo público o desde el tercer sector; d) que los de comercialización-*marketing* tienen más claro qué es una empresa y, por ende, hacen propaganda para vender algo, es decir, hacen comunicación comercial que busca beneficios económicos; e) que, por el contrario, a los comunicadores les falta conocimiento sobre el funcionamiento de una empresa; f) y que les falta formación técnico-profesional.

Los selectores de personal, salvo en pocas ocasiones, tienden a definirlos en términos de lo que les falta para poder desenvolverse adecuadamente en los puestos correspondientes. Se los define con desventajas frente a otros profesionales del área de las Ciencias Sociales como Relacionistas Públicos, Licenciados en Marketing, Licenciados en Publicidad y Diseño. Las percepciones, dadas por condiciones objetivas (modos de producción de las empresas, perfiles establecidos de búsqueda de personal, formación o capital cultural adquirido por los selectores de personal) confluye en *habitus*, en modos de ser y de hacer, es decir, en prácticas de búsqueda y selección de personal que contribuyen a una reducida demanda de profesionales de la comunicación. Así, se generan identidades virtuales que no concuerdan con las identidades reales de los graduados de comunicación de la universidad pública (en función de su formación concreta).

Características de las trayectorias laborales (total de casos)

El estudio de las trayectorias laborales de los graduados cohortes 2000, 2002 y 2005 de la ex ECI de la UNC, permite sostener que, para este grupo de comunicadores, el pluriempleo es una constante. El grupo más numeroso, en los 10 primeros tramos de empleo, tiene trabajos eventuales (en negro). En segundo lugar, se ubican aquellos con contratos temporales sin aportes. En relación con el Sector Servicios, durante los 9 primeros tramos, el grupo más numeroso se desempeña en Información y Comunicación. Recién a partir del tramo 10, quienes trabajan en el sector Educación superan a los que lo hacen en Información y Comunicación. A su vez, el grupo de sujetos que trabaja en el sector Servicios Profesionales, Científicos y Técnicos se incrementa, gradual y sostenidamente, con el tiempo, los tramos y las cohortes. Lo anterior responde a una profesionalización de carácter interdisciplinaria con otros profesionales de formaciones afines, en las áreas de Comunicación Corporativa de grandes firmas; o a una profesionalización-especialización práctica y de formación posterior a la carrera de grado, en alguna de esas otras áreas relacionadas (como el *marketing*, la publicidad, los recursos humanos, las relaciones públicas), trabajen o no en grandes empresas.

En relación con el último empleo, el grupo más numeroso trabajó en el sector Enseñanza, el segundo en el sector Información y Comunicación y el tercero en Servicios Profesionales, Científicos y Técnicos. Una proporción no menor de graduados en Comunicación Social de la ex ECI ingresa al mercado de trabajo en el marco del sector Información y Comunicación, de manera informal, en situación de precariedad, y se estabiliza en el sector Educación, aunque con mayor fuerza, en la educación media. La Educación media como destino, la Educación media como resignación, resulta en una decisión razonable ante la necesidad de encontrar certidumbre.

Formación de posgrado: una apuesta a la devaluación de los títulos

La formación académica recibida, de carácter fragmentaria y heterogénea, dota a los graduados estudiados de competencias e incumbencias difusas para el mercado de trabajo. Asimismo, en el mercado los títulos se desclasan sistemáticamente (Bourdieu, 2006). Graduados con formaciones que el mercado no requiere, configuran un excedente de oferta de trabajo que contribuye al efecto de devaluación de los títulos.

En general, las motivaciones que llevan a los sujetos a adquirir una formación de posgrado son diversas. Encontramos que, la gran mayoría, tomó la iniciativa de cursar estudios de posgrado a partir de la necesidad de obtener competencias técnicas y prácticas para su desempeño en sus respectivos trabajos. Como el título, por sí mismo, no garantiza la adquisición de conocimientos necesarios para su desempeño eficiente en al mercado de trabajo, entonces los graduados se inclinan hacia los estudios de posgrado en universidades, las más de las veces, privadas que dictan cursos acordes a sus necesidades.

Del total de 74 sujetos, 29 tomaron un primer curso posterior a la graduación. De ese total, 19 obtuvieron el título, y 15 (del total de 19), dieron inicio a un segundo posgrado, de los cuales 12 lo finalizaron. Mientras tanto, sólo 4 sujetos iniciaron un tercer posgrado (dos una maestría y dos un doctorado).

Los posgrados fueron, en su mayoría, cursos cortos, posgrados, especializaciones y/o tecnicaturas; otros, los menos, maestrías y doctorados. Una de las formaciones más requeridas por este grupo de graduados fue en *Marketing*. Tenemos a 1 persona que realizó un Posgrado en *Marketing* Digital; 1 en *Marketing Estratégico*; 2 en *Marketing* (a secas); 1 realizó una Especialización en *Marketing*; otra persona, un Master en *Marketing*.

Para aquellos que trabajan hoy en medios de comunicación, prevalecen las Diplomaturas en Periodismo Político, Deportivo, realizadas en universidades privadas.

Mientras tanto, para los que trabajan en Educación media, encontramos dos casos que realizaron un Posgrado en Educación y Tics. Uno de ellos, además, realizó una Especialización en esta área.

Hallamos, además, 4 casos de personas que hicieron Posgrados en Recursos Humanos y 1 que realizó la Tecnicatura. Algunos recurrieron a una universidad privada; otros a alguna formación en el marco de una unidad académica de la universidad pública.

¿Una identidad social-profesional?

Claude Dubar (2001) establece una diferenciación-oposición entre las identidades de categoría (donde hay continuidad de la carrera y falta de reconocimiento); las de no trabajo (cuando hay rupturas sufridas y amenazas de exclusión) y las identidades de red (cuando hay rupturas voluntarias de trayectoria y reconocimiento externo) y de empresa (cuando hay continuidad y reconocimiento interno). Para el autor, estas cuatro formas típicas de identidad conforman un modelo que atraviesa dos formas de reconstruir la trayectoria biográfica (identidades por sí) y dos formas de apreciar su reconocimiento por parte de la empresa (identidades por los otros). Cada una de estas formas de identidad combina un perfil biográfico marcado por la continuidad o por las rupturas y un modo de reconocimiento por parte de la empresa (Dubar, 1991 en Dubar, 2001: 12).

Las identidades de empresa y de red responden a un modelo de competencia que tiende a reemplazar el antiguo modelo de calificación. Las identidades de categoría y no trabajo están desvalorizadas y los asalariados que las incorporan son invitados a adoptar las primeras o a verse amenazados por la exclusión del mercado de trabajo.

A continuación, intentamos reconstruir, de manera breve y cualitativa, la trayectoria laboral seis graduados[5] de las cohortes 2000, 2002 y 2005, para realizar una lectura plausible en relación con la construcción en el tiempo de su identidad social-profesional, tomando en consideración sus respuestas a preguntas clave de la entrevista biográfica tales como por qué eligieron la carrera, cuáles fueron sus perspectivas iniciales, si estas se mantuvieron o se modificaron con el tiempo, cuáles fueron sus sucesivos trabajos, cuál el último, bajo qué condiciones y cómo evalúan su trayectoria laboral. Se intentan articular, en la reconstrucción, muchos de los aspectos analizados de manera agregada en las secciones anteriores de este artículo.

Gastón

Veamos brevemente, la transcripción de segmentos de la entrevista realizada a Gastón. En esta entrevista, aparece el reconocimiento del actor de un no reconocimiento de los "otros" en relación con su identidad profesional. Al mismo tiempo, aparece una ambivalencia al comienzo de su trayectoria en cuanto a qué carrera elegir. La trayectoria completa de *Gastón* permite señalar que luego de una trayectoria intermitente con trabajos esporádicos y contratos temporales e incluso, en negro, se estabiliza ingresando en la escuela media, donde enseña comunicación. Dentro de este recorrido en el nivel medio, logra estabilidad laboral, vacaciones regulares y pagas, aportes jubilatorios, entre otros beneficios. Probablemente su identidad tenga relación con una continuidad laboral y un no reconocimiento específico de las incumbencias profesionales de un comunicador, es decir, lo que Dubar (2001) denomina una identidad de categoría.

Gastón empezó trabajando, gracias a un contacto y con un contrato temporal con aportes, en una dependencia municipal. Tras dos años, y a través de otro contacto, ingresó a trabajar a una consultora como encuestador. El trabajo fue en negro. Cuando vio que no tenía mucho

---

5   Los casos seleccionados responden a las chances típicas y los nombres de las personas involucradas han sido cambiados para resguardar su identidad y preservar el secreto estadístico.

trabajo allí, entró a trabajar en el quiosco de un amigo, y se presentó, en simultáneo, a una convocatoria pública para entrar a dar clases en la escuela media. *Gastón* evalúa negativamente su recorrido profesional como comunicador aunque como relativamente buena su trayectoria de docente de escuela media. Su padre era médico y su madre licenciada en nutrición. Tiene tres hermanos y si bien dio las razones por las cuales ingresó a estudiar comunicación, también señaló que eligió estudiar en la ECI porque pertenecía a la Universidad pública.

"Tenía tres opciones en mi cabeza, que no las descarto: ciencias económicas (…) derecho y comunicación o periodismo porque me gusta el periodismo (…). Y además, por una cuestión personal, quería hacer periodismo deportivo, además de saber deporte (…) Mi perspectiva inicial fue eso del deporte (…) Al adentrarnos en la carrera, ya viendo que hay otros aspectos dentro de la carrera, se amplía el panorama (…) A ver, tuve la suerte, en primer año, tuve como profesor en una de las materias, en periodismo gráfico a (nombre de reconocido periodista de Córdoba) (…) Nos dijo que no piensen que esto va a ser fácil cuando termine la carrera, y que cuando terminen la carrera van a encontrar trabajo fácil. Entonces, eso me abrió la mente, porque uno puede pensar: entro a la universidad, termino y ahí nomás tengo trabajo, pero esto no es así, lamentablemente (…) Hoy tengo 29 horas en la docencia media (…) El recorrido laboral, en cuanto a la profesión nuestra, es malo. Puede ser porque no he sabido cómo buscar, puede ser también porque en los medios de comunicación es muy cerrado para poder entrar, y también, puede ser porque en algunas empresas, no voy a decir todas, no está muy internalizado que deben tener profesionales de la comunicación trabajando allí. Y en cuanto a mi recorrido profesional en la educación se puede decir que ha sido relativamente bueno" (*Gastón*, comunicación personal, 10 de agosto de 2014).

Sarah

Sarah logra cierta continuidad laboral en una dependencia pública y piensa que poder participar en charlas sobre una Ley con su jefe es la oportunidad de hacer algo relacionado con su profesión, y que hoy, siendo ella la única de la dependencia con título habilitante, no puede trabajar en la nueva área de Comunicación de la institución. Lo que esto muestra es que, si bien, logra estabilizarse, no hay reconocimiento de sus incumbencias profesionales específicas en su trabajo. Si bien hay continuidad laboral y ciertas condiciones objetivas favorables, no hay reconocimiento interno en relación con sus competencias profesionales específicas. Cabe pensar, entonces, que su identidad social profesional tiende hacia la de "categoría".

   ASALARIZACIÓN y PROFESIONALIZACIÓN

Sarah hizo sus estudios secundarios en un colegio privado, católico, de mujeres y obtuvo el título de bachiller. Sus tres hermanos son profesionales, todos egresados de la universidad pública. Su padre era dueño de un negocio y su madre ama de casa. Ambos tienen estudios secundarios completos.

En su entrevista, aparece la palabra "política" desde el comienzo y *Sarah* empezó a trabajar en 1999, con un contrato a plazo fijo en una empresa de telefonía móvil. Luego se ganó una beca para ir a Italia a estudiar italiano. En 2005, consiguió dos trabajos: uno, en una prepaga de salud, con un contrato temporal con aportes. Allí recibía gente, analizaba planes y la situación de pago de cada persona; otro, en un shopping, en negro, donde hacía promociones los fines de semana. Finalmente, ingresa a trabajar en un organismo público donde se estabiliza laboralmente hasta el presente, aunque, durante su trabajo allí, ingresa *ad honorem* como voluntaria en una ONG.

"Un poco estaba perdida porque no tenía unas preferencias específicas. Me orienté hacia comunicación porque vi que dentro de todas las carreras era la que tenía un surtido de varios tipos de conocimiento que era lo que a mí me interesaba. Un poco de política, un poco de economía, un poco de periodismo (…) Yo seguí institucional porque decían en ese momento que era la de mayor salida laboral. Hoy considero que institucional es una rama que no se aplica mucho, que habiendo seguido otra orientación como radio, gráfica o tele, quizás habría encauzado más la carrera a un punto y con mayor proyección profesional (…) La orientación institucional de la carrera me parece tiene como límites muy vinculados con otros tipos de carreras, mucha gente no tiene noción de lo que hacemos, quizás persiste eso de que en Buenos Aires está el área de comunicación institucional y las sucursales en Córdoba no los tienen, en las grandes empresas, nuestros puestos están tomados por gente de recursos humanos. Hay un límite muy difuso (…)
Entré a trabajar, finalmente, a un organismo público, como administrativa (…) Empecé en mesa de entradas recibiendo expedientes laborales y previsionales (…) en la comisión médica, que es el área donde trabajo (…) siempre como administrativa, pero cambian las funciones (…) A partir de 2011, se me da la oportunidad de participar en estos eventos, que se estaba por generar una Nueva Ley (se omite el nombre de la Ley), y la tarea era difundirla antes de que salga. Participé con el jefe en diferentes charlas en la facultad de abogacía, en la facultad de ciencias económicas, tratando de difundir la nueva ley (…) me pareció interesante porque me daba la oportunidad de hacer algo de lo mío (…). Tengo el convenio de empleado público (…) Pienso que estoy bien paga para la tarea que hago, no se aprovechan mis conocimientos, es muy difícil porque es muy político y las posibilidades de ascensos son para algunos y no

para todos. Hay un área de capacitación y comunicación que está en Buenos Aires, pero que este año ha empezado en Córdoba a funcionar, soy la única persona en Córdoba que tiene el título, y soy la única persona que no accedo a esa área (…) Hoy, además, estoy *ad honorem* trabajando en una ONG en el tiempo libre que me queda (…)

De todas maneras, hoy en día (…) estoy poniéndole mucha fuerza en la ONG, que me da capacitación que en ningún otro lado hubiera obtenido. Le pongo ganas y empeño aparte porque me gusta. Mi tesis se basó en el empoderamiento de las mujeres en general, que de acuerdo con distintos continentes tienen diferentes problemáticas. Siento que lo hago porque realmente me gusta, siento que es lo mío. Si lo de la superintendencia me permite mantenerme económicamente, me va a permitir seguir trabajando *ad honorem* en lo otro (…) me gustaría trabajar en un organismo internacional. De alguna manera lo estoy haciendo. Pero *ad honorem*, por ahora (…)" (*Sarah*, comunicación personal, 15 de agosto de 2014).

Perla

En el caso de *Perla*, al igual que en el caso de Gastón, hay continuidad y reconocimiento objetivo en cuanto a las condiciones laborales. Ahora bien, aparece en el discurso de *Perla* una desjerarquización de la profesión del docente de educación media. Ella dice que no quiere jubilarse como docente, que quiere "progresar", que le gusta la "investigación". Su representación social respecto de su trabajo quizás esté reflejando la deslegitimación social que tiene la tarea del maestro de escuela. Aparece allí una minusvaloración de su trabajo profesional. Su identidad social profesional pareciera ser la de "categoría".

Perla, es hija de madre docente y de padre médico. Su papá trabajaba haciendo guardias en hospitales y su mamá como directora de una escuela. Tiene dos hermanos, una de ellas graduada de la universidad pública. Obtuvo el título de bachiller docente en una escuela privada católica de la ciudad de Córdoba.

Perla entró a trabajar, por primera vez, en la biblioteca del Colegio donde estudió. La tomaron primero con un contrato temporal, a modo de prueba y luego la estabilizaron. Su segundo trabajo fue en una academia privada donde daba clases de periodismo para niños. Allí recibía un salario en negro. Luego, inició una suplencia como secretaria, por dos meses, en su colegio hasta que volvió a la biblioteca. Luego, empezó a trabajar como docente en Teorías de la Comunicación I, II y III.

Ante la pregunta por los motivos de elección de la carrera respondió:

"(…) La elección de la carrera fue porque en tercer año (…) en un colegio católico (…) una hermana nos empezó a dar una charla de los signos (…) la semiótica, y bueno, yo le pregunté, y bueno, ahí empezó el interés mío. Y me dijo que eso forma parte de una carrera que era Comunicación Social, y ahí ya yo más o menos me orienté (…)".

Ahora bien, más adelante en la entrevista, dio una razón que va más allá de su aparente elección libre:

"(…) en realidad, mis padres siempre nos recomendaron que la Universidad Nacional tenía ya una impronta que no la tenían otras. Y en ese momento también, en el 94', no estaban tan en auge estas universidades privadas, por el alcance económico. No sé si la Universidad Católica (…), pero yo no me lo plantee en ese momento porque no sabía si podía costearlo. Entonces bueno, también ese era un tema (…)" (*Perla*, comunicación personal, 4 de julio de 2014).

Veamos a continuación, cómo ella evalúa su trayectoria y cuáles son sus expectativas de futuro:

"Hoy trabajo en la docencia media (…) Cuando empecé la carrera de comunicación (…) es como que tenía mis expectativas puestas en otra cosa, porque mi idea de Comunicación Social no era trabajar en un medio, sino que yo quería trabajar en un departamento de comunicación (…) pero no pasó nunca porque yo dejé el currículum, incluso en XY (nombre de empresa multinacional) tuve una entrevista, pero bueno, la persona de XY (…) desde un principio me dijo que él me recibía el currículum pero que XY tenía su base en Buenos Aires y que acá no tenía departamento de comunicación. Y eso me pasó en varios lugares en que fui a dejar, que es muy difícil ingresar a una empresa como comunicador, para aplicar la parte de comunicación institucional. Y es más, creo que ahora toman gente de marketing, de relaciones humanas o psicólogos, entonces cuesta. Pero bueno, esto es un poco creencia mía, creo en el destino y el camino me fue llevando de una u otra forma a la docencia. O sea, amo la docencia ahora, más allá de mi idea inicial, que era otra. No lo hago porque me resigné, bueno (…) me tocó esto, sino porque me gusta (…) yo no me quiero (…) Mirá eso me lo planteé esta semana porque se jubiló una compañera nuestra y la verdad es que yo no me quiero jubilar dando clases. Más allá de que me gusta, pero quiero otra cosa, quiero ascender (…) me gusta la investigación a mí. Entonces, uno de los planteos que me hice fue estudiar la carrera de ciencias de la educación (…)" (*Perla*, comunicación personal, 4 de julio de 2014).

Francisco

La trayectoria de *Francisco* presenta mucha discontinuidad y un no reconocimiento, así como una permanente reconfiguración. Cuando analizamos su trayectoria y la manera en que él la caracteriza y se autopercibe a sí mismo, podemos postular que se trata de la configuración de una identidad de no trabajo, si siguiéramos a Dubar (2001).

Francisco es hijo de padres con profesiones liberales: su papá médico y su mamá abogada. Su papá falleció cuando él era niño y su mamá trabajó hasta el día de su jubilación en una entidad estatal. Comentó que su mamá insistió en que tenía que estudiar en la UNC, que era *"el prestigio y la seriedad"*.

Francisco, a través de un primo que había estudiado periodismo deportivo en una universidad privada, ingresó a trabajar, por primera vez, en una radio. Él trabajo era sin contrato. Luego, a través de un aviso que encontró en la ex ECI, entró a trabajar en una revista. Allí tampoco tenía contrato y escribía artículos sobre algún tema de interés. Luego, por un aviso en el diario, entró a una encuestadora, sin contrato alguno. Luego tuvo un período de desempleo hasta que en 2009 publicó su primer libro. Tras publicar su segundo libro en 2011, se convirtió en editor de su propia obra, creando una pequeña editorial que funciona de manera esporádica hasta el presente. A posteriori, ingresó a trabajar como músico a un programa de radio de una universidad, aunque terminó siendo co-conductor. Si bien no tenía sueldo, recibía algunos beneficios que le brindaban los auspiciantes. Luego, una persona conocida lo acerca a un club importante y obtiene, por primera vez, un trabajo formal. Entró a trabajar en la biblioteca, su contrato era estable, le pagaban aguinaldo y vacaciones. Desde 2008 crea su último autoempleo mediante la fundación de una orquesta.

> "(…) Puedo hacer una falsa teoría. Lo que me pasó a mí, y les pasa a varios, es que (…) dicen tengo que estudiar algo como un mandato familiar, social, de que no voy a ser un paria, así que algo tengo que hacer. La ayuda familiar no se va a acabar, pero va a cambiar de postura. La cuestión es que entré porque dije: tengo que estudiar algo. Me gustaba la carrera, me sigue gustando y si la tuviera que hacer de nuevo, la haría, pero, posiblemente, haría otra en paralelo. Como a mitad de la carrera, en tercero o cuarto año uno empieza a decir: y qué voy a hacer cuando salga de acá. Entonces viene ese replanteo de que hay muchos que se van a otra carrera, que hacen otra carrera en simultáneo, muchos en Derecho, muchos en Letras, en Historia (…) Y ahí te agarra un momento de incertidumbre que va a quedar hasta que seas eyectado institucionalmente, y sepas cuál es la real cosa que es estar en la calle buscando trabajo

(…) Otra cosa de la carrera, como yo particularmente, me estuve dedicando más a la música, no estuve haciendo tanta especialización (…) Hay muchas cosas que vos me preguntás hay muchas cosas que vos me preguntás, estás trabajando en tal cosa, y yo no las tomo como trabajo. A modo de cuestionario, son un trabajo. Yo hago los libros y gano dinero, voy y los vendo, y eso implica un trabajo, pero no es como que yo lo siento, como que tengo que ir a cumplir con un trabajo. Estuve diseñando hace dos días, con un problema de diseño del tal programa y a fin de cuentas es un trabajo (…) En relación con el trabajo, muchas cosas pienso. Pienso, desde la biblia, una maldición, porque Dios dice que se tienen que conseguir el dinero porque los expulsa del paraíso, y no tienen todo servido. Van a tener que conseguirlo con el sudor de la frente. Entonces, que el trabajo da dignidad, no lo creo, salvo que uno haga el trabajo que a uno le gusta. ¿Cuántos hacen el trabajo que les gusta? Muy pocas personas. Entonces muy pocas personas tienen el trabajo que dignifica, y casi siempre dignifica el bolsillo del patrón (…)" (*Francisco*, comunicación personal, 8 de julio de 2014).

Yael

Su trayectoria laboral permite inferir que *Yael* desarrolló una identidad profesional en el marco de las empresas en las que trabajó. Siguiendo a Dubar (2001) desarrolló una identidad de empresa. Ella permanentemente hace alusión, en su relato, a su trabajo en el área de Marketing y a cómo a lo largo del tiempo, su trabajo y sus logros dentro de las organizaciones fueron reconocidos. Siempre tuvo trabajo estable, logró ascensos, y pareciera haberse involucrado con los proyectos de la organización. Es decir, hay continuidad y hay reconocimiento aunque el reconocimiento de la institución es hacia unos conocimientos, destrezas y competencias adquiridas a lo largo de su trayectoria laboral en el marco de las organizaciones (y no hacia los conocimientos fehacientemente adquiridos en la universidad). Ahora bien, no pareciera que *Yael* se sienta totalmente identificada con esos roles, esas funciones, esas tareas y esas incumbencias, si analizamos sus expectativas a futuro: la entrevistada no se ve a futuro trabajando en empresas sino sosteniendo un comercio propio, no necesariamente relacionado con el Marketing. A continuación, reconstruimos su trayectoria.

Yael terminó el secundario en una escuela privada católica de mujeres. Hizo un "bachillerato común". Su padre es arquitecto y su madre mantiene estudios universitarios incompletos. Su papá, trabajaba de manera independiente, y su mamá era empleada de comercio.

Ante la pregunta relativa a por qué decidió estudiar comunicación en la ECI respondió sin rodeos: *"Por un lado tenía que ser una facultad pública porque no me lo podían pagar, y yo tampoco generaba ingresos. Nunca se me presentó la idea de estudiar en una privada. Buscaba carreras dentro de la gratuita".*

Yael empezó a trabajar durante el año 1999, en una dependencia ministerial provincial. Llegó a través de un contacto, y para un proyecto puntual que entregaba *carnets* de afiliación a una mutual a personas carenciadas. Obtuvo un contrato por tiempo determinado en carácter de pasante. En 2001, presentó su currículum en una convocatoria que hizo la ex ECI para pasantías rentadas, aunque con ayuda de un contacto que formaba parte del banco de evaluadores de la institución. Entró como asistente de Marketing en una empresa. Hacía medición de la satisfacción del cliente, encuestas y algunas cuestiones relativas al diseño. Organizaba eventos y asistía a los responsables del área. Luego la empresa abre una nueva unidad de negocios y ella es trasladada allí como encargada de marketing. Allí empieza a diseñar promociones, organizar eventos, armar un manual de procedimientos y estudiar la competencia. Tenía gente a cargo. Empezó como pasante y terminó como empleada de planta. Su sueldo fue en aumento a medida que aumentaban las responsabilidades. Tras un cambio en la gerencia general, decidió renunciar. No se sentía cómoda con el nuevo gerente. Empezó a buscar trabajo y le ofrecen entrar en una empresa de *merchandising*. Luego, ante situaciones que no le convencían, empieza una nueva búsqueda de trabajo y la vuelve a contratar la primera empresa en la que trabajó como estudiante-pasante. Trabaja allí como responsable de relaciones públicas en un restaurante de la firma. Luego, por un contacto, llegó a una cadena de locales de venta de ropa como Responsable de Marketing, donde trabaja hasta el día de hoy. En todos los trabajos tuvo contrato estable.

"(…) No tengo un motivo fijo, de que siempre me gustó la comunicación ni mucho menos. En la escuela me iba muy bien, me gustaba todo, las matemáticas, lengua, química, era buena alumna. Me pareció una carrera que podía abarcar todo, era un mix, y me gustaba eso (…) Me parece que uno elige la carrera, de manera naif, sin experiencia, nunca me hice un planteamiento existencial de qué estoy haciendo acá. Lo estudiaba, me gustaba. Hoy mirándolo de lejos, si me preguntás si estudiaría de nuevo comunicación te digo que no. Sacando todo lo personal, me parece una carrera sin salida laboral, hacés de todo y no hacés nada, no te especializás en nada. Yo agradezco la pasantía en (…), porque eso me acercó a marketing y a poder engancharme en eso desde antes de terminar la carrera (…) Creo que he tenido suerte de empezar

     ASALARIZACIÓN Y PROFESIONALIZACIÓN

a trabajar durante la facultad, en una empresa que pude crecer y eso me abrió
puertas. Eso fue bueno, lo que fui haciendo. También noté crecimiento en las
empresas donde estuve, que se notó el aporte que hice. (…) Hoy trabajo en una
cadena de tiendas como responsable de marketing (…) Me ocupo de lo que
tiene que ver con marketing, ventas e imagen. Estoy a cargo de las vidrieras,
cómo se va a exhibir las prendas, cuanto poner y demás. Estoy a cargo de la
comunicación, de la publicidad, de la tarjeta de fidelización de los clientes (…)
En un futuro me gustaría hacer algo independiente, pero que no tenga que
ver con la comunicación. No me gustaría una consultoría, no lo veo como
un sostén. Me gustaría hacer algo diferente, un comercio u otra cosa. No sé"
(*Yael*, 14 de agosto de 2014).

Celeste

Su trayectoria laboral y la manera en que *Celeste* la percibe, permite inferir que su trayectoria ha sido discontinua por mucho tiempo,
en algunas ocasiones con algunos reconocimientos a su trabajo profesional por parte de las instituciones en las que trabajó, aunque sin
un reconocimiento objetivo en términos de condiciones de trabajo dig-
nas, si nos atenemos a los derechos laborales. Vayamos, ahora a su
trayectoria.

Celeste fue criada por su abuela y su madre. Su abuela tenía estudios primarios completos y su mamá estudios secundarios sin concluir. Ella es hija única. Su mamá es empleada doméstica y su abuela
ama de casa, jubilada. Finalmente, logra estabilizarse en el marco de
la Universidad pública, aunque trabajando inicialmente como administrativa, sin reconocimiento de sus incumbencias profesionales.
Recién cuando ingresa al área de Comunicación Institucional de la
Facultad en la que trabaja, puede aplicar sus conocimientos, aunque
no sin dificultades. En función de su relato, se puede inferir que tiene
que luchar por demostrar, ante personas que no pertenecen al campo
de conocimiento de la Comunicación Social que sus conocimientos,
aptitudes, cualificaciones y competencias son suficientes, efectivas,
relevantes y necesarias. Probablemente, podríamos señalar que se
trata de la configuración de una identidad que va variando según
cada etapa de su trayectoria, tratándose primero de un ingreso al
mercado con algún tipo de reconocimiento simbólico a su trabajo aunque no material; luego de un principio de identidad de no trabajo (con
ruptura voluntaria de su trayectoria y la exclusión del mercado de
trabajo); luego de red (con algún tipo de continuidad y algún tipo de

reconocimiento) y de categoría una vez que se estabiliza. Veamos a continuación su trayectoria:

En 4° año de la carrera ingresó a trabajar en una revista porque el papá de una amiga era amigo del director. Tras presentar una nota la tomaron. Tenía un sueldo en negro. Luego, entró, a través de otra amiga, a una biblioteca perteneciente a una Villa Miseria. Allí le tocó hacer un video promocional de la fundación, algún guión y un par de filmaciones. Tuvo un período de desempleo con una sensación de angustia e incertidumbre. Llegó a cuestionarse por qué había elegido estudiar comunicación. Entregó varios currículums hasta que un día la llamaron de una cooperativa. Le tocó armar un área de comunicación, junto con un diseñador gráfico. Elaboraron en conjunto un Manual de Comunicación y la contrataron como monotributista. Luego, en 2007, obtuvo una beca de extensión universitaria para trabajar con adolescentes el tema de la violencia de género. Cuando se dio cuenta que su trabajo no era estable, perdía antigüedad y sería despedida pronto, igual que otros jóvenes profesionales que allí trabajaban, renunció. Inmediatamente, una amiga le comenta que en la universidad había muchos concursos no docentes. Si entraba, conseguía un empleo público, de planta permanente, de seis horas por día, con buen sueldo. Tras rendir seis concursos, quedó en el orden de mérito en una Facultad del área de las Ciencias Naturales. Entró en el área de recursos humanos. Tras algunas dificultades, le pidió a la Decana el pase a otra dependencia o que le permitiera rendir otro concurso. Finalmente, la Decana le dijo que planeaban conformar el área de Comunicación de la Facultad. La convocó a que pasara a esta área y allí sigue hasta el día de hoy.

"A mí me gustaba la publicidad, el ámbito publicitario, lo creativo, las campañas publicitarias. Recién en el 95, abría la Siglo XXI, con la oferta de publicidad, pero había que pagar. Hablando con unos profesores del secundario me dijeron: estudiá comunicación que es pública, gratuita, tenés formación en ese campo, no se equipara con ninguna otra y me anoté (…) las perspectivas iniciales, se modificaron todo el tiempo y cambió al final. Yo tenía la idea de ser publicista, pero a medida que uno transita la facultad vas viendo que hay otros campos. Yo asociaba la comunicación al periodismo y la publicidad. Era como el auge del momento. Había mucha fuerza de lo audiovisual, los medios, la regulación (…), después vi que se podía trabajar en el campo institucional, que se podía investigar, que era una ciencia. Cuando elegí la orientación la idea de publicidad se había borrado. Después, cuando vi cómo se trabaja en los contextos tan precarios de la publicidad, por suerte me dediqué a eso (…) Hoy trabajo en una Facultad de la Universidad. Ahí empecé en Recursos Humanos.

     ASALARIZACIÓN Y PROFESIONALIZACIÓN

Primero en despacho de alumnos, atención al público, y después en recursos humanos (…). Hablé con la Decana y le dije que iba a pedir el pase o a rendir otro concurso para presentarme en otra Facu. Ella me dijo que estaban planteando el área de comunicación, le pedí que pe pase a otra área (…). Me aceptó y me pasó al área de comunicación en 2012 (…). Seguí en la misma categoría. A mí me pasaron al área pero no me re categorizaron como profesional. Es categoría 5. Los no docentes tienen varias categorías, yo estoy trabajando en el área comunicación, es una categoría profesional que corresponde a la categoría 5. Los administrativos tienen una categoría 7, es la que tengo yo (…). Lo que voy a hacer es pedirle al Decano que me re-categorice como corresponde a la categoría 5 profesional (…). También tengo en cuenta que trabajo en una facultad donde las ciencias sociales son absolutamente menospreciadas. Son los (…), positivistas, todos los trabajos presentados tenés que justificarlos, te van a cuestionar todo, desde su paradigma (…). En relación con mi trayectoria te diría que estoy satisfecha. Creo que hay gente que no ha tenido la posibilidad de tener un trabajo no solo en comunicación sino fijo. Estoy absolutamente agradecida porque tengo las dos cosas. Creo que esas posibilidades tienen que ser dadas por alguien y no todo el mundo puede acceder a ellas (…)" (*Celeste*, comunicación personal, 26 de agosto de 2014).

"(…) en relación con mi futuro le pongo todas las fichas al tema del doctorado. Me parece que mi tema, mi trabajo en comunicación es trabajar en las campañas de comunicación, desde esta cuestión de género, en esta problemática social, mucho más útil sobre todo en el contexto donde estamos, donde la violencia de género es complicadísima (…)" (*Celeste*, comunicación personal, 26 de agosto de 2014).

Discusiones teóricas

¿Han construido, los graduados de comunicación de las cohortes 2000, 2002 y 2005 de la ex ECI de la UNC una identidad social profesional? En primer término, pareciera que no mantienen una identidad característica de la corporación profesional en el sentido que le otorgaría Durkheim (2008). No aparece en los discursos mención alguna a la unión en pos de adquirir una fisonomía grupal-profesional diferenciadora frente a la sociedad. No hay, en ningún caso, señales de subordinación de intereses particulares a un interés general. La manera en que cuentan su trayectoria profesional muestra, al menos en los casos estudiados, que todavía están inmersos en una lucha simbólica por el reconocimiento en el mercado de trabajo de sus incumbencias profesionales específicas, y en una indefinición o ambigüedad en su reconocimiento individual y grupal como miembros del colectivo de los comunicadores sociales. Las trayectorias intermitentes, flexibles y precarias de estos profesionales contribuyen, muy probablemente, a esta dificultad en el no reconocimiento de las potencialidades de sus propias incumbencias profesionales, aunque también, entendemos, su formación académica (o base cognitiva), adquirida a lo largo de sus trayectorias educativas. Entendemos que una formación fragmentaria, generalista y desconectada con la praxis profesional puede ser un factor que confluye en ese no reconocimiento. Simultáneamente, entendemos que una estructura productiva escasamente especializada, y dual de inclusión marginación, contribuye a la baja demanda de estos profesionales por parte del mercado de trabajo. Aunque, simultáneamente, otros factores coyunturales como las representaciones sociales estigmatizadas y estigmatizadoras de los selectores de personal en relación con los comunicadores, la comunicación y la tradicional relación de la institución –ex ECI– con el mercado, refuerzan esta escasa demanda, por el no reconocimiento de su verdadera identidad, en término de las competencias, conocimiento y calificaciones efectivamente adquiridos a lo largo de su paso por la universidad. Pareciera quedar claro que la demanda exige competencias que los comunicadores no poseen, aun reconociendo, en su dura crítica a la formación, las falencias que éstos presentan al momento de las entrevistas laborales.

Estos profesionales suelen verse obligados a aceptar trabajos para los que no necesariamente se formaron y en los cuales cualquier otro profesional del área de las Ciencias Sociales podría trabajar.

Si seguimos la lógica de razonamiento de Durkheim (2008), el distanciamiento entre las disposiciones del individuo y la función social que el mismo debe cumplir, puede crear un estado de anomia.

Si siguiéramos a Weber (2011), podríamos decir que los profesionales estudiados tampoco podrían reconocerse como expertos o profesionales especializados, resultado de los procesos de racionalización de la sociedad. Su formación pareciera dificultar la especialización y parece difícil, según sus propias definiciones, mantener autonomía de trabajo. En muchos casos, trabajan en equipos interdisciplinarios (donde hay profesionales de *Marketing*, Publicidad, Diseño Gráfico, Relaciones Públicas y Comunicadores) y se limitan a encontrar el mejor medio para transmitir determinado mensaje. En otros casos, trabajan, por ejemplo, o en el marco del área de Recursos Humanos donde deben "bajar" información a un público amplio. En otros, se ven obligados a dar cuenta de lo que hacen a personas que no pertenecen al campo de la comunicación, las cuales discuten o cuestionan cada decisión que ellos requieren tomar.

          ASALARIZACIÓN y PROFESIONALIZACIÓN

Con Weber (2011) podríamos señalar que los profesionales estudiados no parecieran adoptar la legitimidad legal racional como principio dominante de funcionamiento. No adoptan un carácter cerrado ni racional como modalidad relacional de clausura que les permita monopolizar un segmento del mercado de trabajo y obtener cierto dominio de poder.

Por otra parte, el interaccionismo concibe a la actividad profesional de los graduados universitarios como un proceso biográfico identitario. Lo que pudimos observar es que en los discursos de los graduados aparecen fuertes críticas a la formación adquirida y menciones a la manera en que se tienen que adaptar a un mercado de trabajo que les exige competencias no adquiridas en el grado. Es decir, se trata de discursos que dan cuenta de una obligada adaptación que hace olvidar, a los sujetos, de sus orígenes y lleva a una capacitación extra curricular, posterior a la cursada de la carrera, que les brinda un reconocimiento diferente en el mercado laboral. La cantidad de sujetos que realizaron posgrados en las áreas de *Marketing*, Recursos Humanos, *Management*, Redes Sociales, Nuevas Tecnologías, muestra que lo que la demanda espera de ellos no coincide con lo que ellos traen de su formación académica. Socialmente no coinciden la identidad social esperada (o virtual) con la identidad real (en términos del perfil adquirido en la universidad).

Además, los interaccionistas entienden que, para que se conformen grupos profesionales, debe existir un proceso de interacción que conduzca a los miembros de una misma actividad a auto-organizarse, a defender su autonomía y a protegerse de la competencia. La búsqueda del reconocimiento de sus pares es un elemento más del proceso de conformación de la identidad profesional.

Cabe la pregunta acerca de si la formación académica que reciben en la universidad les otorga, fehacientemente, la "autoridad a ejercer" (*licence*, según Hughes, 1971) una actividad, de manera tal que puedan tener mayor seguridad de empleo y limitar la competencia.

Si retomamos a Abbott (1988), cabría el planteo en torno a que los comunicadores ejercen una profesión de servicio pero no hacen reconocer el monopolio de una competencia. Los comunicadores no parecieran, a juzgar por sus relatos biográficos, cerrar su mercado de trabajo ni obtener la legitimidad exclusiva de ejercer un campo específico de actividad.

Por otra parte, la aparente inacción colectiva impide el reconocimiento de la disciplina y de su dotación de dispositivos cognitivos y prácticos específicos para monopolizar el mercado. Ahora bien, si se analizan estos resultados a la luz de los desarrollos del campo disciplinar de la comunicación, cabe la pregunta acerca de si estas características, aparentemente negativas, no serán el resultado de un nuevo modo de desarrollo de las trayectorias ocupacionales, que no obedecen a los cánones tradicionales demarcados por el tradicional enfoque interaccionista.

Si retomamos a Moragas Spa (2011), comunicólogo, sostiene que la comunicación no resulta en una disciplina equivalente a las restantes que conforman el conjunto de las Ciencias Sociales, sino que se trata de un fenómeno transversal que interesa a todas las ciencias (sociales y humanas). Retomando a Durham Peters, en una crítica a la burocratización de las ciencias, el autor sostiene que la idea de que la comunicación debe, al igual que las demás, constituirse en un campo suficiente y autónomo es un vestigio de la confianza decimonónica del siglo XIX en relación con la supuesta y necesaria división de las disciplinas. Moragas Spá (2011) retoma a Peters para sostener que en vez de lamentarnos por el hecho de que la comunicación no responde a los cánones tradicionales del modelo de ciencia social del siglo XIX, habría que *"pensar que esto es un primer ejemplo de un nuevo y naciente sistema de organizar la investigación"*. Para el autor, el curioso estatus del campo de la comunicación debería ser más una señal de que algo se está transformando antes que una causa de alarma.

La pregunta que cabe es si esta particular manera de desarrollo de la disciplina no estaría afectando la particular manera de desarrollo tanto de las trayectorias laborales de graduados de comunicación como la particular manera de configuración de las identidades sociales profesionales. Por otra parte, y más allá de estos planteos, existe una preocupación mayor, que puede ser problematizada desde un autor clásico, estructural funcionalista y positivista como Durkheim: ¿no estaremos ante una posible anomia profesional de los sujetos en estudio?

Volvamos ahora a Dubar (1991; 2001). La manera en que se desenvuelven las trayectorias de estos graduados permite inferir los modos en que se construyen sus identidades sociales profesionales. Trayectorias que resultan, en general, intermitentes, flexibles y precarias, que suelen estabilizarse, las más de las veces, en ámbitos de trabajo no específicamente relacionados con las incumbencias específicas que éstos han adquirido a lo largo de sus trayectorias educativas, o en el ámbito escolar, a partir de una re-adaptación y reconversión de un capital cultural adquirido en la universidad en capital escolar, permite inferir que sus identidades suelen ser, preferentemente, de categoría y de no trabajo antes que de red y de empresa. Es decir,

   ASALARIZACIÓN y PROFESIONALIZACIÓN

prevalecen identidades donde el reconocimiento externo es reducido, bajo o nulo y donde o hay cierta continuidad en el trabajo en cuanto a las condiciones objetivas (fundamentalmente cuando se estabilizan), o hay rupturas y discontinuidades permanentes hasta una estabilización relativa. Pero, y al mismo tiempo, donde queda manifiesta la dificultad del reconocimiento de sí mismos como profesionales de la comunicación, a la identificación como tales y/o con las tareas y/o roles y funciones que les toca en cada trabajo puntual (salvo excepciones).

Sin duda alguna, esta reflexión surge a partir del análisis detallado de apenas seis casos, hecho que limita la posibilidad de establecer proposiciones más generales. Sin embargo, la selección de casos se realizó en función de su relevancia y representatividad teórica relativa al total de casos estudiados.

En análisis posteriores, entendemos que puede resultar interesante triangular los aportes teóricos de Dubar (2001) con los aportes realizados por Paugam (2015) en relación con la diferenciación que realiza entre relación de empleo (la relativa al contrato de trabajo y a la protección de los derechos sociales y económicos, tan trabajada por Castel) y relación de trabajo (entendida por el autor como aquella que se configura a partir de los roles, funciones, tareas que desempeñan los sujetos en sus ámbitos de trabajo, las maneras en que éstos son valorados; la autopercepción respecto de su trabajo, en términos de si se sienten útiles o no, valorados o no, si sienten satisfacción en relación con sus tareas diarias y cómo constituyen sus identidades profesionales). Si bien el autor trabaja desde una perspectiva neo-durkheimiana, hace un aporte significativo para analizar la relación que los sujetos mantienen con el trabajo y el empleo a partir de las restricciones objetivas a las que estos individuos se enfrentan y a partir del sentido que los mismos otorgan a sus experiencias. Así, incorpora estas dos esferas en el marco de la construcción de algunas tipologías de trayectorias, que habría que analizar si son aplicables, finalmente, a un análisis comprensivo de las trayectorias de los comunicadores. En primer término, habla de la integración garantizada, como tipo ideal de incorporación profesional que implica la seguridad doble del reconocimiento material y simbólico del trabajo y de la protección social que se desprende del empleo. La primera condición se cumple cuando los trabajadores dicen que experimentan satisfacciones en el trabajo, y la segunda, cuando el empleo que realizan es lo suficientemente estable como para permitirles planificar su futuro. De este tipo ideal, el autor deriva otras tres integraciones: la integración incierta (satisfacción en el trabajo e inestabilidad en el empleo); la integración laboriosa (insatisfacción en el trabajo y estabilidad en el empleo); la integración descalificada (insatisfacción en el trabajo e inestabilidad del empleo) (Paugam, 2015: 29).

Una categoría que resulta provocativa, y que, sin embargo, no es despreciable para pensar los modos de inserción de estos graduados y la manera en que construyen sus identidades sociales profesionales es la elaborada por Demazière (2009), también en Francia, en relación con los procesos de profesionalización problemáticos. Demazière (2009) establece la distinción entre los procesos de salarización de profesionales a partir de la estabilidad en la empresa o en la formación pública, hecho que los compromete con el proyecto institucional del que forman parte y los procesos profesionalización problemática, que implican el borramiento de los límites de los campos profesionales, con aumento de multifunción y pérdida de identidad profesional, con actividades interdisciplinares y/o multidisciplinares. Si bien hacemos mención a conceptos de los que no sabemos, a priori, si van a poder ser aplicados a las trayectorias estudiadas, nos permitirían ingresar al debate teórico de la Sociología de las Profesiones en torno a la manera de comprender el concepto de profesión, de grupos profesionales e identidades sociales profesionales de los graduados de comunicación.

Bibliografía

Abbott, A. (1988) *The System of Professions. An essay on the Division of Expert Labor*, Chicago, The University of Chicago Press.

Anuario Estadísticas Universitarias (2010) "Anuario Estadísticas Universitarias", Ministerio de Educación, Ciencia y Tecnología, Secretaría de Políticas Universitarias. Recuperado de: [http://repositorio.educacion.gov.ar:8080/dspace/bitstream/handle/123456789/109591/Anuario_de_Estadisticas_Universitarias_2010.pdf?sequence=1].

Anuarios Estadísticos, Universidad Nacional de Córdoba (1999 a 2017) Disponibles en: [https://www.unc.edu.ar/node/596].

Arraya Umaña, S. (2002) *Las representaciones sociales: Ejes teóricos para su discusión*, Costa Rica, FLACSO/Asdi.

Blanco, C. (2016) "Trayectorias de formación y de trabajo de graduados de comunicación de la Universidad Nacional de Córdoba en un contexto heterogéneo. Un estudio longitudinal", Tesis doctoral, CEA, UNC.

Bourdieu, P. (1997) *Razones prácticas. Sobre la teoría de la acción*, Barcelona, Editorial Anagrama.

Bourdieu, P. (2005) *Capital cultural, escuela y espacio social*, Buenos Aires, Siglo XXI Editores Argentina.

Bourdieu, P. (2006) *La distinción. Criterios y bases sociales del gusto*, Madrid, Editorial Taurus.

Bourdieu, P. (2007) *Campo del poder y reproducción social: elementos para un análisis de la dinámica de las clases*, Córdoba, Ferreyra Editor.

Bourdieu, P. y Passeron, J. C. (2003) [1964] *Los herederos: los estudiantes y la cultura*, Buenos Aires, Siglo XXI, J.C. Editores Argentina.

Bucher, R. y Strauss, A. (1961) "Profession in process", *La trame de la négociation*, París, L'Harmattan.

Ceballos Acasuso, M., Lovey, C. A., Oviedo, L. y Moreiro, F. (2015) "Demanda laboral para ingenieros en organizaciones del sector privado del área Resistencia – Gran Resistencia – Corrientes. Identificación de calificaciones requeridas a partir de datos cualitativos". En Panaia, M. (Coord.), *Universidades en cambio: ¿generalistas o profesionalizantes?*, Buenos Aires, Miño y Dávila Eds.

Cicalese, Gabriela (2008) "Tensiones políticas y teóricas en la institucionalización de las carreras de Comunicación en la Argentina", Tesis de doctorado en Comunicación Social, La Plata, Argentina, Universidad Nacional de la Plata.

Copello, M. (2011) *Programa de Desarrollo Territorial en el Área Metropolitana de Córdoba. Córdoba Innovadora*, Segundo Informe de Avance, 26 de septiembre de 2011, Córdoba, Ieral y Fundación Mediterránea.

Demazière, D. (2009) "Postfce: Professionnalisations problemàtiques et problemàtiques de la professionnalisation", *Formation Empoloi*, N° 108, (pp. 83-89), Marseille, CEREQ.

Demazière, D. y Dubar, C. (1997) *Analizer les entretiens biographiques*, París, Editioins Nathan.

Dubar, C. (2001) "El trabajo y las identidades profesionales y personales", *Revista Latinoamericana de Estudios del Trabajo*, N° 13, Año 7, pp. 5-16.

Dubar, C. (1991) *La socialisation: construcción des identités sociales et profesionelles*, París, Armand Colin.

Dubet, F. (julio-diciembre, 2005) "Los estudiantes", *CPU-e. Revista de Investigación Educativa*, 1. Recuperado de: [https://www.uv.mx/cpue/num1/inves/completos/Dubet.pdf].

Durkheim, E. (2008) *La división social del trabajo*, Buenos Aires, Editorial Gorla.

Entrevistas inéditas realizadas durante la tesis doctoral.

Gerwec, A. (2001) "Identidad profesional y trayectoria en la universidad", *Profesorado. Revista de Currículum y Formación de Profesorado*, N° 2, vol. 5, 1-14. Recuperado el 28 de enero de 2020, de: [http://www.redalyc.org/articulo.oa?id=56750203].

Godard, C. (1996) "El debate y la práctica sobre el uso de las historias de vida en las Ciencias Sociales". En Godard, C. y Cabanés, R., *Uso de las Historias de Vida en las Ciencias Sociales*, Centro de Investigaciones sobre Dinámica Social, Serie II, Universidad del Externado de Colombia, Departamento de Publicaciones, Bogotá, julio, 1-56.

Goffman, E. (2009) *La presentación de la persona en la vida cotidiana*, 2° Edición, Buenos Aires, Amorrortu.

Goffman, E. (2010) *Estigma. La identidad deteriorada*, 2° Edición, 1° Reimpresión, Buenos Aires, Amorrortu.

Hughes, E. C. (1971) "The Study of Occupations". En Hughes, E.C. (Ed.), *The Sociological eye: Selected Papers*, Chicago, Aldine.

IIPE (2002) *La inserción laboral de los graduados universitarios*, Informes Periodísticos para su publicación, N° 8. Recuperado del sitio de internet UNESCO, IIPE (Sede Regional del Instituto Internacional de Planeamiento de la Educación): [http://www.buenosaires.iipe.unesco.org/sites/default/files/informe08_insersionlaboral.pdf].

La Voz del Interior (2015) "Crean hoy las facultades de Comunicación y Ciencias Sociales". Recuperado de: [http://www.lavoz.com.ar/ciudadanos/unc-crean-hoy-las-facultades-de-comunicacion-y-ciencias-sociales-0].

Maxwell, J. A. (1996) *Qualitative Research Design. An interactive Approach*, Thousand Oaks, London, New Delhi, Sage Publications.

Moragas Spá, M. de (2011) "La investigación sobre comunicación y cultura en América Latina". En Moragas Spá, M. de (Ed.), *Interpretar la Comunicación. Estudios sobre medios en América y Europa*, (175-216), Barcelona, Gedisa (Comunicación).

Panaia, M. (2006) *Trayectorias de ingenieros tecnológicos. Graduados y alumnos en el mercado de trabajo*, Buenos Aires, Miño y Dávila Editores.

Panaia, M. (2009) *Inserción de Jóvenes en el Mercado de Trabajo*, Buenos Aires, La Colmena Ed.

Panaia, M. (2013) *Abandonar la universidad con o sin título*, Buenos Aires, Miño y Dávila Eds.

Panaia, M. (2015) *Universidades en cambio: ¿generalistas o profesionalizantes?*, Buenos Aires, Miño y Dávila Eds.

Panaia, M. (2017) *De la formación al empleo. El desafío de la innovación*, Compilado por Panaia, M., Buenos Aires, Miño y Dávila Eds., 9-27.

Paugam, S. (2015) *El trabajador de la precariedad*, Buenos Aires, Editorial CICCUS, Catálogos, UNESCO y Aulas y Andamios.

Petracci, M. y Kornblit, A. L. (2004) "Representaciones sociales: una teoría metodológicamente pluralista". En Kornblit (Coord.), *Metodologías cualitativas en ciencias sociales. Modelos y procedimientos de análisis*, Buenos Aires, Ed. Biblos.

Salvia, A. (2016) "Introducción. Heterogeneidad estructural y marginalidad económica en un contexto de políticas heterodoxas". En Salvia, A. y Chávez Molina, E. (Coords.), *Claves sobre la marginalidad y la movilidad social. Segregación urbana y cambios macroeconómicos*, Buenos Aires, Biblos, pp. 19-41.

Strauss, A. L. (1992) *La trame de la negociation. Sociologie qualitative et interactionnisme*. En Bazsanger, J. (Ed.), París, L'Harmattan.

Strauss, A. y Corbin, J. (1990) *Basics of qualitative research: Grounded Theory procedures and techniques*, Newbury Park, London, New Delhi, Sage.

Strauss, A. y Corbin, J. (1994) "Grounded Theory Methodology: an overview". En Denzin, N. K. y Lincoln, Y., *Handbook of Qualitative Research*, California, Sage.

UNC (2015) "La UNC creó las facultades de Ciencias Sociales y de Ciencias de la Comunicación". Recuperado de la página institucional de la UNC: [http://www.unc.edu.ar/novedades/2015/diciembre/la-unc-creo-las-facultades-de-ciencias-sociales-y-de-comunicacion-social].

Weber, M. (2011) *La ética protestante y el espíritu del capitalismo*, Buenos Aires, Prometeo.

Ingenieros emprendedores de la Universidad Nacional de Río Cuarto. Explorando algunas de las tramas que entretejen el proceso de emprender

Paola Verónica Paoloni, Analía Chiecher y Leticia Concha

Introducción

De acuerdo con una revisión bibliográfica efectuada por Panaia (2015a), entre los años 1970 y 2000, hubo en nuestro país un redimensionamiento regresivo del tejido industrial: achicamiento y reducción de la cantidad de plantas fabriles, descenso del valor de producción, del valor agregado y del empleo manufacturero. Este proceso regresivo fue acompañado por una vuelta acelerada a la producción primaria de la economía que tiene, entre otras consecuencias, el desarrollo de una matriz industrial desigual y la dependencia tecnológica del país (Panaia, 2015a). Entre 2003 y 2007, se produjo devaluación y salida de la convertibilidad con crecimiento económico y períodos de crisis en 2008 y 2009.

Ante esta situación, el fortalecimiento de la capacidad para avizorar los caminos hacia un futuro mejor aparece como una prioridad y, en esto, la formación de graduados universitarios adquiere un valor particular. Las universidades, como centros de producción de conocimientos y principales formadoras de recursos humanos especializados de un país, deben asumir un papel protagónico. Existe un compromiso ineludible con la sociedad que las financia. La universidad, es hoy pensada como *"un vehículo de formación de ciudadanos libres y un instrumento creador de conocimientos cuya propiedad le pertenece al conjunto de la sociedad (…) su misión es educar, producir conocimientos a través de la investigación y transferir ciencia, tecnología y cultura al tejido social"* (Hidalgo, 2008: 23). El acceso al empleo de los graduados de la Educación Superior es hoy uno de los criterios de evaluación de las universidades. Las misiones de las universidades no se limitan pues a la producción y la difusión del conocimiento y de los saberes, sino que se extienden además al campo de aplicación profesional, a la formación profesional y los procesos de profesionalización (Panaia, 2015a).

En efecto, en un país como el nuestro signado por crisis recurrentes, es necesario que las universidades pongan manos a la obra en el cumplimiento de su misión. De acuerdo con la literatura consultada, en este contexto emergen al menos dos figuras clave cuyos roles parecen centrales en el proceso de buscar o construir senderos de desarrollo social: nos referimos específicamente a los ingenieros y a los emprendedores.

Respecto de *los ingenieros*, Panaia destaca lo siguiente:

"Evidentemente, no se podrán resolver todas las demandas de la sociedad, pero (…) por lo menos en esta etapa, son críticos los ingenieros para encontrar senderos de desarrollo (…). Nuestro país puede lograr nichos de producción y conocimiento en los que seamos altamente competitivos. Nuestras universidades en este sentido, pueden contribuir más con profesionales de calidad que con cantidad de profesionales ya que (…) los egresados siguen siendo pocos" (Delfino, 2004 en Panaia, 2015a: 15-16).

A pesar de que los ingenieros son valorados como pieza clave para la reconstrucción de un tejido industrial con desarrollo desigual de su matriz productiva, su escasez se hace sentir en todo el mundo y principalmente en nuestro país. El desarrollo de la ciencia, el rápido crecimiento y diversificación tecnológica y la generalización de la informática, exigen una densidad de conocimiento técnico que no parece cubrirse con profesionales de estas especialidades por el escaso número de graduados con que contamos (Panaia, 2007). El porcentaje de estudiantes que abandonan sus estudios en Carreras de Ingeniería en todo el país, oscila entre el 30% y el 50% (Panaia, 2011a). Por otra parte, el promedio de ingenieros especialistas que se gradúa por año es muy bajo. Así, en Argentina se gradúan por año unos 56 ingenieros por cada millón de habitantes, mientras que en países como Corea se gradúan unos 1187 ingenieros por año y por millón de habitantes (Panaia, 2007). En el marco de lo expuesto, especialistas e investigadores en educación, autoridades de instituciones de enseñanza universitaria y políticos en general, muestran una fuerte preocupación por el curso de las ingenierías en la Argentina (Panaia, 2011a y b).

Al igual que los ingenieros, *los emprendedores* aparecen en la literatura especializada también como pieza clave para el desarrollo social, quizás porque históricamente estuvieron asociados a una disposición permanente de correr riesgos con el propósito de generar innovaciones y claras oportunidades de crecimiento a nivel personal y comunitario (CECREDA, 2011). Así, el concepto de 'emprendedorismo' ha cobrado especial interés, tanto en la literatura científica como en la ejecución de programas de apoyo a los emprendedores y a la creación de nuevas empresas que se materializan, entre otros aspectos, en un amplio abanico de políticas nacionales, regionales y locales. No obstante, aunque el reconocimiento de la importancia de emprendedor se acrecienta y la responsabilidad de la universidad respecto de su formación parece indelegable, son todavía escasos los estudios que centran su atención en la relación entre Educación Superior y emprendedorismo (Panaia, 2015a).

En *definitiva*, si bien la historia de nuestro país se ha visto atravesada por procesos de crisis recurrentes, las posibilidades de crecimiento que se abren son diversas. En este contexto, la universidad está llamada a cumplir con su misión de promover el desarrollo social y la capacidad de innovación. Los graduados de Ingeniería y los emprendedores emergen así como algunos de los factores clave para un proceso de cambio y mejora. Estas premisas acrecientan la necesidad de contar con estudios que se interesen por indagar modos concretos en que la universidad contribuye con la formación de identidades profesionales comprometidas con la innovación, el cambio y el desarrollo social.

De acuerdo con lo formulado, nuestra propuesta focaliza su atención en *los ingenieros tecnológicos emprendedores*, fusionando en una sola, dos poblaciones que ameritan actualmente y como vimos, un especial interés de los investigadores sociales. Al respecto, nos propusimos reconstruir las trayectorias académicas y laborales de ingenieros graduados de la Facultad de Ingeniería de la Universidad Nacional de Río Cuarto (FI-UNRC) que recibieron sus diplomas entre los años 2014 y 2016, focalizando nuestra atención en el subgrupo de aquellos que, al momento de ser contactados, llevaban a cabo algún emprendimiento. Específicamente orientamos nuestro accionar en la dirección sugerida por los siguientes objetivos: a) identificar al subgrupo de los graduados emprendedores; b) explorar dimensiones personales y contextuales que pudieran distinguir a ambos grupos (graduados emprendedores y graduados no emprendedores); c) analizar posibles vinculaciones entre aspectos personales y contextuales que permitan una mejor comprensión de las tramas que entretejen el proceso de emprender.

Estudios sobre graduados y sobre graduados emprendedores: algunos antecedentes de interés en el marco de los Laboratorios de Monitoreo de Inserción de Graduados

El emprendedorismo ha sido estudiado desde diversos enfoques teóricos (Formento, 2009) y perspectivas disciplinares. Según Formento (2009), mientras algunos autores privilegian las variables relacionadas con el emprendimiento como proceso y recuperan el papel del contexto en el que se produce, otros se centran en la perspectiva económica y en el interés por contribuir a sustentar la creación de empresas dinámicas. Principalmente respecto de los trabajos que se centran en una perspectiva económica, es común encontrar que focalizan en el conjunto de rasgos intrapersonales teóricamente compartidos por quienes deciden emprender y tienen éxito (ver García et alt., 2004).

Es difícil encontrar estudios que desde perspectivas integradoras aporten datos que contribuyan a enriquecer el debate acerca de la relación formación-empleo. Una clara excepción lo constituye el trabajo de De Filippis y Breccia (2014). Esta obra integra una serie de investigaciones que recuperan la voz de empleadores y educadores en el análisis de lo que los autores llaman 'ruptura del binomio perfecto educación y trabajo'. Otro importante grupo de estudios que atienden a enfoques integradores en la consideración de la relación formación-empleo, son los trabajos sobre trayectorias educativas y laborales de graduados universitarios, llevados a cabo por los Laboratorios MIG (Monitoreo de Inserción de Graduados) de la República Argentina. Sobre estos trabajos enfocaremos particularmente nuestra atención.

Los Laboratorio MIG –creados y coordinados por la Dra. Marta Panaia (UBA-CONICET)–, vienen trabajando desde el 2002 con el objetivo de instrumentar un dispositivo de relevamiento estadístico e investigación permanente sobre la trayectoria e inserción laboral de graduados, alumnos y abandonadores en el mercado de trabajo. Comparten una metodología que combina enfoques cuantitativos y cualitativos desde perspectivas longitudinales, proporcionando datos de interés para la gestión universitaria, el análisis de progresos y dificultades de los estudiantes y de jóvenes profesionales en la transición del estudio al empleo. Específicamente en relación con *graduados*, se destacan –entre otros– los trabajos realizados por Simone y Wejchenberg (2013), Iavorski (2011), Iavorski y Pazos (2013), Oviedo et alt. (2011), Somma (2011), Panaia (2015b), entre otros; además claro, del trabajo de Formento (2009) que considera específicamente a los emprendedores dentro del grupo de graduados.

El trabajo que presentamos, atiende a los fundamentos teóricos y metodológicos de los Laboratorios MIG en general aunque, en particular, se nutre de los antecedentes y resultados obtenidos específicamente por el Laboratorio MIG de la FI-UNRC.

El Laboratorio MIG de la FI-UNRC hasta el momento llevó a cabo tres relevamientos de sus graduados: un primer relevamiento, se realizó en el año 2008, momento en que se recabaron datos de ingenieros que habían recibido sus diplomas entre 1995 y julio de 2008; el segundo relevamiento fue realizado en el 2010, año en que se recabaron datos de ingenieros graduados entre agosto de 2008 y diciembre de 2010. El tercer y último relevamiento se efectuó en el año 2017, oportunidad en la que se recabaron datos de quienes recibieron sus diplomas de ingenieros entre los años 2011 y fines del 2016. Además de datos estructurales (género, edad, carrera, etc.), estos estudios permitieron conocer tanto particularidades en las trayectorias laborales y educativas de los ingenieros como sus percepciones y valoraciones al respecto ¿Dónde estaban trabajando al momento del relevamiento?, ¿en qué tipo de empresas?, ¿cuáles habían sido las principales modalidades de inserción laboral y contratación?, ¿qué dificultades tuvieron para insertarse el mercado laboral?, ¿qué conocimientos y competencias valoran como importantes para la formación de las futuras cohortes de ingenieros?, ¿cuáles son sus proyectos profesionales?, entre otras, son algunas de las preguntas que se consideran en los trabajos difundidos al respecto –Chiecher y Paoloni, 2009; Paoloni et alt., 2012; Paoloni, 2011; Paoloni, 2013; Paoloni y Chiecher, 2013; Paoloni et alt., 2018, por nombrar sólo algunos–. No obstante, en relación al tema que particularmente aquí nos compete –el proceso de emprender–, casi no hay datos en la FI-UNRC. Es muy poco lo que se sabe respecto de los emprendedores que se graduaron de la FI-UNRC antes del año 2010 y nada acerca de quienes recibieron sus diplomas a partir del 2011.

Si a lo expuesto, le sumamos el especial interés manifestado por autoridades de la Facultad de Ingeniería de la UNRC y de la Secretaría de Extensión de la UNRC por contar con datos fehacientes sobre emprendedores y emprendimientos, con la intención de que esos datos puedan orientar el rumbo de políticas académicas y de vinculación con el medio socio-productivo, advertimos que este estudio se torna relevante tanto en el marco institucional como en relación a las actuales políticas regionales de desarrollo social[1].

Emprendimiento, emprendedor, emprendedorismo: algunas consideraciones conceptuales

Un emprendimiento puede definirse como el desarrollo de un proyecto que persigue un determinado fin –sea económico, político, social o cultural– y que, entre otros rasgos, se caracteriza por ser innovador y asumir una importante cuota de incertidumbre. Se trata de un proyecto innovador porque introduce un cambio que puede ocurrir en la esfera de la estructura social, la gestión pública, la elaboración de un producto, el desarrollo de un servicio o en la organización de una empresa. Es decir, supone un cambio entendido como oportunidad que está en relación con cualquier actividad humana, no exclusivamente económica (Drucker, 1985 en Formichella, 2004). Implica asimismo una importante cuota de incertidumbre porque un emprendimiento, a diferencia de otros proyectos, no posee un 'retorno seguro'; es decir, quien emprende, asume y soporta los riesgos que implica no conocer con certeza el futuro comportamiento del mercado (Formichella, 2004).

Un emprendimiento es entonces llevado a cabo por una persona a la que se denomina emprendedor. La palabra emprendedor tiene su

---

1 Respecto del interés institucional que supone el emprendedorismo para la UNRC en general y para la FI-UNRC en particular, cabe mencionar al menos dos hechos de peso que contribuyen a ponerlo en evidencia. Por un lado, la creación del Centro del Cultura Emprendedora de la UNRC; por el otro, la creación de un espacio curricular para la Carrera de Ingeniería Electricista que toma al emprendedorismo como objeto de conocimiento y meta de formación profesional. La creación del Centro de Cultura Emprendedora (CCE) de la UNRC fue a mediados del 2018. El CCE, cuenta con una estructura ejecutiva formada por tres Secretarías de a UNRC: Secretaría de Extensión y Desarrollo, Secretaría Económica y de la Secretaría de Planeamiento y Relaciones Institucionales. Su director es el Ing. Pedro Ducanto, actual secretario de Extensión de la UNRC. Sus actividades se dirigen fundamentalmente a la capacitación y al apoyo de la cultura emprendedora de estudiantes, graduados, docentes y no docentes de la Universidad y emprendedores de la ciudad de Río Cuarto y su zona de influencia. Fue creado como una alternativa para dar respuesta a la creciente complejización de las demandas sociales a las que debe atender la UNRC. Así, a la misión de docencia, investigación y extensión, se suma puntualmente la necesidad de contribuir al desarrollo socioeconómico de su entorno para lo cual, el emprendedorismo aparece como factor clave. Por su parte, respecto de la creación de un espacio curricular en la Carrera de Ingeniería Electricista de la FI-UNRC, donde precisamente el emprendedorismo se torna objeto de conocimiento y meta de formación, cabe precisar que se trata de una asignatura optativa ubicada en 4° año que se dictó por primera vez en el segundo cuatrimestre de 2018. Este espacio curricular se denomina 'Competencias transversales para la formación de ingenieros emprendedores' y está cargo de la directora y vice directora del Laboratorio MIG de la FI-UNRC –Dra. Paola V. Paoloni y Dra. Analía Chiecher, respectivamente–.

 ASALARIZACIÓN y PROFESIONALIZACIÓN

origen en el francés *entrepreneur* que significa 'pionero'. En rasgos generales, refiere así a la actitud y aptitud que toma un individuo para iniciar un nuevo proyecto a través de ideas y oportunidades (Wikipedia, 2019). Si bien el término se asocia especialmente a quien desarrolla un emprendimiento empresarial o proyecto de negocio, en sentido amplio –como dijimos– también puede relacionarse a cualquier persona que decida llevar adelante un proyecto innovador y persiga otros fines (por ejemplo, un emprendimiento cultural o un emprendimiento social).

Un emprendedor es una persona con capacidad para crear, innovar, llevar adelante sus ideas, asumir riesgos y enfrentar problemas y desafíos. Es una persona capaz de ′mirar′ su entorno y poder ′ver′ oportunidades aparentemente 'ocultas' o sugeridas. Posee iniciativa propia y sabe crear la estructura que necesita para emprender su proyecto; genera redes de comunicación, tiene capacidad de convocatoria y de ser necesario sabe conformar un equipo de trabajo (Formichella, 2004). En la esfera de lo económico, se trata de personas que han logrado plasmar su proyecto de negocio donde la innovación, el cambio, la incertidumbre y el riesgo consecuentemente asumido, son algunos de los rasgos característicos. Pero, además, se incluyen aquí a quienes actúan al interior de empresas no propias en proyectos que dan origen a emprendimientos. A este tipo de particular de emprendedor, se lo conoce con el nombre de intra-emprendedor. Los intra-emprendedores aportan su visión empresarial, su compromiso, su esfuerzo y su investigación en pos de la compañía, y de esta manera se observa que conforman un pilar fundamental para que la empresa crezca (Pinchot, 1999 en Formichella, 2004).

En definitiva, de acuerdo a lo dicho hasta aquí, queda claro que la importancia del emprendedorismo se pone de manifiesto como un posible motor de la economía, partiendo de la idea de que la generación de nuevas empresas y empresarios, repercute positivamente en la generación de innovaciones y cambios que conllevan una mayor productividad, acrecentando el fomento de fuentes genuinas de trabajo (Formento, 2009).

La visión de Formento (2009) acerca del emprendedorismo, coincide con una perspectiva amplia a la que adherimos. Esta autora destaca en sus planteos la multidimensionalidad que caracteriza a este tópico en particular y su carácter procesual. Entendemos que Formento (2009) considera el emprendimiento como un tópico multidimensional en tanto abarca una multiplicidad de aspectos como la oportunidad de negocio, las características que hacen a la personalidad y conducta del emprendedor, el proceso empresarial y los disímiles factores y recursos que dan lugar a un nuevo emprendimiento. Por su parte, la autora destaca además el carácter procesual que conlleva cualquier emprendimiento, entendiéndolo como fruto de un inter-juego dinámico entre aspectos personales y contextuales a lo largo de la historia de vida de las personas. En el entramado de estos aspectos personales y contextuales, las trayectorias de formación académica y las trayectorias laborales, marcan su impronta en el proceso de desarrollo de un emprendimiento. Sin embargo, a pesar de su gran importancia como motor del desarrollo social, parecen insuficientes los enfoques que estudian la relación entre educación de nivel superior y emprendedorismo. El trabajo de Formento constituye una excepción honrosa.

Aspectos metodológicos

Diseño e instrumentos de recolección de datos

Con el fin de ahondar en el conocimiento de los ingenieros emprendedores de la FI-UNRC se realizó un estudio mixto y longitudinal, conformado por dos etapas consecutivas. La primera fase, netamente cuantitativa, consistió en contactar a los graduados de la FI-UNRC que recibieron sus diplomas entre los años 2014 y 2016. Estos sujetos dieron respuesta a una encuesta longitudinal (Panaia, 2006) que permitió captar datos de sus trayectorias académicas y laborales, así como acontecimientos personales ocurridos desde el ingreso en la universidad hasta el momento de ser entrevistados. La información obtenida en esta primera instancia, permitió conocer rasgos estructurales de la población como así también identificar al subgrupo de graduados emprendedores (n=15) y diferenciarlo del subgrupo que no consideró al emprendedorismo como opción laboral hasta el momento de ser contactados para este estudio (n=92). Por su parte, la segunda fase, predominantemente cualitativa, consistió en mantener una entrevista en profundidad con los 15 emprendedores seleccionados durante la fase anterior.

Participantes

En este trabajo consideramos los graduados de la FI-UNRC que recibieron sus diplomas entre los años 2014 y 2016. En este período se graduaron en total 195 ingenieros e ingenieras de los cuales nos fue posible encuestar telefónicamente a 107 (esto es, casi un 55% del total). De estos 107 ingenieros, el 48% se graduó en el año 2014, un 26% lo hizo en el 2015 y el 26% restante se graduó en el año 2016. En cuanto a la distribución por Carrera, el 36% se graduó de Ingeniería Química, el 33% de Ingeniería Mecánica, el 21% obtuvo el título de Ingeniero en Telecomunicaciones y el 10% de Ingeniero Electricista. En el momento de ser contactados, 15 de los 107 ingenieros/as se encontraban desempeñándose en el marco de algún emprendimiento personal, lo que equivale al 14% del grupo encuestado. La Tabla N° 1 especifica los 15 emprendimientos y la Carrera de la que se graduó cada uno de los emprendedores.

Tabla 1. Emprendimientos de 15 graduados de Ingeniería de la UNRC que recibieron sus titulaciones entre los años 2014 y 2016

Graduado/a	Emprendimiento
Ingeniera Química	Elaboración de cerveza artesanal
Ingeniera Química	Asesoramiento en control de procesos y de calidad
Ingeniera Química	Atención al público en farmacia familiar
Ingeniero Química	Diseño y confección de pedales de efecto de sonido para guitarras acústicas.
Ingeniero Químico	Consultoría independiente (asesoramiento, logística, diseño de estructuras y servicios industriales).
Ingeniero Químico	Consultoría independiente (asesoramiento, logística, diseño de estructuras y servicios industriales).
Ingeniero en Telecomunicaciones	Desarrollo de software
Ingeniero en Telecomunicaciones	Desarrollo de software
Ingeniero en Telecomunicaciones	Diseño e implementación de redes de telecomunicaciones
Ingeniero Mecánico	Reparación de plásticos
Ingeniero Mecánico	Confección de repuestos para implementos agrícolas
Ingeniero Mecánico	Servicios de Diseño de Estructuras
Ingeniero Mecánico	Consultoría independiente (asesoramiento, logística, diseño de estructuras y servicios industriales).
Ingeniero Mecánico	Consultoría independiente (asesoramiento, logística, diseño de estructuras y servicios industriales).
Ingeniero Electricista	Instalaciones eléctricas

Fuente: elaboración propia.

Principales resultados

A continuación, presentaremos los principales resultados obtenidos en cada una de las dos fases que conformaron el proceso de investigación. Así, primeramente, se presentan los principales hallazgos cuantitativos que permiten alguna comparación entre el grupo de emprendedores y no emprendedores. Seguidamente, se muestras resultados logrados en la fase cualitativa donde se profundiza en la situación del grupo de graduados emprendedores.

Resultados obtenidos en la fase cuantitativa. Características de ingenieros/as emprendedores/as y no emprendedores/as

Los resultados obtenidos en la primera fase del trabajo permitieron conocer características generales del grupo de graduados de la FI-UNRC: edad promedio, duración de la carrera, género, estado civil y sus modificaciones a lo largo del tiempo, lugar de origen y lugar de residencia de los graduados en el momento de ser contactados, trayectos de formación de posgrado, interrupciones durante la carrera y situación laboral. Interesa particularmente analizar si estas variables se presentan de modo similar o diferente en los dos grupos que estamos considerando: emprendedores y no emprendedores.

Para cada variable considerada en este apartado, presentaremos los datos discriminados según correspondan al grupo de graduados que contaban con un emprendimiento en el momento de ser encuestados (emprendedores, n=15) y el grupo de quienes trabajaban en relación de dependencia o bien se encontraban desocupados (a quienes llamaremos, graduados no emprendedores, n=92).

Distribución de graduados según edad

En cuanto a la edad de los emprendedores que recibieron sus titulaciones entre los años 2014 y 2016, se puede mencionar que oscila entre un mínimo de 24 años y un máximo de 39 años, con una media de 30 años y 7 meses y, una moda y una mediana de 29 años, respectivamente. Por su parte, con respecto a los graduados no emprendedores, se advierte una variabilidad que oscila entre 23 años para el más joven y 38 años de edad para el mayor, con una media de 28 años y 5 meses, una mediana de 28 años y una moda de 29.

La siguiente Tabla presenta comparativamente datos relativos a la edad de los graduados emprendedores y no emprendedores discriminados por rangos.

Tabla 2 Distribución de graduados según edad agrupada por rangos

Rango de edad	Emprendedores (n=15)		No emprendedores (n=92)	
	F	%	*f*	%
23 a 26 años	5	33,3	28	30,4
27 a 30 años	5	33,3	43	46,7
31 a 34 años	2	13,3	17	18,4
35 años o más	3	20,1	4	4,3
Total	15	100	92	100

Fuente: elaboración propia.

En definitiva, se advierten pocas diferencias entre ambos grupos en lo que respecta a la edad. El dato que parece marcar alguna variación más notoria lo constituye la diferencia que se observa en el último rango de edad —constituido por sujetos de 35 años o más—, donde el porcentaje de emprendedores es mayor que el de no emprendedores.

Distribución de graduados según Carrera

El Gráfico N° 1 presenta la distribución de los graduados emprendedores y no emprendedores según carrera.

Gráfico 1. Porcentajes de los graduados emprendedores y no emprendedores distribuidos por Carrera

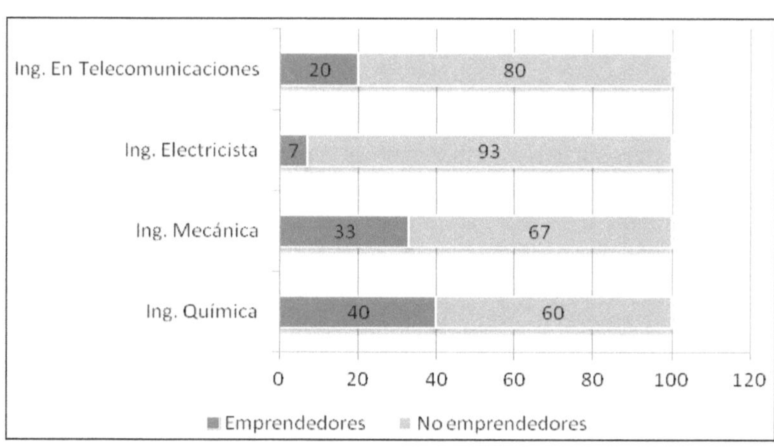

Fuente: elaboración propia.

Como se observa en el Gráfico correspondiente, el mayor porcentaje de emprendedores se encuentra entre los Ingenieros Químicos (40%) mientras que el menor porcentaje de emprendedores se registra entre los Ingenieros Electricistas (7%).

Distribución de graduados según Género y Carrera

Los Gráficos N° 2 y N° 3 muestran, respectivamente, el porcentaje de graduados emprendedores y no emprendedores distribuidos según carrera y género.

Gráfico 2. Distribución de graduados emprendedores según carrera y género (n=15)

Gráfico 3. Distribución de graduados no emprendedores según carrera y género (n=92)

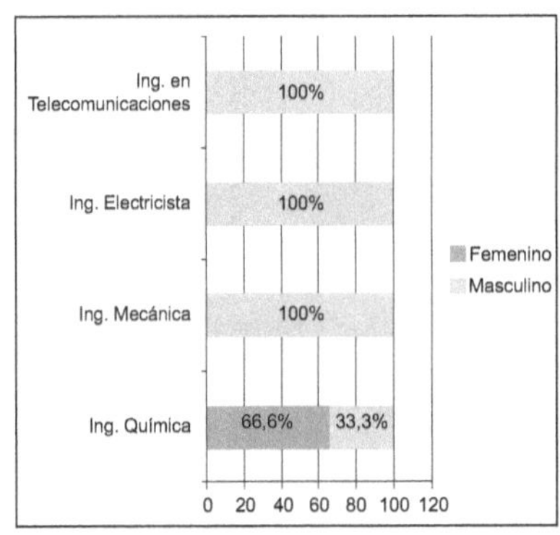

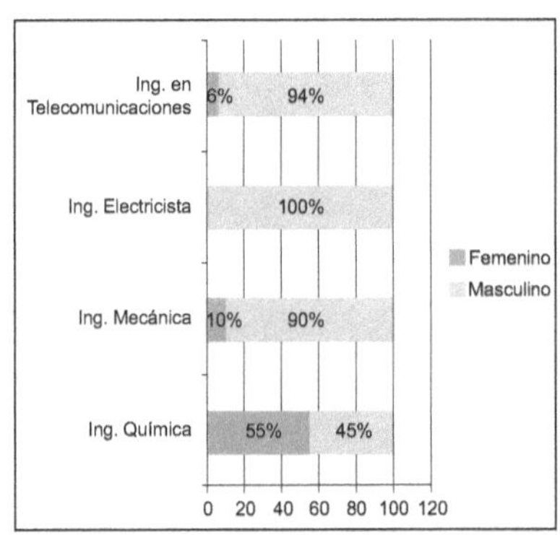

Fuente: elaboración propia.

En el grupo de emprendedores, 11 de 15 graduados (esto es, el 73%) son varones y el resto, mujeres (4 de 15; es decir, el 27%). En el grupo de los no emprendedores, la distribución según género resulta bastante similar: 74% son hombres y 26%, mujeres.

Ahora bien, si se observa la distribución de los emprendedores y no emprendedores conforme a la carrera y género, resulta interesante observar que, para el grupo de los emprendedores, la totalidad de las mujeres que emprendieron (4) son egresadas de Ingeniería Química.

   ASALARIZACIÓN Y PROFESIONALIZACIÓN

*Distribución de graduados según estado civil y sus modificaciones
a lo largo del tiempo*

Los datos relativos al estado civil de los graduados de Ingeniería
y sus variaciones desde que ingresaron en la universidad hasta el
momento de ser entrevistados, no muestran diferencias importantes
si atendemos a los grupos de graduados emprendedores y no emprendedores. Como era de esperar, se advierten cambios en el estado civil
de los graduados desde el ingreso en la carrera y hasta el momento
de ser entrevistados. En ambos grupos, de manera similar, la mayoría eran solteros al iniciar los estudios mientras que al momento de
ser entrevistados más de la mitad eran casados o convivían con sus
respectivas parejas. La Tabla 2 muestra comparativamente los datos
referidos.

Tabla 3. Distribución según estado civil y sus modificaciones a lo
largo del tiempo

Graduados	Al ingresar en la carrera		Al momento de la entrevista	
	Estado civil	*Porcentaje*	*Estado civil*	*Porcentaje*
Emprendedores	Soltero	100%	Soltero	46,7%
	En pareja/Casado	0%	En pareja/Casado	53,4%
No emprendedores	Soltero	95,7%	Soltero	45,7%
	En pareja/Casado	4,3%	En pareja	54,3%

Fuente: elaboración propia.

*Distribución de graduados según lugar de procedencia al ingresar en la
carrera y de residencia al momento de ser encuestados*

La siguiente Tabla presenta comparativamente datos relativos al
lugar de origen de los emprendedores y no emprendedores y el lugar
de residencia informado al momento de ser entrevistados.

Tabla 4. Porcentajes de graduados –emprendedores y no emprendedores– distribuidos según lugar de procedencia –al ingresar en la Carrera– y de residencia al momento de ser entrevistados

	Emprendedores		No emprendedores	
	Lugar de procedencia	*Lugar de residencia*	*Lugar de procedencia*	*Lugar de residencia*
Río Cuarto	33%	67%	61%	38%
Localidades de la provincia de Córdoba	60%	33%	27%	33%
Otras provincias	7%	0%	12%	27%
Exterior	0%	0%	0%	2%

Fuente: elaboración propia.

Si se pone el foco en el lugar de residencia de los graduados en el momento de ser entrevistados, puede advertirse que, entre los emprendedores, un alto porcentaje se estableció en la ciudad de Río Cuarto (67%), en tanto que para el grupo de los no emprendedores la tendencia parece haber sido, por el contrario, a emigrar a otros puntos geográficos dentro de la provincia de Córdoba (33%), otras provincias (27%) o incluso, al exterior (2%).

Distribución de graduados según formación de posgrado

Otro de los aspectos que se indagó fue la realización de estudios de posgrado. El Gráfico 4 presenta los datos obtenidos para el grupo de emprendedores y no emprendedores.

Gráfico 4. Formación de posgrado de graduados emprendedores y no emprendedores

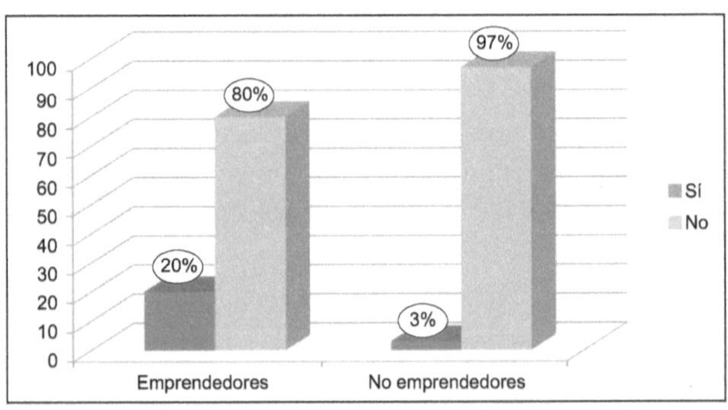

Fuente: elaboración propia.

    ASALARIZACIÓN y PROFESIONALIZACIÓN

Como puede observarse en el Gráfico N° 4, el porcentaje de graduados emprendedores que deciden continuar con alguna formación de posgrado es del 20%, un valor significativamente superior al porcentaje de graduados no emprendedores que optan por lo mismo (3%). Respecto de los estudios de posgrado que los emprendedores declararon estar realizando, se trata de dos maestrías y un doctorado.

Distribución de graduados según duración promedio de la Carrera

La Tabla N° 3, presenta los resultados obtenidos en relación a la duración promedio de la Carrera de emprendedores y no emprendedores.

Tabla 5. Duración promedio de Carrera de graduados emprendedores y no emprendedores

	Emprendedores	**No emprendedores**
Ing. Mecánica	8 años y 2 meses	8 años y 2 meses
Ing. en Telecomunicaciones	10 años y 8 meses	11 años y 2 meses
Ing. Química	12 años y 4 meses	8 años y 4 meses
Ing. Electricista	7 años y 7 meses	8 años y 4 meses

Fuente: elaboración propia.

Como lo muestra la Tabla N° 3, la principal diferencia entre emprendedores y no emprendedores se observa en la Carrera de Ingeniería Química. Mientras que, en promedio, el grupo de los no emprendedores tardarían poco más de 8 años en finalizar la Carrera, el grupo de los emprendedores demoraría, unos 4 años más. Entendemos que la diferencia señalada es estadísticamente significativa; sin embargo, a nuestro juicio estos valores deberían ser relativizados porque, como sabemos, los casos extremos afectan sensiblemente las tendencias de dispersión. En este caso en particular, un análisis detallado muestra que, en el grupo de los emprendedores, dos graduados de Ingeniería Química tardaron, respectivamente, 17 y 18 años en recibirse, lo que explica claramente la diferencia en el promedio de duración de Carrera entre un grupo y otro.

Interrupciones de los estudios en emprendedores y no emprendedores

Los datos analizados señalan que ninguno de los emprendedores interrumpió sus estudios de grado. En cambio, 9 de los 92 graduados no emprendedores (10%) interrumpieron la carrera en algún momento de su trayectoria universitaria. Es necesario destacar que todos fueron varones; uno de ellos lo hizo en dos oportunidades.

Además, si profundizamos en el análisis de estos datos observamos que, en relación a los motivos que influyeron o desencadenaron las interrupciones, 4 personas lo hicieron por razones de índole laboral; 2 por motivos de carácter familiar; 2 no hicieron referencia a cuáles fueron las causas (siendo uno de ellos el caso que más tiempo interrumpió sus estudios –4 años y 11 meses–) y sólo 1 refirió a problemas académicos como origen de la interrupción, en este caso en particular, de 2 años y 11 meses.

Situación laboral al momento del contacto con emprendedores y no emprendedores

Se podría resumir la situación laboral de quienes participaron de esta investigación, de la siguiente forma. Los graduados emprendedores se encontraban, obviamente, trabajando en sus respectivos emprendimientos al momento de ser entrevistados. En cambio, dentro del grupo de graduados no emprendedores, encontramos 6 personas (esto es, un 7%), en condición de desocupados al momento de ser entrevistados; específicamente, se trata de 4 mujeres y 2 varones. Nótese que, aunque las mujeres ingenieras son proporcionalmente menos que los varones en el grupo en general, específicamente en el grupo de desocupados, representan un 67%.

Por su parte, 86 de los 92 graduados no emprendedores (93%), informaron alguna actividad laboral; 71 de los 86 se desempeñaban en un trabajo estable y los 15 restantes lo hacían como contratados.

Resultados obtenidos en la fase cualitativa

Volviendo la mirada hacia los hallazgos obtenidos en la segunda etapa de ejecución de esta investigación –eminentemente cualitativa–, los análisis llevados a cabo se enmarcaron en el objetivo de profundizar en la situación del grupo de graduados emprendedores.

     ASALARIZACIÓN y PROFESIONALIZACIÓN

Teniendo en cuenta los análisis de las entrevistas realizadas a los 15 emprendedores, se pudieron identificar algunas categorías emergentes a partir de los datos, que puede ser de interés. Tales categorías son las siguientes: 1) valoraciones sobre la formación académica recibida en la universidad; 2) visiones acerca del emprendedorismo como opción en la formación de grado; 3) la decisión de emprender como parte de un proceso que conjuga aspectos del contexto y de la persona; 4) la familia como antecedente importante en el proceso emprendedor; 5) emprendedorismo y satisfacción personal y 6) sugerencias para mejorar desde la universidad la inserción laboral. Presentamos a continuación los análisis correspondientes a cada una de las categorías enunciadas.

1. Valoraciones de los emprendedores sobre la formación académica recibida

Una de las preguntas incluidas en la entrevista consultaba a los graduados acerca de sus *percepciones sobre la formación académica* que recibieron en la Universidad. En relación con esta consulta, se los invitaba además a explayarse en aspectos relacionados con el nivel académico, los profesores, la vinculación con el medio y las actualizaciones de los planes de estudio.

En función de las respuestas obtenidas de parte de los 15 graduados emprendedores, pudieron identificarse dos subcategorías relacionadas, respectivamente, con fortalezas y debilidades relativas a la formación recibida.

Respecto de las fortalezas, cabe destacar que los 15 emprendedores expresaron valoraciones positivas acerca de la formación recibida, en algunos casos considerada *excelente, espectacular,* una verdadera fortaleza en el quehacer profesional de los graduados; resaltaron, asimismo, el valor de poder formarse en un entorno en el que se sintieron acompañados mediante un contacto cercano con sus docentes.

Las siguientes expresiones aluden a las preguntas que se detallan a continuación: ¿Qué evaluación le amerita la formación recibida en la Facultad de Ingeniería? En una escala del 1 al 10, ¿cómo evalúa la carrera en general y el nivel académico en particular? Los siguientes fragmentos ilustran el sentido de lo referido, recuperando las voces de algunos graduados:

"El nivel académico lo considero excelente (…) un 9 (…) porque no soy de poner un 10 a nada, pero la verdad que muy buena la formación" (Ingeniero en Telecomunicaciones N° 6).

"Excelente, la verdad que estoy muy conforme (…). Un 8,5 (…) un 9 porque algunas cosas hay, pero muy bien" (Ingeniero en Telecomunicaciones N° 2).

"El nivel académico muy bueno, la carrera buena, es muy importante eso de tener el contacto cercano con tus profesores y el acompañamiento (…). Todo lo técnico es una fortaleza" (Ingeniera Química N° 1).

En cuanto a *debilidades* en la formación recibida, solamente 6 de los 15 graduados hicieron alusión a alguna, aún cuando también destacaron fortalezas. Específicamente las debilidades estuvieron vinculadas con los siguientes aspectos: escaso vínculo de la universidad con el medio y falta de conexión con entidades empresariales; falta de profundización en algunas asignaturas; escasa formación en cuestiones relacionadas con gestión, administración y recursos humanos; contenidos y materias desactualizados. Seguidamente, se retoman los relatos que evidencian, desde la voz de los graduados, sus percepciones.

"Bueno por ahí desde la Universidad se debería generar un vínculo con las empresas que estén más conectadas con el exterior, para que haya una mejor inserción laboral (…)" (Ingeniero en Telecomunicaciones N° 2).

"Si tuviera que mejorarle algo a la carrera pondría un poco más de lo que son cuestiones administrativas, ya que mucha salida laboral del ingeniero tiene que ver con cuestiones administrativas, de gestión y eso en la formación está muy flojo (…) todo lo que es económico y financiero debilidad. Sí, creo que hay materias que habría que modificarlas un poco, que me parece que son innecesarias y obsoletas" (Ingeniera Química N° 7).

"Lo que decimos siempre en cuanto a que le falta mucho en lo que es recursos humanos, cuestiones de administración y la formación en cuanto a cómo encarar una entrevista, todo lo que es marketing y en cuanto a emprendimientos viste que nada (…) Primero las materias básicas están buenas, pero se deberían agregar más optativas o la posibilidad de cursos, y no tener que ir a buscar afuera porque no te dan los tiempos, se hace imposible" (Ingeniera Química N° 1).

2. Visiones acerca del emprendedorismo como opción en la formación de grado

Otra de las preguntas que se efectuaron en el marco de la entrevista realizada a los graduados fue si consideraban que la formación

     ASALARIZACIÓN y PROFESIONALIZACIÓN

que recibieron durante su trayectoria como estudiantes contemplaba o no el emprendedorismo como una posible arista del rol profesional. Entre las respuestas obtenidas se ponen de manifiesto diversas percepciones y valoraciones. Una de las principales es referida por 9 de los 15 entrevistados que sostienen que *no se contempla al emprendedorismo como un enfoque de la formación*. Los ejemplos que a continuación se presentan evidencian el sentido de lo dicho.

"Me parece que no ayuda mucho a lo que es el emprendedorismo, porque yo creo que hacen falta cosas más ligadas a Administración de empresas (…) tampoco hay nada de contabilidad. Tampoco de manejo de personal" (Ingeniero Mecánico N° 7).

"No, recién en quinto hay alguna materia como mucho que te pueda llegar a servir, pero no es todo muy científico y están enfocados en la Facultad y eso, en una realidad que está muy lejos del mundo real, eso me parece a mí. Yo sugeriría que haya un enfoque más emprendedor, yo hice administración empresarial (asignatura), pero la hace muy poca gente y calculá que después si ponés tu emprendimiento estás de gerente, y necesitás mucha más formación, si necesitás hacer un balance (…). Hay muchas cosas que hacen falta, las ves un poquito en el proyecto final y te das cuenta que necesitás algo más (…) porque vos te largás solo y lo que sabés son fórmulas y no tenés respaldo teórico, y eso que como te digo yo hice administración" (Ingeniero Químico N° 3).

En cambio, 6 de los 15 emprendedores opinan que *sí se contempla al emprendedorismo como un enfoque de la formación*.

"Sí, sí claramente (…) porque te da todas las armas como para iniciarte solo (…) si bien no te da experiencia pero te da todas las armas como para el día de mañana poder desarrollar algo propio" (Ingeniero Mecánico N° 9).

"Sí sí, se puede decir que sí. Pero eso depende mucho de cada uno (…) los docentes incentivan a emprender. Pero es como todo, yo creo que necesitan una base (…) pero lleva años que el ingeniero trabaje en una empresa de forma dependiente y después bueno (…) agarre un emprendimiento propio para formarse un poco más" (Ingeniero Mecánico N° 13).

"Sí, sí, yo creo que sí, por ahí lo que le faltaría un poco, es importante por ahí para tenerlo en cuenta (…) es que hay muchos ingenieros químicos que se reciben y trabajan en administración a veces, entonces es como que les faltaría alguna materia como más administrativa que hay otras carreras que si lo tienen (…) como una materia para tener una idea. Porque yo conozco muchos que entran en administración y como que tenés que aprender todo. Porque por ahí eso no se ve en la carrera. Porque es como que le falta una mínima orientación" (Ingeniera Química N° 8).

3. La decisión de emprender como parte de un proceso que conjuga aspectos del contexto y de la persona

En este caso, se recuperan las razones primordiales por las que los graduados se dispusieron a emprender y el modo en que el entorno los impulsó a tomar la decisión de llevar adelante este tipo de desempeño laboral.

En este sentido, 7 de los 15 entrevistados reconocieron haberse desempeñado previamente en empleos en relación de dependencia. Así, por ejemplo, uno de ellos menciona que la empresa en la cual trabajaba lo estimuló a tomar la decisión de emprender; en cambio otro, revela en su relato una situación diferente al considerar que se propuso emprender en función de que no veía crecimiento en su puesto laboral. A continuación, los siguientes fragmentos fundamentan la relevancia que tiene el contexto a la hora de decidir emprender.

"Fue una decisión personal (…) la empresa me incentivó. Fue un gran salto".

"¿Qué te puedo decir?, eso depende de cada uno, los docentes incentivan a emprender (…) depende de cada uno, llevo años de ingeniero en una empresa y luego (…)" (Ingeniero Mecánico N° 13).

"(…) estaba interesado en comenzar algo que sea mío, es decir 100% mío (…) me entusiasmó eso, vi una oportunidad y empezamos" (Ingeniero en Telecomunicaciones N° 2).

4. La familia como antecedente importante en el proceso emprendedor

A los entrevistados se les preguntó si tenían conocimientos acerca de antecedentes concretos de emprendedorismo en su familia o bien de una intención firme de algún miembro de su familia de emprender.

Las respuestas mostraron un rol destacado de los antecedentes familiares como un impulso para ser emprendedores en un futuro. Así, de los 15 emprendedores, 9 (esto es, el 60%) poseen al menos un caso de emprendedorismo en la familia. Estos resultados muestran que más de la mitad de los entrevistados provienen de familias con trayectorias emprendedoras. De hecho, 3 de ellos manifiestan que en la actualidad trabajan en dichos emprendimientos familiares y que se sienten muy conformes y cómodos desempeñándose en un entorno familiar. A continuación, se presentan fragmentos de las voces de algunos graduados que ejemplifican con lucidez la importancia que desempeña el contexto familiar a la hora de planificar un proyecto emprendedor.

> "Sí, sí muchos antecedentes (…) mi viejo tiene un negocio, una farmacia (…) es una persona que siempre está pensando en qué emprender, en qué hacer, en cómo hacer para que crezca, él empezó con un negocio muy chico y lo hizo crecer mucho, mucho (risas)" (Ingeniera Química N° 7).

> "Estoy con mi papá en la fábrica que él fundó, y hacemos algunos trabajos de coordinación y como es un trabajo familiar también nos toca trabajar a nosotros un poco (…) en ese sentido estoy muy cómodo también porque laburo con mi familia, tengo total autonomía para manejarme dentro de la fábrica (…) Como fortaleza, lo que más me gusta es poder ser una empresa familiar y ser independiente, tener un relación mucho más agradable con el jefe que sería mi papá, me siento mucho más cómodo trabajando" (Ingeniero Mecánico N° 9).

5. Emprendedorismo y satisfacción personal

Se consultó en el marco de la entrevista acerca de la satisfacción que genera ser emprendedor.

Atendiendo a los datos relevados se puede observar que los 15 entrevistados declaran sentirse muy a gusto por desempeñar su trabajo en forma independiente; inclusive destacan la importancia y el placer que les genera tener un emprendimiento propio, ser sus propios jefes y poder ser autónomos a la hora de tomar decisiones. Dicha información se torna relevante en función de que manifiestan además tener mayor compromiso con sus actividades laborales en función de que pueden vincular sus desarrollos profesionales con aspectos emocionales asociados directamente con el bienestar personal.

> "Sí, me encanta trabajar de forma independiente pero bueno como te digo por ahí no te da para vivir, te tenés que buscar otra cosa, pero si yo pudiera vivir independiente, lo elijo toda la vida (…) como meta para el futuro me propongo poder ampliar el microemprendimiento y que pueda vivir de esto" (Ingeniera Química N° 1).

> "Si fuese por mí, me quedaría trabajando así para siempre" (Ingeniera Química N° 6).

> "(…) el hecho de trabajar con mi marido, y luchar juntos por una misma cosa, de lograr algo propio, nos permite crecer, nos permite un montón de cosas que antes no podíamos" (Ingeniera Química N° 5).

6. Sugerencias para mejorar desde la universidad la inserción laboral

Finalmente, otro de los puntos abordados invitaba a los entrevistados a reflexionar y proponer sugerencias acerca del modo en que la universidad podría facilitar la inserción laboral de próximos graduados. Las respuestas a este interrogante fueron sumamente variadas. Así, por ejemplo, 2 sujetos ponen de manifiesto la falta de formación en ciertas competencias transversales básicas e importantes para el desempeño profesional. Teniendo en cuenta los relatos de estos dos entrevistados, cabe aclarar que esta valoración se torna muy importante en un contexto donde el Consejo Federal de Decanos de Facultades de Ingeniería (CONFEDI) propone que las competencias transversales, genéricas o blandas ingresen en la agenda de la formación de ingenieros para la próxima década, entendiéndolas como la capacidad para articular eficazmente un conjunto de esquemas mentales y valores, teniendo la posibilidad de poner a disposición distintos saberes, en un determinado contexto con el fin de resolver situaciones profesionales (Paoloni, Chiecher y Elisondo, 2019).

Por otra parte, otros 2 entrevistados sugirieron que hace falta mayor salida de la Universidad, es más, uno de ellos profundizó en la necesidad de tener alguna otra experiencia de práctica.

Otros 2 graduados hicieron referencia a la falta de herramientas con las que se encontraron a la hora de diseñar y llevar adelante su proyecto final. Se destacan estos fragmentos en función de que en ningún momento de la entrevista se indaga sobre cuestiones vinculadas particularmente a esta experiencia que se halla como condición para la obtención del título de grado de las carreras de Ingeniería que se dictan en la Universidad Nacional de Río Cuarto. Ambos remarcan la falencia con la que se encuentran a la hora de desarrollar algunas cuestiones básicas sobre administración y economía.

A continuación, se presentan fragmentos del discurso de los entrevistados que ilustran los aspectos antes referidos.

"Me parece que hace falta calle, en vez de estar en la biosfera de la Uni, el contacto con la gente, el poder darse cuenta que hay gente que no sabe sacar un porcentaje" (Ingeniero Químico N° 3).

"Yo creo que con el conocimiento salís, pero bueno creo que se tiene que incentivar al estudiante a que los finales sean orales, a que el chico tenga que hablar, que se estrese, se desenvuelva y busque soluciones, a sacarse ese miedo a comunicarse, a no tener vergüenza, a presentarse en público con terminología y todo, pero el conocimiento está (…) habría que ayudar al profesional en este sentido" (Ingeniera Química N° 7).

"Yo creo que salir de la Universidad le falta a uno, por eso necesita apoyarse en gente que sepa cuando sale, lleva años de capacitación, yo creo que sería bueno que en los 5, 6 años sería bueno que el ingeniero salga y se junte (…) en una empresa donde lo apoyen y que tenga un ingeniero al lado (…) que lo acompañe en la formación pero eso depende de cada uno y de donde pueda insertarse (…) creo que sería bueno alguna práctica más" (Ingeniero Mecánico N° 13).

"Nosotros tenemos un trabajo final con el que presentamos o defendemos la carrera por así decirlo. En ese proyecto hay muchas cosas que se exigen y que no han sido vistas (…) por ejemplo análisis de costos y todas esas cosas (…) Es un desafío bastante importante, porque necesitas tiempo (…) pero también lo necesitas saber para cuando salís al mercado laboral" (Ingeniero Químico N°15).

Consideraciones finales

Este trabajo tuvo como propósito la reconstrucción de trayectorias académicas y laborales de ingenieros graduados de la Facultad de Ingeniería de la Universidad Nacional de Río Cuarto (FI-UNRC) que recibieron sus diplomas entre los años 2014 y 2016. Enfocó su atención en el subgrupo de aquellos sujetos que en el momento de ser contactados se desempeñaban como emprendedores; así, se indagó acerca de dimensiones personales y contextuales que ayudaran a comprender posibles diferencias y similitudes entre emprendedores y no emprendedores, vislumbrando además algunas de las tramas que entretejen el proceso de emprender.

Como dijimos, el estudio reconoce dos fases en su implementación: una fase cuantitativa y otra cualitativa. En la fase cuantitativa, nos propusimos identificar diferencias y similitudes entre el grupo de emprendedores y el de no emprendedores. En la fase cualitativa, en cambio, nos ocupamos de profundizar particularmente en la situación del grupo de emprendedores.

Atendiendo a los resultados obtenidos en la *fase cuantitativa*, advertimos que las principales diferencias entre emprendedores y no emprendedores, parecen vincularse con los siguientes aspectos: distribución según género y carrera, lugar de residencia al momento de ser entrevistados, interrupciones de carrera y realización de estudios de posgrado.

En cuanto a la distribución de graduados emprendedores y no emprendedores según Carrera y género, se encontró que Ingeniería Química y el género femenino, concentran el mayor porcentaje en el grupo de emprendedores. Así, los datos muestran que los graduados/as de Ingeniería Química representan mayoría entre los emprendedores; y que, a su vez, las mujeres del grupo de emprendedores (4 de 15) son todas Ingenieras Químicas. Este dato posiblemente no sea casual y tenga alguna vinculación con hallazgos obtenidos en estudios previos.

En Paoloni, Chiecher y Rivarola (2012) así como en Paoloni y Chiecher (2013) y en Iavorski (2011), se advierte que los graduados y graduadas de Ingeniería Química mostraban algunas desventajas respecto del resto de los graduados/as de la FI-UNRC. Así, por ejemplo, en el primero de los estudios referidos, las únicas dos personas desempleadas que conformaban la muestra de 40 graduados considerada para ese trabajo, eran mujeres egresadas de Ingeniería Química. Por su parte, los trabajos de Paoloni y Chiecher (2013) y de Iavorski (2011), profundizaron en las percepciones y el sentido que graduados y graduadas de Ingeniería Química le otorgaban a sus trayectorias académicas y laborales, mostrando que, en general, este grupo de graduados manifestaba valoraciones negativas relativas a sus procesos de inserción profesional. En los estudios referidos, los egresados y egresadas de Ingeniería Química fueron quienes manifestaron mayor disconformidad con las posibilidades reales de insertarse laboralmente en un mercado específico teniendo en cuenta las características de sus respectivas titulaciones. Por su parte, las mujeres en particular, expresaron además sentirse 'expulsadas' de los ámbitos de su profesión por haber elegido una 'carrera de varón'.

Los resultados obtenidos en los trabajos citados, quizás pueden ayudarnos a comprender el hecho que el mayor porcentaje de emprendedores en el estudio actual esté concentrado en mujeres egresadas de Ingeniería Química. Posiblemente, en un mercado competitivo y con escasas posibilidades de inserción laboral efectiva para los Ingenieros/as Químicos/as en nuestra ciudad, el emprendedorismo se torne una opción interesante. Quizás esta situación desafiante –particularmente para las mujeres que, como vimos en estudios previos, suelen resistirse a trasladarse a ciudades 'grandes' porque tienen sus proyectos de vida, de maternidad y familia arraigados en la zona–, emprender sea una opción que prefieren construir y por la que deciden apostar. Pues bien, de ser así, podríamos preguntarnos qué aportes concretos se están efectuando desde la Facultad de Ingeniería atendiendo a esta realidad, qué oportunidades institucionales están pensadas específi-

   ASALARIZACIÓN y PROFESIONALIZACIÓN

camente para promover y facilitar el emprendedorismo en egresadas de Ingeniería Química.

En cuanto al lugar de residencia, si comparamos las variaciones observadas entre el lugar de procedencia –informado al ingresar en la Carrera– y el lugar de residencia –declarado al momento de encuestados–, los datos sugieren un comportamiento opuesto entre emprendedores y no emprendedores. Así, como vimos en la Tabla N° 3, mientras que el porcentaje de emprendedores se concentra llamativamente en Río Cuarto (un 67% del total); el porcentaje de graduados no emprendedores parece incrementarse en otros puntos geográficos, ya sea otras localidades de Córdoba, otras provincias del país o incluso en otros países. En efecto, sabemos que Río Cuarto no se considera una zona altamente industrializada y que, en consecuencia, no se comporta como un foco para la demanda potencial de ingenieros. Por esa razón, los graduados suelen migrar a otros polos industriales donde sí hay concentración de empresas, fábricas e industrias que demandan sus servicios (Chiecher y Paoloni, 2009). Tal y como Chiecher y Paoloni (2009) lo documentan, algunos de estos puntos de concentración de graduados de Ingeniería son la ciudad de Villa Mercedes (San Luis), San Luis Capital, General Deheza y General Cabrera (Córdoba), Campana y Zárate en Buenos Aires, Córdoba Capital y Ciudad de Buenos Aires. Sin embargo, en este estudio advertimos que, entre quienes deciden emprender, se observa una tendencia a radicarse en la ciudad de Río Cuarto. Al respecto, cabría preguntarse si la decisión de emprender en Río Cuarto estaría ligada a proyectos de vida que no valoran como interesante la alternativa de abandonar la ciudad y migrar hacia otros horizontes o si, por el contrario, se trata de personas que eligen a la ciudad de Río Cuarto precisamente para concretar sus proyectos laborales porque la perciben como una oportunidad para desarrollarse profesionalmente. Para la primera alternativa, nos inclinamos a pensar en emprendimientos que surgen como modo de afianzar una decisión previa de vivir en Río Cuarto, intentando crear condiciones óptimas a tal fin. Para la segunda alternativa, podríamos suponer que se trata de personas que perciben nichos de oportunidad en nuestra ciudad, independiente de sus posibilidades de emprender en otros lugares, eligen esta ciudad porque la valoran como óptima en función de sus metas de desarrollo profesional.

Finalmente, en cuanto a las interrupciones de carrera y realización de estudios de posgrado, los datos muestran que –a diferencia del grupo de no emprendedores–. los emprendedores nunca interrumpieron sus trayectorias académicas y que superan en mucho al porcentaje de 'no emprendedores' que decidieron cursar estudios de posgrado. A riesgo de pecar por simplificación, nos arriesgamos a decir que estos datos podrían comprenderse mejor si tenemos en cuenta algunos de los rasgos de personalidad que suelen caracterizar a los emprendedores en general. Así, estudios que focalizan en rasgos personales ligados a vocaciones emprendedoras, ponen de manifiesto la perseverancia ante las metas, la resiliencia y un fuerte compromiso con la idea de superación personal, como algunas de las competencias transversales que suelen caracterizar a las personas que deciden emprender (Paoloni, 2019).

Respecto de los resultados obtenidos en la *fase cualitativa* que pretendió profundizar en la situación del grupo de emprendedores, resulta significativo destacar algunas variables contextuales que formar parte de la trama que entreteje en el proceso de emprender.

En relación con las variables del contexto, podemos mencionar al menos dos: antecedentes familiares y el modo en que las experiencias laborales inciden en la decisión de emprender. Respecto de los antecedentes familiares, es notable que la mayoría de los emprendedores identifiquen a familiares o allegados cercanos que han emprendido. Si entendemos que la identidad –y la identidad profesional– son una co-construcción social y personal, entonces comprenderemos mejor el rol que desempeña la familia u otros importantes referentes en la construcción de vocaciones emprendedoras. En efecto, de acuerdo con los aportes de Rinaudo (2019) sobre la construcción de identidad y de la identidad profesional, se advierte cómo las investigaciones en Psicología Educacional –posicionada desde perspectivas socioculturales– hacen clara la importancia que asumen los contextos –formales, no formales, informales, etc.–, en la definición de las formas de actuación que se habilitan para las personas y, con ellas, en las oportunidades para el desarrollo de una u otra forma de identidad. En este marco, se afianza así el reconocimiento de las influencias que en toda sociedad ejercen los adultos en la construcción de identidad de los jóvenes. La familia ocupa sin duda en este proceso, un lugar protagónico.

Los mismos fundamentos teóricos que nos ayudan a comprender la importancia de las influencias familiares en la construcción de vocaciones emprendedoras, nos sirven también para explicar la relevancia de los contextos laborales –entendidos como contextos informales de aprendizaje–, en la construcción de identidades profesionales con vocación emprendedora. En el testimonio de los emprendedores que participaron de esta investigación, se advierte cómo las experiencias laborales influencian la decisión de emprender. En algunos casos, se trata de influencias valoradas de modo positivo; esto es, personas y situaciones que estimulan la decisión de emprender, de independizarse y ganar autonomía, comunican así confianza en las posibilidades para 'levantar vuelo' y, en tal sentido, contribuyen a enriquecer creencias de autoeficacia necesarias para tomar una decisión al respecto. Por otro lado, existen testimonios de graduados que se han desempeñado laboralmente en contextos opresores, valorados de modo negativo en relación con sus metas de formación profesional y realización personal. En estos casos, estos contextos actuaron como 'expulsores' y también fueron partícipes en la configuración de metas de emancipación y emprendedorismo de un modo más bien 'reactivo'.

A partir de los hallazgos obtenidos en el estudio que presentamos, entendemos que se delinean algunos aportes potencialmente interesantes para continuar investigando los modos de promover, desde la educación superior, el surgimiento y desarrollo de vocaciones emprendedoras. Los hallazgos presentamos nos permiten vislumbrar así algunas de las tramas que se entretejen el proceso y la decisión de emprendedor; un inter-juego constante entre aspectos personales y del contexto que nos invita a reflexionar sobre el propósito y compromiso que asume la Universidad –y la Facultad de Ingeniería, en particular–, en los modos de promover oportunidades que faciliten el desarrollo de fortalezas personales y recursos contextuales orientados a tal fin.

Bibliografía

Centro Estratégico para el Crecimiento y Desarrollo Argentino CECREDA (2011) *Emprendedorismo: emprendedores y emprendimientos*. Disponible en: [http://www.unl.edu.ar/emprendedores/wp-content/uploads/2012/07/Emprendedorismo-emprendedores-y-emprendimientos-1.pdf].

Chiecher, A. y Paoloni, P.V. (2009) "Graduados de ingenierías de la UNRC. Características estructurales, trayectorias educativas e itinerarios laborales", Documento de trabajo N° 9 (35 páginas), Laboratorio MIG. Disponible en: [http://www.ing.unrc.edu.ar/laboratorios/mig_rio4/archivos/09_documento-final.pdf].

De Felippis, I. y Breccia, S. (2014) *La ruptura del binomio perfecto: educación y trabajo*, Buenos Aires, Editorial de la Universidad Nacional de La Matanza.

Formento, C. (2009) "Trayectorias emprendedoras de Ingenieros mecánicos Tecnológicos". En Panaia, M. (2009), *Inserción de jóvenes en el mercado de trabajo*, Buenos Aires, La Colmena.

Formichella, M. M. (2004) "El concepto de emprendimiento y su relación con la educación, el empleo y el desarrollo local. Monografía realizada en el marco de la beca de inciación del INTA". Disponible en: [http://municipios.unq.edu.ar/modules/mislibros/archivos/MonografiaVersionFinal.pdf].

García, J., Cano Guillén, C. J. y Gea Segura, A. B. (2004) "Actitudes Emprendedoras en Los Estudiantes Universitarios", *El emprendedor Innovador y la Creación de Empresa. Editorial de la Universidad de Valencia*, Valencia, España.

Hidalgo, J. C. (2008) "Autonomía y Financiamiento Universitario". En Consejo de Decanos de Facultades de Ciencias Humanas y Sociales (Ed.), *Aportes de las Ciencias Sociales y Humanas al análisis de la problemática universitaria* (capítulo 1, 21-43), Buenos Aires, Prometeo Libros.

Iavorski Losada, I. (2011) "La cuestión de género en las carreras tecnológicas. La trayectoria académica y laboral de las graduadas de la UTN-FRGP y UNRC-FI". En Panaia, M., *Trayectorias de graduados y estudiantes de Ingeniería* (pp. 235-257), Buenos Aires, Editorial Biblos.

Iavorski Losada, I. y Pazos, C. (2013) "Un análisis cualitativo de la trayectoria profesional de los graduados 2007 de la UTN-FRA" (capítulo 7). En Panaia, M., *Abandonar la universidad con o sin título* (pp. 193-221), Buenos Aires, Miño y Dávila.

Oviedo, L., Massaro, R. y Acasuso, M. (2011) "Avances en el estudio de trayectorias laborales de ingenieros químicos graduados de la Facultad Regional Resistencia de la UTN". En Panaia, M. (2011), *Trayectorias de graduados y estudiantes de Ingeniería* (pp. 149-180), Buenos Aires, Editorial Biblos.

Panaia, M. (2006) *Trayectorias de ingenieros tecnológicos: graduados y alumnos en el mercado de trabajo*, Buenos Aires, Miño y Dávila.

Panaia, M. (2007) "Perspectiva futura para los ingenieros". En *Perfiles*, Boletín del Laboratorio de Monitoreo de Inserción de Graduados de la UTN Facultad Regional Avellaneda (2) N° 3, 1-2. Disponible en: [http://www.fra.utn.edu.ar/mig/documentos/perfiles_3_web.pdf].

Panaia, M. (2011a) "Dejar la Universidad. ¿Decisión o imprevisto?", *Itinerarios,* N° 12. Disponible en: [http://www.ing.unrc.edu.ar/laboratorios/mig_rio4/archivos/12-boletin-junio-2011.pdf].

Panaia, M. (2011b) *Trayectorias de graduados y estudiantes de Ingeniería*, Buenos Aires, Editorial Biblos.

Panaia, M. (2015a) "Universidades en cambio: desigualdades sociales y educativas". En Panaia, M., *Universidades en cambio: ¿generalistas o profesionalizantes?* (Introducción, pp. 11-32), Buenos Aires, Editorial Miño y Dávila.

Panaia, M. (2015b) "El desafío profesional de la mujer ingeniera". En Panaia, M., *Universidades en cambio: ¿univeralistas o profesionalizantes?* (pp. 87-108), Buenos Aires, Miño y Dávila.

Paoloni, P. V., Chiecher, A. C. y Sánchez, L. (2009) "Trayectorias de alumnos de Ingeniería. El caso de la Facultad de Ingeniería de la UNRC. Inserción de jóvenes en el mercado de trabajo. Río Cuarto", pp. 123-152, *Innovación Educativa*, ISSN: 1665-2673, N° 61, vol. 13. Disponible en: [http://www.scielo.org.mx/pdf/ie/v13n61/v13n61a3.pdf].

Paoloni, P. V., Chiecher, A. C. y Elisondo, R. C. (2019) "Graduados de Ingeniería y competencias genéricas. Cinco estudios de la última década que recuperan sus valoraciones y experiencias", *Educación en Ingeniería*, 14 (28), pp. 54-64. Disponible en: [http://doi.org/10.26507/rei.v14n28.986].

Paoloni, P. V. (2011) "Valoraciones de trayectorias educativas, expectativas por trayectorias laborales. Un estudio con ingenieros electricistas de la UNRC". En Panaia, M. (Coord.), *Trayectorias de graduados y estudiantes de Ingeniería* (pp. 213-234), Buenos Aires, Ed. Biblos/investigaciones y ensayos.

Paoloni, P. V. (2013) "La participación en comunidades de práctica como aporte para la formación profesional e inserción laboral de ingenieros químicos". En Panaia, M. (Comp.), *Abandonar la universidad con o sin título* (pp. 139-167), Buenos Aires, Editorial Miño y Dávila.

Paoloni, P. V. (2019) "Competencias socioemocionales ayer, hoy... ¿y mañana?" (capítulo 3, pp. 103-134). En Paoloni, P. V., Rinaudo, M. C. y Martín, R., *Yo, tú... ellos y nosotros. Competencias socioemocionales en la construcción de identidades profesionales*, ISBN: 978-987-760-179-4, Ciudad de Córdoba, Editorial Brujas.

Paoloni, P. V. y Chiecher, A. (2013) "Experiencias de formación y de inserción laboral de ingenieros. Las voces de los protagonistas desde una investigación biográfica", *Revista Innovación Educativa,* 13 (61), 21-44, ISSN: 1665-2673, México. Disponible en: [http://www.repositoriodigital.ipn.mx/handle/123456789/16665] (25/06/2015).

Paoloni, P. V., Chiecher, A. y Rivarola, M. V. (2012) "Graduados de la Facultad de Ingeniería. Un estudio sobre sus características estructurales, trayectorias de formación, inserción laboral y valoraciones", Documento de Trabajo, N° 11 (1-25), Laboratorio MIG, ISSN: 1669-7537. Disponible en: [http://www.ing.unrc.edu.ar/laboratorios/mig_rio4/archivos/11_documento-final.pdf].

Paoloni, P. V., Chiecher, A. y Concha, L. (2018) "Actividad independiente de graduados de la Facultad de Ingeniería de la UNRC. Algunos aportes para pensar la formación de emprendedores". Trabajo presentado en el IV Seminario Internacional de Intercambios de Experiencias e Investigaciones sobre Egreso Universitario: políticas educativas, seguimiento de graduados y articulaciones con el mundo de trabajo y en el III Seminario Internacional de Trayectorias en la Educación Superior, 4 al 8 de octubre de 2018, Montevideo, Uruguay.

Rinaudo, M. C. (2019) "El estudio de la identidad desde el campo de la Psicología Educacional" (capítulo 1, pp. 21-74). En Paoloni, P. V., Rinaudo, M. C. y Martín, R., *Yo, tú... ellos y nosotros. Competencias socioemocionales en la construcción de identidades profesionales*, ISBN: 978-987-760-179-4, Ciudad de Córdoba, Editorial Brujas.

Rinaudo, M. C. y Paoloni, P. V. (2014) "Contextos poderosos para el aprendizaje y la creatividad en la formación de ingenieros", Conferencia por invitación dictada en la Semana del Emprendedorismo, organizado por la Facultad de Ingeniería de la UNRC entre el 15 y el 19 de septiembre de 2014.

Rinaudo, M. C. y Paoloni, P. V. (2015) "Estudiantes universitarios. Rosas... cardos y ortigas en la construcción de identidades profesionales", *Revista de Docen-*

cia Universitaria, 2 (3), 73-90. Disponible en: [http://red-u.net/redu/index.php/redu/article/view/1025].

Simone, V. y Wejchenberg, D. (2013) "Una visión de conjunto sobre los ingenieros graduados en los años 2006 y 2007 de la UTN-FRA" (capítulo 4). En Panaia, M., *Abandonar la universidad con o sin título* (pp. 111-138), Buenos Aires, Miño y Dávila.

Somma, L. (2011) "Trayectoria de formación académica de graduados tecnológicos. Una mirada retrospectiva de siete generaciones de graduados". En Panaia, M., *Trayectorias de graduados y estudiantes de Ingeniería* (pp. 181-211), Buenos Aires, Editorial Biblos.

ASALARIZACIÓN Y PROFESIONALIZACIÓN

Representaciones en torno al ejercicio profesional en Enfermería. Estudio sobre trayectorias de graduados/as de UNDAV

Raúl E. Chauque y Natalia Iribarnegaray

Introducción

El proceso de profesionalización es el resultado de diversos factores, que en determinados momentos históricos condicionan o favorecen el desarrollo de una profesión, en el caso de Enfermería, desde sus orígenes, diferentes factores actúan como condicionantes; ser una profesión netamente femenina; orden vocacional y religioso; y, conocimientos limitados en relación a la medicina, que la subordinaron a la misma. Todos estos condicionantes influyeron y lo siguen haciendo en por lo menos dos aspectos: primero, impidiendo que se consolidara como una profesión autónoma, y segundo, hace presuponer que para realizar el trabajo de Enfermería se debería tener vocación para el mismo, es decir, poseer ciertas características personales como sacrificio, paciencia y abnegación para realizar la labor.

La relevancia de conocer cómo influyen estos factores, está relacionado con la importancia que tiene el personal de Enfermería dentro del equipo de salud, y el rol primordial que desempeña en el acceso y cobertura universal de salud. Y teniendo en cuenta las sugerencias de la Organización Panamericana de la Salud (OPS, 2019), quien en un contexto de déficit de personal[1], recomienda mantener profesionales de la salud motivados y bien distribuidos, para prestar servicios de calidad con base en las necesidades de la población.

En este trabajo, nos enfocaremos en el análisis de las trayectorias profesionales de los/as graduados/as de Enfermería de la Universidad

---

1. En el país la cantidad de enfermeros es de 4,24 cada 10000 habitantes, presentando una relación enfermero-médico de 0,56, cuando lo mínimo sugerido por la OMS y la OPS es de un enfermero por cada médico, incluso algunos países tienden a establecer como ideal la relación de 4 enfermeros por cada médico. Para ampliación ver: Cassiani et alt. (2018).

Nacional de Avellaneda (UNDAV), que obtuvieron su título entre los años 2015 y 2017.

Nos interesa analizar las representaciones que tienen dichos/as graduados/as en torno a la profesión, centrándonos sobre tres ejes: 1) los motivos que los llevaron a elegir la carrera de Enfermería. Con esto se intenta visualizar si los/as graduados/as consideran a la profesión como una carrera vocacional o si es considerado un trabajo como cualquier otro; 2) teniendo en cuenta que Enfermería es considerada una actividad centrada en el cuidado de tipo asistencial, nos preocupa analizar la importancia que le otorgan los/as graduados/as a la destreza práctica en el desarrollo de su carrera, es decir, que tan sobredimensionado se encuentra la habilidad técnica por sobre un conocimiento más teórico; y 3) las representaciones sociales que giran en torno a Enfermería como profesión, son la de un personal que tiene que tener ciertas características "naturales" para atender pacientes, como vocación de servicio y paciencia para la realización de tareas abyectas. Por eso nos interesa analizar las representaciones que tienen los/as graduados/as y su entorno, sobre la profesión de Enfermería, es decir, que ideas tienen en torno a lo que significa ser enfermero/a.

El trabajo se encuentra organizado en dos partes: en el primer apartado se presentan los condicionantes históricos que influyeron en la profesionalización de Enfermería como, la feminización de la profesión, la subordinación a la medicina, la impronta religiosa, y su carácter eminentemente práctico.

En el segundo apartado analizamos las representaciones de los/as entrevistados/as, en torno a los ejes mencionados anteriormente: motivos para elegir la carrera de Enfermería; Enfermería ¿una profesión practica?; y, las representaciones sociales sobre la profesión de Enfermería. Para finalizar, en el último apartado esbozaremos algunas reflexiones finales.

Breve recorrido histórico por la profesión de Enfermería

El objetivo de este apartado es hacer un recorrido histórico de los condicionantes que tiene la profesión de Enfermería, en nuestro país, hasta la actualidad. Entendemos como condicionantes, a todos aquellos factores que influyen en el proceso de profesionalización de una carrera. En el caso de la profesión de Enfermería, numerosos son los factores que limitan su desarrollo, la feminización de la carrera, la

    ASALARIZACIÓN y PROFESIONALIZACIÓN

subordinación a la medicina, y una impronta vocacional y religiosa. Si bien estos condicionantes impactan de diferentes maneras a lo largo de la historia de la profesión, nuestra mirada se centra desde que se inicia la era profesional en Argentina, en 1885, cuando Cecilia Grierson funda, en la Ciudad de Buenos Aires, la primera escuela de Enfermería (Wainerman y Binstock, 1992).

Iniciaremos el recorrido por estos condicionantes con la feminización de la profesión, a nivel mundial. Podemos decir, que este proceso se presenta en dos etapas, primero ocurre una feminización de los cuidados y luego le sigue la feminización de la profesión propiamente dicha. En cuanto a la primera etapa, según Nash (2004), el siglo XIX es una "fábrica de género" en el cual se producen los mecanismos que favorecen la desigualdad y la subordinación de las mujeres, donde se constituye un "discurso de la domesticidad" que confina a las mujeres al **ámbito privado** del hogar, mientras que el espacio público, pasa a ser monopolio del hombre. Otra manifestación del mismo discurso naturalizador de la diferencia sexual en términos sociales y culturales es la insistencia en el amor maternal como único polo vertebrador de la feminidad, donde la ternura, la abnegación y la dedicación a los demás fueron sus rasgos más definitorios. Argentina, tampoco estuvo exenta de este discurso, Bernardino Rivadavia[2] menciona en 1823, que *"la naturaleza le dio a la mujer un corazón y un espíritu con calidades que el hombre no posee"* (Correa-Luna, 1923). Por lo que no resulta extraño que la organización del cuidado del más débil en la sociedad –enfermos, huérfanos, discapacitados, etc.–, durante el siglo XIX recaiga en las mujeres, a través de la Sociedad de Beneficencia[3], quedando ligado el cuidado al género femenino.

Mientras que la feminización de la profesión en nuestro país, estuvo ligado a dos hechos puntuales. Según Wainerman y Binstock (1992), en la mayoría de los hospitales de la ciudad de Buenos Aires, antes de su profesionalización en 1885, había una preeminencia de personal masculino. Según el ideal de Cecilia Grierson, las mujeres debían ser las encargadas de ejercer la profesión debido a sus *"condiciones naturales para el cuidado"*, es por ello que en 1912 a través de una ordenanza se limita el ingreso a la Escuela de Enfermeras

---

2   Discurso emitido por Rivadavia al inaugurar la Sociedad de Beneficencia en 1823, quien en ese entonces era Ministro de Gobierno de Buenos Aires, durante la gobernación de Martín Rodríguez.

3   Para ampliación sobre la Sociedad de Beneficencia, ver: Campetella, A. & González-Bombal, I. (2000); Correa-Luna, C. (1923).

de la Ciudad de Buenos Aires[4], solo a mujeres. A esta decisión se le suma en 1916, el proyecto de ordenanza elevada por la dirección de la Asistencia Pública en el cual se restringe –en los hospitales de su dependencia[5]– el cuidado de enfermos solamente a mujeres, ya sea, enfermeras superioras, cabas de sala, enfermeras diplomadas, y también estudiantes (Martin, 2014). Así las mujeres son asignadas a las tareas de cuidado y segregadas al área de Enfermería en los hospitales. La dominación del hombre por sobre la mujer en la sociedad, es también reflejado en el ámbito hospitalario con el médico por sobre la enfermera, definiendo el arquetipo de esta última como *"ángel del amor, consuelo de aflicciones, testigo inseparable de nuestras miserias, paciente y guardadora fiel de secretos, y celosa depositaria de nuestra propia honra"* (Nash, 2004).

Cabe referir que el proceso de feminización de la profesión en relación a la formación de nuevo personal, sigue el modelo Nightingale[6], es decir con preferencia hacia las mujeres para su ejercicio, por lo menos hasta la década del 70 del siglo XX[7], cuando la Escuela de Enfermeras Cecilia Grierson comienza a aceptar nuevamente a varones en su matrícula, y la posterior incorporación al ámbito laboral (Wainerman y Binstock, 1994). Esta feminización de la profesión se mantiene estable en las últimas dos décadas del siglo XX y los primeros años del actual. Hacia 1980, según el censo de población, el porcentaje de enfermeras ascienden al 83% (Wainerman y Binstock, 1992), Abramzón en 2005 actualiza estos datos con el censo 2001 y muestra que el 84% de quienes obtuvieron el título de licenciatura eran mujeres. En 2015 según el Observatorio de Recursos Humanos en Salud (OFERHUS), el porcentaje se mantiene en 85%, aunque se menciona que la proporción de varones estaría aumentando en las

---

4   Cecilia Grierson en 1912 se aleja de la dirección de la escuela creada por ella y recién en 1935, adquiere el nombre de su fundadora y pasa a denominarse Escuela Superior de Enfermería Cecilia Grierson.

5   La Dirección de Asistencia Pública, fue creada por el Intendente Alvear en 1883, siendo su primer director José María Ramos Mejía. Para ampliación del tema, ver: Veronelli, J. C. & Correch, M. (2004).

6   Florence Nightingale, llamada "la dama de la lámpara" nace en 1820 en Florencia Italia, y fallece en 1910. Es considerada la precursora de la Enfermería moderna, al crear la primera escuela de enfermeras en Londres en 1860. Para ampliación ver: Attewell, A. (1998).

7   La presencia masculina tendió a ser invisibilizada en la historia de la Enfermería, la Escuela de Enfermeras de la Cruz Roja no restringió el ingreso por sexo desde su fundación en 1920, tampoco lo hizo el Ministerio de Salud de la Provincia de Buenos Aires que contó con una escuela de enfermeros y enfermeros paracaidistas. Para ampliación, ver: Ramacciotti, K. (2019).

   ASALARIZACIÓN y PROFESIONALIZACIÓN

cohortes más jóvenes, hecho que se observa en la actualidad, donde según el Observatorio Sindical de la Salud Argentina (2018), el 74% del personal de Enfermería son mujeres.

Si prestamos atención a la subordinación a la medicina vemos que, los médicos se vieron favorecidos por su temprana institucionalización mediante la creación de la Facultad de Medicina de la Universidad de Buenos Aires, en 1821, y de la Asociación Médica Bonaerense en 1860, que propician la formación, reproducción y disciplinamiento de estudiantes y jóvenes profesores que se convertirán en actores sociales influyentes, en la disputa por instituir sus conocimientos específicos en legítimos y monopólicos, durante la construcción y consolidación del Estado-Nación, sobre todo en el auge de las epidemias en la última mitad del siglo XIX[8]. Es en el proceso –en el que la dupla salud-enfermedad se convierte en una cuestión social–, que los médicos son legitimados en su saber, y esto los hace participes principales en la mejora y control de las instituciones curativas específicas –los hospitales–, siendo los mismos, el ámbito por excelencia para la aplicación de sus políticas sanitarias (González-Leandri, 2012). Fue así que en el ámbito hospitalario se crea una estructura donde los profesionales de la medicina se ubican en una posición de privilegio, situando a las demás profesiones de la salud y a la Enfermería en particular, a lugares de menor jerarquía.

Por otro lado, la subordinación a la medicina fue reproducida en la formación misma de los estudiantes de Enfermería. Debido a que el personal médico fue el encargado –desde que se instaura la carrera profesional de Enfermería[9]– del proceso de enseñanza de los nuevos estudiantes, impregnando simbólicamente la subordinación (Domínguez-Alcón, Rodríguez y de Miguel, 1983), a través de la transmisión de un conocimiento basado en el modelo biomédico[10]. Como consecuencia, los conocimientos propios de la Enfermería, terminaron ocupando un lugar subordinado (Ramió-Jofre, 2005). Los médicos acaban erigiéndose como figuras en el campo científico, mientras que, la labor de las enfermeras se parecía más a una extensión de las tareas domésticas y hogareñas, y terminan vinculadas al campo de lo arte-

---

8   Para ampliación del tema sobre epidemias ver: Armus, D. (2000) y Fiquepron, M. (2017).

9   Los médicos encabezaron gran parte de la formación de enfermeros/as por lo menos hasta mediados del siglo XX, para ampliación, ver: Ramacciotti, K. y Valobra, A. (2017).

10 Este modelo se centra en el estudio y tratamiento de las enfermedades, considerando a éstas como entidades propias independientes de los pacientes. Es decir, considera a la enfermedad como una lesión morfológica y/o funcional, y al médico como el único profesional técnico capacitado para repararla.

sanal en sus tareas (Martin, 2012). Así, las nuevas enfermeras fueron interiorizando a la profesión como una rama auxiliar de la medicina.

En cuanto al concepto de profesión como misión apostólica y vocación religiosa, pareciera que ha sido intrínseca a la imagen de la profesión (Domínguez-Alcón et alt., 1983), y la que ha englobado en gran parte las ideas acerca de lo que es Enfermería. La influencia de valores religiosos en la práctica enfermera es consustancial a su propia historia, por haber estado en manos de religiosas la práctica de los cuidados y una buena parte de la formación (Francisco del Rey, 2008). A este respecto, en nuestro país, antes de ser profesionalizada la carrera, Enfermería era ejercida por diferentes órdenes religiosas, a quienes se les reconoce las décadas de trabajo en el cuidado de los pacientes, otorgándoles –por lo menos hasta mediados del siglo XX– la autoridad sobre el personal no médico en la organización hospitalaria (Wainerman y Binstock, 1992), esto termina influyendo en los valores de la profesión, donde la caridad, el sacrificio, la abnegación y el consuelo espiritual al enfermo fueron considerados elementos básicos de los cuidados, en detrimento de las explicaciones científicas (Francisco del Rey, 2008). Posteriormente, las relecturas que se hicieron sobre la vida de Florence Nightingale en los manuales de Enfermería y sobre todo en los ámbitos de enseñanza se reproduce una explicación ingenua y romántica, dirigida a la idealización de "la dama de la lámpara", centrando el accionar de la Enfermería en la vocación, la obediencia y la abnegación, como condiciones imprescindibles para ser enfermera (Martin, 2012; Morrone, 2012).

Otro de los condicionantes que tuvo Enfermería en su desarrollo profesional, es el vinculado con el conocimiento restringido con la que se la asocia. Enfermería, según Martin (2014), antes de ser profesionalizada, el cuidado no era considerado una tarea que ameritara algún conocimiento especial, y menos vinculado a la ciencia. Incluso cuando Grierson crea su escuela de Enfermería, la visualiza como una tarea técnica, es decir, con fundamentos científicos, pero eminentemente práctica. La formación debía centrarse en conocimientos prácticos sobre la atención de los pacientes, teniendo la precaución de no excederse en los fundamentos científicos –esfera netamente del médico–, y focalizarse en lo artesanal de su tarea. Este saber práctico, ocasiona que muchas veces las tareas de Enfermería sean realizadas por "empíricas", quienes pertenecen al ámbito hospitalario, pero en tareas diferentes, por ejemplo, mucamas, cocineras, etc., que, ante la falta de personal de Enfermería, se dedican al cuidado de los pacientes. Ni el desconocimiento total, ni el exceso de sabiduría, era

   ASALARIZACIÓN y PROFESIONALIZACIÓN

la propuesta para la ciudad de Buenos Aires en las primeras décadas del siglo XX (Martin, 2014).

Esta "propuesta práctica" se hace extensiva en el tiempo, y es visibilizada por diferentes acontecimientos. Uno de los primeros tiene que ver con la duración de la carrera, desde su creación, en 1885, la misma tenía una duración de 2 años, pero debido a las pocas inscripciones para el cursado, ésta se fue flexibilizando en las primeras décadas del siglo XX, llegando a formar diplomadas en un año. Aunque en el ámbito hospitalario no había prácticamente diferencias entre las diplomadas y las "empíricas", ya que realizaban las mismas tareas y el reconocimiento, tanto económico como simbólico era exiguo en favor de las primeras. Las "empíricas" constituían una competencia desalentadora tanto para las que habían estudiado, como a aquellas que pretendían hacerlo, produciéndose un clivaje entre ambas (Martin, 2014).

Aunque si bien, en la década del 40, se instaura los 3 años de cursada para obtener la titulación de Enfermería profesional, en la década del 60, y debido a la necesidad imperiosa de instruir personal rápidamente, se establecen los cursos de formación de auxiliares en Enfermería, con una duración de 9 meses a un año, congruentes con las ideas de Ángel Roffo[11], el entonces director del Instituto de Medicina Experimental, quien afirmaba en varias oportunidades: *"No hay que formar eruditas. Cuando la enfermera sabe más de lo que necesita, es un peligro, pues ya tiende a invadir el terreno del médico"*. La proliferación de enfermeras auxiliares termina actualizando el clivaje diplomadas-empíricas a profesionales y auxiliares (Ramacciotti y Valobra, 2017; Martin, 2014), por lo menos hasta la década del 90 cuando se comienza a profesionalizar a los auxiliares de Enfermería[12]. Cabe mencionar que los clivajes en el personal de Enfermería no culminan allí, dado que ya en el nuevo siglo, la división se produce entre los licenciados en Enfermería y los profesionales[13]. Estos clivajes

---

11 Ángel Roffo, 1881-1947, medico, convertido en el mayor especialista en el estudio y tratamiento de enfermedades oncológicas de Latinoamérica. Fue director del Instituto de Medicina Experimental, que hoy lleva su nombre, Instituto de Oncología Ángel Roffo.

12 El Plan de Profesionalización de Auxiliares de Enfermería se aprobó el 9 de diciembre de 1993, en la Resolución conjunta del Ministerio de Salud y Acción Social y Ministerio de Cultura y Educación N° 1027.

13 Los recursos humanos de Enfermería están conformados por los Licenciados en Enfermería, de grado académico con cinco (5) años de formación; las enfermeras profesionales que poseen tres (3) años de estudios y son formadas en instituciones de educación superior universitaria y no universitaria y los auxiliares de Enfermería, que sólo cuentan con un año (900 horas) de formación profesional (PRONAFE, 2017).

agregaron un factor de desaliento más a los intentos de elevar el nivel de instrucción del personal de Enfermería, dado que no hay prácticamente diferenciación de tareas, ni de sueldo entre unos y otros.

Habiendo mostrado los factores que incidieron en la profesión de Enfermería a lo largo de la historia, resulta conveniente mostrar actualmente como se configura la misma. Según Paugam (2015), todo trabajador tiene una doble relación con las tareas que desempeña, una con el empleo y una relación con el trabajo. La primera dimensión está más vinculada a cuestiones objetivas, como pueden ser el grado de estabilidad en el empleo, el salario, tipo de contratación, etc., mientras que la segunda dimensión se encuentra más enfocada a cuestiones subjetivas, y tiene que ver con el reconocimiento que siente el trabajador por las tareas que realiza. Siguiendo al mismo autor, un trabajador que se encuentra integrado profesionalmente, es decir, que no sufre ningún tipo de precariedad, es aquel que tiene el doble reconocimiento, tanto material como simbólico de su trabajo. La primera se cumple cuando el empleo es lo suficientemente estable para planificar el futuro, mientras que la segunda, se cumple cuando el trabajador se encuentra satisfecho con lo que hace. El déficit en alguna de estas dos dimensiones o ambas, coloca al trabajador en situación de precariedad profesional (Paugam, 2015).

Varios autores mencionan que la profesión de Enfermería en la actualidad es propensa a padecer algún tipo de precariedad (Micha, 2015; Novick y Galín, 2003), si utilizamos las dimensiones mencionadas por Paugam (2015), en primer lugar en cuanto a la dimensión del empleo, se puede ver en el personal de Enfermería, tiende en general a tener baja remuneración, y para compensar los bajos ingresos debe recurrir como estrategia, al pluriempleo, que adquiere diversas formas, una de ellas es la doble jornada laboral en distintos establecimientos y otra muy frecuente, la extensión de las jornadas laborales en un mismo establecimiento a través de horas extras (Pereyra y Esquivel, 2017).

En cuanto a la segunda dimensión, vinculada al trabajo, en este caso el trabajador es precario cuando no es reconocido socialmente, lo que afecta su identidad dado que hay poco o nada en su trabajo que pueda estimularlo y darle prueba de su utilidad, en definitiva, es no ser valorado por la mirada del otro (Paugam, 2015). La profesión de Enfermería se caracteriza por tener un bajo estatus en la sociedad y en el ámbito hospitalario, y es vista como una carrera con tareas abyectas, un desarrollo acotado, poco estimulante y con perspectivas futuras muy limitadas (Iribarnegaray y Chauque, 2018).

Todo lo mencionado ocurre en un contexto de déficit de personal de Enfermería, lo que lo ha convertido en un problema sanitario, a tal punto que actualmente es unos de los objetivos centrales de la Organización Mundial de la Salud (OMS) y de la Organización Panamericana de la Salud (OPS), para la región (OPS, 2019), y del Programa Nacional de Formación de Enfermería PRONAFE[14], en el país, quien busca: promover, optimizar y formar enfermeras/os que aporten a la resolución de los problemas de salud y cooperen en la transformación de los servicios ofreciendo cuidados de calidad, para mejorar el estado de salud de la población y contribuir al desarrollo humano.

Presentados los rasgos generales de cómo se fue constituyendo la profesión de Enfermería en la República Argentina, continuaremos caracterizando a los/as graduados/as de la carrera de Enfermería de la Universidad Nacional de Avellaneda, para analizar sus representaciones.

Los graduados de la UNDAV

Enfermería se caracteriza por ser la carrera que posee mayor cantidad de graduados/as de esta joven universidad, siendo un total de 142 desde la primera camada en mayo de 2015 hasta diciembre de 2017, de los cuales 136 poseen el título de Enfermeros/as Universitarios y 9 el título de Licenciados/as en Enfermería. Con el objetivo de conocer las características estructurales de estos graduados/as, como así también sus trayectorias biográficas, fueron entrevistados/as para el presente trabajo 42 graduados/as durante los años 2016-2019. Hay que mencionar que las personas que se entrevistaron son graduados/as recientes, razón por la cual se encuentran en la etapa que Ramió-Jofre (2005) denomina, *etapa profesional inicial,* dado que su proceso de socialización profesional es reciente.

Si miramos la distribución según tipo de carrera vemos que, de los/as 42 graduados/as, 17 obtuvieron el título de la tecnicatura en Enfermería[15], 24 solicitaron el título intermedio de Enfermería Uni-

---

14 El Ministerio de Educación de la Nación, a través del INET (Instituto Nacional de Educación Tecnológica) y la Secretaria de Políticas Universitarias, en conjunto con el Ministerio de Salud de la Nación, han desarrollado el Programa Nacional de Formación de Enfermería (PRONAFE), creado por Resolución N° 209/16 del Consejo Federal de Educación. Para ampliación ver: [https://www.argentina.gob.ar/salud/oferhus/enfermeria/pronafe].

15 La Tecnicatura en Enfermería es la carrera que en un principio se comienza a dictar en la UNDAV, en 2011, con una duración de tres años. A mediados de ese mismo año, se comienza a diseñar el plan de estudios de la Licenciatura en Enfermería, con una dura-

versitaria y un graduado de la Licenciatura gracias al Ciclo de Complementación Curricular[16].

También vemos que del total de graduados hay un claro predominio de las mujeres con el 81% (34 casos) y 19% (8 casos) de varones. En cuanto a las edades de los entrevistados/as hay una preponderancia de las personas mayores de 30 años, 27 casos (64%), mientras que los menores de 30 años, suman 15 casos (36%).

Las entrevistas realizadas se basan en el método biográfico. Este método tiende a revalorizar al sujeto como objeto de estudio (Panaia, 2006), y tiene la ventaja –respecto de otros métodos– de recoger la experiencia de las personas tal como ellas la procesan e interpretan. Esta revelación de hechos e interpretaciones explícita o implícitamente está filtrada por las creencias, actitudes y valores del protagonista (Sautu et alt., 2005), esto nos permite conocer las representaciones sociales que tienen los/as graduados/as sobre diferentes aspectos de su trayectoria biográfica y educativa. Las representaciones sociales, según Jodelet son formas de conocimiento de tipo práctico, del sentido común, que se va formando a través de experiencias, pero también de las informaciones, conocimientos, y modelos de pensamiento que se reciben y transmiten a través de la tradición, la educación y la comunicación social, en resumen, designan una forma de pensamiento social (Jodelet, 1986). Para el presente trabajo elegimos analizar las representaciones sociales que giran sobre tres ejes: 1) los motivos que los llevaron a elegir la carrera de Enfermería. Con esto se intenta visualizar si los/as graduados/as consideran a la profesión como una carrera vocacional o si es considerado un trabajo como cualquier otro, y busca responder a preguntas como ¿Por qué eligieron Enfermería? ¿Qué les resulta atrayente de la misma? ¿Hay que tener vocación para ser enfermero/a?; 2) teniendo en cuenta que Enfermería es considerada una actividad centrada en el cuidado de tipo asistencial, nos preocupa analizar la importancia que le otorgan los/as graduados/as a la destreza práctica en el desarrollo de su carrera, es decir, que tan sobredimensionada se encuentra la habilidad técnica por sobre un conocimiento más teórico. La indagación parte de preguntas como

---

ción de cuatro años y un cuatrimestre, con la posibilidad de obtener un título intermedio, el de Enfermero/a Universitario/a. En 2012 se inicia la primera camada de estudiantes de la Licenciatura. En 2016 la Tecnicatura es reemplazada totalmente por la carrera de la Licenciatura en Enfermería, por lo cual deja de ser dictada.

16 El Ciclo de Complementación Curricular se comienza a dictar en la UNDAV en 2014, con dos años de duración. Tenía como objetivo principal, formar licenciados en Enfermería que provenían de la tecnicatura. En 2019 se deja de dictar, y es remplazada –al igual que la tecnicatura– por la Licenciatura en Enfermería.

     ASALARIZACIÓN y PROFESIONALIZACIÓN

¿qué déficit encontraron en la carrera? ¿Piensa completar el estudio de la licenciatura? ¿Piensa realizar un posgrado?; y 3) las representaciones que tienen sobre la profesión de Enfermería. La última dimensión que analizamos, está vinculada a conocer las interpretaciones que realizan los/as graduados/as y su entorno, sobre lo que significa estudiar Enfermería. Nos interesa conocer las representaciones sociales que se tienen sobre la profesión de Enfermería.

Motivos para elegir la carrera de Enfermería

Siguiendo a Ramió-Jofre (2005), entendemos a la motivación como la suma de factores conscientes e inconscientes percibidos por la persona, que orientan su comportamiento adaptados a sus objetivos y finalidades. Al tratar de comprender los motivos que llevaron a los graduados de la UNDAV a elegir la carrera de Enfermería, podemos agruparlos en: deseos de ayudar a otras personas; independencia personal y mejoramiento económico; y dudas en la elección de la carrera. Estos agrupamientos no son homogéneos, dado que hacia su interior se producen diferenciaciones que iremos detallando.

Deseos de ayudar a otras personas

En la historia de la Enfermería el tema de la vocación asume gran importancia. Según Domínguez-Alcón et alt. (1983), los términos "vocación" o "sacerdocio" son consustanciales a la imagen de la profesión de Enfermería. Desde esta visión se forja el ideal de las personas que ejercen la Enfermería, como personas amables en el trato, desinteresadas y altruistas, con los conocimientos prácticos necesarios para sobrellevar la tarea con amor. Estas nociones que no incluyen el deseo de lucro y beneficios económicos, es visible entre los entrevistados, quienes mencionan, *"mi vida creo que está signada por esa palabra, ayudar"*, o *"siempre me gustó y me apasionó"*, *Aldana*[17] hace mención a:

---

17 Graduada de Enfermería entrevistada, se hace referencia a los graduados con nombres ficticios para resguardar su privacidad. Además, se utilizará las siglas TE para los graduados de la Tecnicatura en Enfermería; EU, para los que obtuvieron el título intermedio de la Licenciatura en Enfermería; CCC, para aquellos licenciados en Enfermería que hicieron el Ciclo de Complementación Curricular; y LE para los licenciados que hicieron la carrera de grado.

"Seguí Enfermería por (…) no sé (…) me nació así. Era algo que igual me atraía desde siempre. Creo que fue algo espontáneo y dije: quiero estudiar Enfermería porque me gusta. Digo, me gusta ayudar al otro y creo que los enfermeros hacen eso. Entonces, digo, bueno (…) [y se anota en la carrera]" (*Aldana*, 33 años, EU, entrevista realizada el 28/03/17).

Otro graduado también hace referencia a lo mismo:

"Siempre me gustó la salud, siempre me gustó lo que era curar, medicar, o sea yo quería ayudar a la gente; venía desde el secundario me llevaba muy afín con lo que era biología, química entonces (…) era solamente dar un paso más" (*Rodolfo*, 28 años, EU, 16/02/17).

Luz, destaca la parte más humana de la Enfermería *"yo había elegido bioquímica, veía mucho lo que era biología, pero me faltaba la parte más humana"* (34 años, EU, 11/04/17).

Algunos autores, como Reyes Gómez (2009), mencionan que es a esa parte humana donde debe apuntar la práctica de Enfermería, debe ir cada vez más al rescate de los valores éticos y humanísticos, esto es notorio en el caso de *Eric* (29 años, EU, 1/11/16) quien refiere *"vi ese amor con el paciente, su humanidad (…) me di cuenta lo que era para mí, la vocación (…)"* o también *Iván*, quien además tiene realizada una carrera terciaria como Técnico en Radiología, que menciona los motivos que lo llevaron a elegir Enfermería

"Me interesé más [por Enfermería] porque el trato era diferente ¿entendés?, enfermero y radiólogo, era diferente [como más distante] y más me gustaba Enfermería [cuando veía a los enfermeros trabajar] entonces digo bueno ¿por qué no? (…) claro es más humano, es más humanístico" (*Iván*, 43 años, EU, 28/10/16).

Muchas veces, el deseo de ayudar surge en aquellos/as graduados/as que antes de elegir la profesión tuvieron diferentes experiencias con el campo sanitario, a través del acompañamiento a algún familiar enfermo, lo que termina influyendo en una elección posterior, así lo manifiestan algunas graduadas

"Mi hija menor a los 3 años tuvo un debut de diabetes insulino-dependiente y eso me hizo estar más en contacto todavía con el tema de la salud, es decir, ir periódicamente al hospital tomar contacto directo con manipular elementos de Enfermería, inyectarla, controlarla, yo sentía que era un tema pendiente. Mi vida creo que está signada por esa palabra, ayudar" (*Ana,* 52 años, EU, 20/11/16).

"Yo terminé con 16 años el secundario y mi papá se enfermó en ese periodo, entonces veo el trabajo de Enfermería y me empezó a gustar" (*Milena*, 24 años, EU, 05/09/18).

Este deseo de ayudar al prójimo, se manifiesta luego en la atención de los pacientes cuando se inicia el camino de la socialización profesional, reproduciendo un modelo de abnegación y sacrificio por el cual es conocido el trabajo de los/as enfermeros/as. No se cuestionan estos valores "vocacionales" en la atención de los pacientes, incluso, hasta se puede decir que es muy rescatable que lo puedan sentir. Pero lo que sí es cuestionable, es el compromiso con el trabajo que recae en los/as enfermeros/as, en nombre de la "vocación", que se traslada al hecho de no ser reconocidos en el ámbito laboral, ya sea con un salario acorde que contemple las circunstancias que enfrentan a diario en la atención de los pacientes, sino también en situaciones como las organizacionales, en donde la sobrecarga de pacientes, y la escasez de recursos para desempeñarse adecuadamente, son hechos habituales, sobre todo en instituciones con menor capacidad económica. Una graduada que ya se encuentra trabajando ilustra la cuestión

"Yo cobraba $13000 [en el año 2017] y trabajaba de lunes a viernes de 10 de la noche a 6 de la mañana todos los días, no tenía convenio con sanidad [con el sindicato de la Sanidad] y siempre lo que yo pensaba era 'yo cobro 2 mangos, laburo todas la noches, nadie me obliga, los familiares no me obligan a que yo me quede, tengo las puertas para irme cuando yo quiera, entonces la gente no tiene la culpa de la mochila que uno lleva en el laburo'. Me sacaba la mochila e igual era amable, por más que esté cansada, lidiando con un montón de cosas sola" (*Débora*, 28 años, EU, 11/10/19).

Otra graduada que trabaja en una Clínica, que según sus administradores, desde hace varios años está atravesando dificultades económicas, cuenta las diferentes situaciones que pasa todo el personal

"El contrato es según convenio de salud, se paga eso, pero el tema es que no se paga todo junto, se paga en cuotas o sea en tres veces te pagan (…) se nota [la crisis] en el tema edilicio por ahí, en el tema del pago, en el tema de cómo tratan a los empleados también porque no hay una respuesta rápida, no hay un acompañamiento, no hay ningún signo de esperanza de que eso va a cambiar (…). Los supervisores y la gente que está a cargo no tiene nada que ver con la salud, son más empresarios que otra cosa, entonces como que la bajada de línea es algo más empresarial que de salud y a los supervisores como que se les va de las manos, entonces como que no se saben manejar, está muy difícil, pero ahora es nada comparado con lo que era antes me dicen 'vos ahora entraste y nos pagan esta cantidad y te lo pagan, antes era como muy mal pago y sí te pagaban' (…) porque encima estamos ahí en la línea de pobreza porque cobramos 12000$ y algo [a comienzos del 2017] estamos ahí (…)" (*Dina*, 24 años, TE, 29/03/17).

Otro graduado cuenta sobre la falta de insumos y tiempo para poder realizar su trabajo

"No estoy conforme, [con el trabajo] porque no puedo ofrecer la calidad que yo quiero para hacer mi trabajo, en ese sentido. A nivel de lo que es insumo, no tengo los insumos necesarios, lo mismo que sería el tiempo, para poder realizar una buena calidad de atención (…) falta personal, son muchos pacientes para pocos enfermeros" (*José*, 37 años, TE, 20/10/16).

Este modelo de sacrificio y dedicación con la que es conocida la profesión de Enfermería, muchas veces es utilizado para obtener beneficio por diversos actores dentro de la estructura organizativa, enmascarando algún tipo de precariedad. Esta concepción "vocacional", tiende a homogeneizar el análisis creando solo dos categorías, se tiene vocación cuando se cumple la tarea con buena predisposición y a pesar de las dificultades. Mientras que, si existe la queja por alguna razón, la vocación es puesta en duda.

Veremos en la próxima sección, la pugna con otra forma de concebir las tareas en Enfermería, la de un trabajo como cualquier otro.

Progreso económico e independencia personal

A fines del siglo pasado, y con más fuerza en el presente, surgen voces que se oponen a la visión vocacional, al considerar el cuidado de personas un trabajo como cualquier otro y no dentro de la esfera vocacional, incluso rechazando las características ligadas al hecho de ejercer "un trabajo de mujer", afirmando la profesionalidad y aspirando a un salario que lo tenga en cuenta (Kergoat, 1997), es decir, para esta visión el "cuidar" es producir un trabajo que participa de la preservación de la vida del otro, y no implica necesariamente involucrarse sentimentalmente. Además, pensar el conjunto de actividades analizado como "trabajo" introduce en su discusión dimensiones de análisis, como el género, la clase y la "raza" (Borgeaud-Garciandia, 2018).

En este agrupamiento se encuentran aquellos/as graduados/as que eligieron la carrera incentivados por una muy probable rápida inserción laboral, algunos acotaban al respecto:

"A todos les decía lo mismo, que mi motivo era laboral, yo veía que todos conseguían trabajo rápido y bueno (…) me decidí" (*Daria*, 23 años, EU, 15/12/17).

"Era un carrera corta y rápida y algo que siempre está. Y mis expectativas eran terminar lo más rápido posible la carrera y empezar a trabajar" (*Josefina*, 34 años, EU, 14/03/17).

Algunos/as graduados/as entrevistados son auxiliares de Enfermería, que encaran la formación profesional tendientes a optimizar sus credenciales educativas, no solo para mejorar sus conocimientos para una mejor atención, sino también para no quedar afuera del mercado laboral. La cantidad de auxiliares de Enfermería en el país representa casi la mitad de todos los que ejercen la profesión[18]. En el Área Metropolitana de Buenos Aires, cada vez más, los auxiliares van ocupando lugares menos jerarquizados, como pueden ser los geriátricos o los cuidados domiciliarios, que implican una mayor precarización (Borgeaud-Garciandía, 2018). Una graduada que era auxiliar de Enfermería antes de ingresar a la UNDAV comenta:

"era auxiliar de Enfermería y pensaba que con ese título no se conseguía nada [en relación a que no se consigue un trabajo "bueno"]. Trabajo en geriátricos (…) quería ponerme al día porque ya me daba cuenta que era poco lo de auxiliar en Enfermería y entonces quise capacitarme y bueno me metí en lo que es la licenciatura" (*Kathy*, 38 años, EU, 28/03/17).

"Porque estaba en cuidado de personas y sentí la necesidad que podía ayudarlos mejor teniendo más conocimientos" (*Sol*, 51 años, TE, 28/10/16).

Mientras que otras graduadas cumplían funciones de cuidadores domiciliarios de personas y al tener contacto u observar la actividad del personal de Enfermería se sintieron atraídas a inscribirse en la carrera

"Porque ya estaba trabajando, cuidando, el tema de la salud, acompañando a la persona que se internaba y ahí charlando con las enfermeras y por ese motivo y por la salida laboral. La salida laboral, estaba en ese ruedo ya (…)" (*Ada,* 38 años, EU, 15/11/16).

"Empecé a trabajar para una señora mayor, cama adentro donde la cuidaba, la acompañaba al hospital y me gustaba porque venía una enfermera que siempre le hacía curaciones. Me gustaba ver las cosas [que realizaba], le pregunté donde había estudiado (…) entonces fui investigando [hasta que se inscribió en la carrera]" (*Sonia,* 26 años, EU, 31/05/18).

---

18 Hacia 2015, la cantidad de auxiliares de Enfermería en Argentina era de 86073, un 48 % del total del personal que ejerce la profesión, estando mayormente distribuidos en el interior del país y/o lejos de las grandes ciudades, Para ampliación ver: Cassiani et alt. (2018).

Una parte de los graduados/as de esta categoría, ante las dudas sobre qué carrera seguir, o incluso dudas entre elegir estudiar o trabajar, se ven impulsados por familiares o amigos a seguir la carrera de Enfermería

"En realidad no tenía mucha idea de dónde me estaba metiendo, o sea ya había pasado un año de que yo terminara la secundaria y algo tenía que hacer con mi vida (…) fue como prueba y error [el estudiar Enfermería] 'ingresá, probá y fijate si te gusta' decía mi mamá que siempre me apoyó, 'mirá esto es para vos, probá, te va a gustar vas a ver' y yo la verdad cero expectativas con respecto de la carrera y una vez que ingresé (…) decidí ponerme las pilas" (*Agustina*, 27 años, EU, 27/02/18).

"Mi papá me decía 'metete en Enfermería que tenés salida laboral', bueno ya fue y me metí (…) también mi abuela me decía 'metete que yo no pude hacer esa carrera y siempre me hubiese gustado' así que me anoté" (*Laura*, 24 años, EU, 12/12/17).

Dudas en la elección de la carrera

Siempre se ha mencionado que los enfermeros/as son una especie de "médicos frustrados", probablemente esa idea se consolida por la gran cantidad de enfermeros que primeramente desearon hacer la carrera de medicina (Domínguez-Alcón et alt., 1983), en el caso de la UNDAV, esto no es la excepción, así lo cuenta *Aida "digamos que la medicina es mi asignatura pendiente"* (52 años, EU, 15/02/17).

Uno de los factores fundamentales que condicionan la elección de medicina está dado por la duración de la misma y el soporte económico para poder sostenerla, una graduada lo muestra muy claro

"Terminé la secundaria y me anoto para hacer medicina en la Universidad Nacional de La Plata, con lo cual me va mal en el ingreso y lamentablemente yo no tenía un sustento para hacer diez veces más el intento, (…) yo necesitaba empezar a activar y algo que me diera un pronta salida laboral, yo con la idea que tenía era de hacer medicina, pero bueno lejos está de ser una pronta salida entonces, bueno igual me gustaba muchísimo, pero como dije 'no, acá voy a estar una eternidad' preferí alejarme entonces deje, no volví a intentar medicina" (*Débora*, 28 años, EU, 11/10/19).

La dificultad curricular y la exigente carga horaria, también operan como obstáculo para seguir, en el caso de *Rodolfo* que hizo medicina dos años en la Universidad de Buenos Aires, acota:

   ASALARIZACIÓN y PROFESIONALIZACIÓN

"Las materias son anuales, por ende, si te va en una materia mal, automáticamente tenés que hacerla el año que viene, no tenés otra oportunidad (…) o sea te fue mal en la materia a mitad de año podés seguir cursando como oyente (…) hasta el año que viene no tenés chances (…) o sea son todas materias anuales que empiezan en marzo y terminan en noviembre" (*Rodolfo*, 28 años, EU, 16/02/17).

O el caso de *Mayra*, una graduada nacida en Misiones que intento hacer en dos ocasiones la carrera de medicina, una vez en Corrientes y otra en Buenos Aires, pero las dificultades económicas y la conformación de una familia le impidió continuar:

"Primero me fui a Corrientes a estudiar medicina, no pude pagar el alquiler y volví de vuelta a Misiones y mi tía que vive acá [en Buenos Aires] me dijo 'porque no venís a estudiar acá que hay Enfermería' [la tía quería que estudie Enfermería] están todas las universidades, así que dije 'bueno voy', vine [pero] a estudiar medicina [intenta por segunda vez], me anoté y conocí a mi marido y ya no estudié, ahí dije 'siempre estoy estudiando' [en referencia a la cantidad de horas al día que estudiaba] entonces como que deje y ahí vinieron mis hijos [años después retoma la universidad para estudiar Enfermería]" (*Mayra*, 36 años, EU, 04/04/17).

Pero la elección de carreras afines a la salud no se agota en medicina, hay otras como kinesiología o instrumentación quirúrgica entre las opciones

"En Paraguay había empezado kinesiología y bueno pasó esto después que lo tuve que dejar y demás, cuando me vine para acá (…) barajando las ofertas que había me decidí por Enfermería" (*Mayte*, 25 años, EU, 01/12/16).

Muchas veces, es el deseo de seguir una carrera universitaria lo que los lleva a elegir, como *Natividad* que había elegido Ingeniería antes de seguir Enfermería

"Me anoté en el 2002 a la Facultad, quería ser ingeniera. Y uno va ¿viste? se sienta y, bueno, no entendía nada, sentía que no (…) que no sabía qué estaba haciendo ahí (…) vos ves a tus primos que son, la mayoría de mis primos del interior, todos tienen carreras, y eso en mi adentro ¡no! [No podía aceptar que ella no tuviera una carrera universitaria] obviamente lo pensaba y digo: ¿hasta acá quedé? [En referencia que no tenía una carrera universitaria]" (*Natividad*, 35 años, EU, 06/03/17).

Hay que resaltar, que la mayoría de los que no estaban muy convencidos de hacer Enfermería, una vez iniciada la cursada, quedaron cautivados, así lo cuenta Débora, que había intentado hacer medicina

"Un día voy al médico, me enfermo y el médico me dice '¿por qué no probás con Enfermería?' yo no estaba muy convencida, pero me dice 'mira que se necesita y es menos tiempo (…)' aparte fue en Práctica 1 [se refiere al hecho de haber cursado su primera materia practica] el amor a la profesión, porque si vos me das a elegir hoy, no elegiría medicina me quedo con Enfermería" (*Débora*, 28 años, EU, 11/10/19).

Otra cosa que se observa entre los/as graduados/as es la idea de querer realizar en un futuro, otra profesión. Según los informes que emite periódicamente la OPS (2019), una de las dificultades que tiene que afrontar la carrera de Enfermería es la de no poder retener a sus profesionales, esto es debido a que muchos/as enfermeros/as migran hacia otras disciplinas, es decir, se dedican a estudiar otras carreras. Tal vez la preferencia por otras disciplinas, que manifiestan algunos/as graduados/as sea un indicativo para entender el proceso mencionado por la OPS.

"Quería hacer psicología en la UBA, pero se me hizo difícil el CBC y me costó (…) cuando estaba haciendo la licenciatura yo pensaba 'cuando termine esto [se refiere a terminar la licenciatura Enfermería] quiero hacer Asistente Social' pero siempre está (…) eso me encantaría" (*Morena*, 47 años, TE, 31/10/17).

Por ejemplo, una graduada de la tecnicatura en Enfermería, que ya se encuentra trabajando hace tiempo, ante la pregunta de si va a continuar haciendo la licenciatura para finalizar su carrera de grado menciona

"Mi idea es estudiar psicología, que es algo que también me gusta hace mucho. A mí me gusta, porque llega un momento que me aburro, solamente trabajar es como que (…) y la licenciatura es más (…) [hace el gesto como que es más de lo mismo] para eso me tiro de lleno a lo otro que me gusta también mucho y veo si lo puedo terminar" (*Lía*, 38 años, TE, 14/07/17).

La última graduada menciona el aburrimiento, como motivo para querer mudar de profesión, probablemente esto tenga que ver con las tareas muchas veces rutinarias que el personal de Enfermería realiza. En el próximo apartado, nos enfocaremos en este tema.

Enfermería ¿una profesión netamente práctica?

Una de las creencias que se fue transmitiendo a lo largo de la historia de la profesión, es la de considerar al personal de Enfermería como "mini-médicos", como menciona Domínguez-Alcón et alt. (1983), *"poco sabios, pero en cambio hábiles y precisos en el ejercicio de su profesión*". La "práctica" ha tenido una gran importancia en Enfermería, por el hecho de no ser considerada una profesión con demasiados conocimientos teóricos, esta desventaja se vería compensada con ciertas habilidades prácticas, y ese es el motivo que hace valorar ese aspecto, según estos autores, para la enfermera *la práctica lo es todo.*

Según Sotomayor-Sánchez (2009), en Enfermería se encuentran dos orientaciones en el ejercicio de la profesión: 1) la primera orientada hacia el modelo médico, donde el/la enfermero/a es un eslabón auxiliar de la práctica curativa, donde la proliferación y modernización de sistemas hospitalarios, cada vez más especializados y complejos, van orientando los cuidados primordialmente al manejo de instrumentos y realización de técnicas y procedimientos, lo que termina convirtiéndose en un eje fundamental en la formación y destreza del personal de Enfermería; y 2) la segunda orientación se encuentra centrada en el conocimiento teórico, que justifica y da sustento a la disciplina, trata de buscar bases científicas que la fundamenten, creando un proceso de construcción teórica y metodológica.

El peso de estas orientaciones –práctica o teórica–, se presenta dispar en todos los países, ya sea en el ejercicio de la profesión, como también en ámbitos educativos, y depende del desarrollo que la profesión haya alcanzado en los mismos (Sotomayor-Sánchez, 2009). En Argentina, similar a los países de la región, debido a la escasez de personal, los/as enfermeros/as tienden a privilegiar instituciones curativas, como los hospitales, para desarrollar sus carreras profesionales, enfocados netamente hacia los cuidados clínicos, con una sobrevaloración de la "práctica". Mientras que hay una doble desvalorización, por un lado, los modelos basados en la promoción de salud y preventivos de la enfermedad; y por otro, la formación teórica (OPS, 2019). Incluso, en el ámbito de la profesión hay un escaso estímulo, tanto material como simbólico, que aliente a realizar estudios superiores, necesarios para desarrollar tareas de investigación, como determinantes en la construcción y consolidación de la disciplina (OPS, 2019; Sotomayor-Sánchez, 2009).

Por todo lo mencionado, el objetivo en este apartado es poder rastrear en las representaciones que tienen los/as graduados/as hacia qué orientación se inclinan, sí más cercano a lo práctico o si se puede percibir algún esbozo de interés en el desarrollo teórico. Hay que recordar que si bien los/as graduados/as están en la etapa que Ramió-Jofre (2005) denomina, *etapa profesional inicial,* dado que su proceso de socialización profesional es reciente, pero, aun así, nos permite conocer las expectativas que tienen, ya sea en seguir algún tipo de estudios a nivel superior que nos pueda llevar a suponer algún tipo de interés hacia la investigación, o solamente desarrollar la "practica".

Primeramente, hay que mencionar que en general los/as graduados/as de Enfermería tienen una marcada inclinación hacia la parte asistencial de la profesión, por sobre lo comunitario. El ámbito asistencial en instituciones hospitalarias, es el espacio más conocido donde se desempeñan los/as enfermeros/as, y es el primer lugar que se piensa cuando se planifica el recorrido profesional, es decir hay un mayor énfasis en "tratar enfermedades" que, en prevenirlas (OPS, 2019). La UNDAV, tiene a nivel general una fuerte impronta comunitaria, visibilizada por la presencia de una materia que es transversal a todas las carreras –Trabajo Social Comunitario–, cuyo objetivo es que los estudiantes conozcan su entorno y conozcan las principales dificultades que tiene la población donde se encuentra inserta la universidad, y que de alguna manera puedan instrumentar algún tipo de solución[19].

En relación a la materia mencionada, *Débora*, graduada del título intermedio de la licenciatura en Enfermería, menciona que las prácticas comunitarias que tuvo en la carrera "no le sirvieron de nada" a la hora desenvolverse adecuadamente en los hospitales

"Por ahí se hizo mucho hincapié en algunas prácticas [se refiere a la materia Trabajo Social Comunitario] que eran demasiado comunitarias (…) Ahora cuando tuve que salir sola a la práctica hospitalaria, lo comunitario lo tenía súper guardado en el corazón y me ayudo un montón, pero a la hora de poner una vía, poner una sonda [mueve negativamente la cabeza]" (*Débora*, 28 años, EU, 11/10/19).

Otra graduada comenta al respecto:

"esa materia [Trabajo Social Comunitario] la tuvimos los 3 años y la verdad que no nos sirvió para nada. Íbamos a lugares, generalmente eran todos comedores o radios y hacíamos trabajos que no modificaban en nada ni la sociedad ni nos modificaba a nosotros (…) nunca entendimos bien el porqué de la materia" (*Dora*, 29 años, TE, 04/12/16).

Además, la carrera de Enfermería que se dicta en la UNDAV hay 3 tipo de orientaciones[20] con la que egresan los/as graduados/as, cada uno de los/as estudiantes debe elegir entre una de ellas, las mismas son, Orientación en Enfermería en Atención al Paciente Crítico (APC);

---

19 Entrevista con autoridades de la Carrera de Enfermería de la UNDAV, realizada el 28/08/2014.

20 Estas 3 orientaciones, rigen para aquellos graduados que cursaron el ciclo de la licenciatura en Enfermería.

   ASALARIZACIÓN y PROFESIONALIZACIÓN

Orientación en Enfermería Generalista (EG); y Orientación en Enfermería en Salud Comunitaria (SACO). Si bien la orientación EG, se podría decir que es intermedia entre las otras dos orientaciones, pero tanto APC como SACO, sus orientaciones son muy claras, la primera vinculada a lo asistencial en áreas cerradas, como las unidades de terapia intensiva, tanto de adultos como las pediátricos, mientras que la otra orientación, se centra más en lo comunitario. Una graduada que le gustaba la orientación en comunitaria menciona:

"En mi año éramos dos los que habíamos elegido comunitaria, que habíamos elegido esa orientación y en el primer cuatrimestre me acuerdo no se abrió porque no había alumnos para esa orientación (…) todos eligieron cuidados críticos o generalista" (*Aldana*, 33 años, EU, 28/03/17).

La segunda inclinación de los/as graduados/as en Enfermería es la práctica, la pericia técnica, con una visión de que las materias de tipo más teóricas no son de gran utilidad, así lo refiere Gladys *"no me sirvieron mucho, pero son materias que hay que cursar igual"* (*Gladys*, 37 años, TE, 2510/18). En el caso particular de la UNDAV, una gran mayoría de los/as graduados/as entrevistados menciona que les faltó práctica para poder desenvolverse en el campo asistencial de manera idónea, así lo cuenta *Sol "afianzar un poco (la práctica) eso porque es todo competencia, el trabajo es todo competencia y están con los ojos sobre vos"* (51 años, TE, 18/10/16), mostrando que lo que se espera de Enfermería es, prontitud para realizar la tarea, y capacidad para hacerla bien.

Según Francisco del Rey (2008), la percepción de falta de práctica, tiene que ver con el contexto diferente que representa el ámbito hospitalario del universitario, en el primero, el desenvolvimiento es más rutinario que reflexivo, al contrario de lo que se pide en el aula, razón por lo cual el proceso de enfrentar la realidad termina generando ansiedad entre los/as alumnos/as

"En la teoría lo ves perfecto, pero cuando vos vas a la práctica te lleva mucho tiempo practicar lo que es poner una vía para poner un suero, eso lleva mucho más de lo que parece y son cosas que a uno todavía le cuesta y, es más, hablando con los mismos enfermeros y enfermeras del trabajo te dicen que lleva años perfeccionarte" (*Rodolfo*, 28 años, EU, 16/02/17).

Este perfeccionamiento que menciona el graduado en la realización de diferentes técnicas que le competen a Enfermería y que se ejecutan en el hospital, es el perfeccionamiento de una rutina, algo que va paulatinamente alejando a los/as enfermeros/as de una práctica más reflexiva. Este accionar más reflexivo significa "saber el por qué" se realizan algunas cuestiones. Pero también esta rutinización se termina volviendo muy monótona y poco estimulante, lo que obliga a los/as enfermeros/as a buscar estrategias, aunque sea de manera tentativa, para sobrellevar las tareas. Así lo menciona *Dora,* quien trabajó como auxiliar de Enfermería, y ahora se desempeña en una terapia intensiva

> "En cuanto a los trabajos uno (…) siempre se vuelve muy (…) [aburrido] cuando pasas mucho tiempo, yo creo que se vuelve algo muy monótono, entonces empezás a dejar de estudiar, te olvidas un poco de lo que pensabas al principio [de seguir aprendiendo], por eso que por ahí cambiar de trabajo o de sector, cambia, renueva esas ganas de aprender" (*Dora,* 29 años, TE, 04/12/16).

Otras estrategias vinculadas, ya sea para superar la monotonía mencionada, por exigencias tanto del mercado laboral y de la profesión, o simplemente por el deseo de progresar en la carrera, se encuentra relacionado con continuar los estudios, pero estos generalmente se enfocan hacia especialidades que priorizan la parte práctica, lo que los vuelve al mismo punto, pero en un nivel superior, como un espiral. Cuando se le pregunta a Iván qué cursos le gustaría realizar y los motivos que lo impulsan, a su mente solo le vienen aquellas especializaciones que tienen que ver con profundizar la parte práctica en determinadas áreas:

> "Para tener más conocimientos, para poder ampliar los conocimientos míos como profesional, tenés que tener la sabiduría, la habilidad para poder resolver esos problemas. Porque hay distintos rubros en la Enfermería, cuidados crítico, cuidados paliativos, tenemos, hay muchas especializaciones me entendés y bueno vos no vas a salir sabiendo de una escuela todas las especialidades, vos te tenés que especializar en lo que vos querés" (*Iván,* 43 años, TE, 28/10/16).

Muchos graduados referencian que les faltó teoría en materias vinculadas con el modelo biomédico, como puede ser biología o farmacología *"Las materias están bien, por ahí tal vez, el tema de biología que eran menos las horas, eran pocas a mi parecer, que eran muy cortas como el de farmacología"* menciona *Ada* (38 años, EU, 15/11/16)

> "Yo le daría mucho más énfasis (…) al tema de la farmacología, un poco más de biología, eso estaría bueno, también de agregar más conocimientos en el tema de las patologías, epidemiología y control de infecciones" (*Vanina,* 35 años, 28/10/16).

     ASALARIZACIÓN y PROFESIONALIZACIÓN

Estas percepciones que mencionan los/as graduados/as es entendible, y en gran parte justificable, ya que este tipo de conocimientos es fundamental para poder desarrollar una práctica de Enfermería asistencial de manera reflexiva, como lo mencionamos antes. Pero cuando este tipo de materias –las biomédicas– se encuentra sobredimensionado en la percepción de los/as enfermeros/as, por sobre las diferentes materias que conforman el currículo de la carrera, más vinculadas al conocimiento propio de la profesión, o materias que permitan un bagaje más teórico, allí es donde se aprecia una orientación solo hacia la práctica.

Una graduada que previamente a estudiar en la UNDAV, intentó estudiar Enfermería en otra escuela, al cursar una materia relacionada con historia, mencionaba

"Igual después no se para que te sirve, la verdad que no entiendo en que encajaría está materias en Enfermería, porque no deja de ser historia, es historia en realidad (…)" (*María*, 47 años, TE, 14/03/17).

Sobre la importancia de historia en general y de la Enfermería en particular, Morrone (2012) menciona que, no se puede fortalecer la profesión sin la búsqueda de su propia historia, y el déficit de investigaciones sobre la historia de la Enfermería es un indicador de la subordinación en la que se encuentra. Según Sotomayor-Sánchez (2009), hablar de historia de la Enfermería no es recordar únicamente fechas o personas, sino es indagar y analizar hechos pasados para comprender la profesión y así explicar el presente y proyectar un futuro que consolide a la disciplina.

Pero historia no es la única materia considerada como improductiva, una graduada que no se encuentra interesada en realizar la licenciatura, estima que dar ese paso, implicaría una pérdida de tiempo, dado que el tener que estudiar temas vinculadas a cuestiones éticas y legales, no es imprescindible para el ejercicio de la profesión

"la licenciatura es más (…) cuestiones legales y éticas que no tienen mucho que ver con la Enfermería en sí y para perder 2 años en eso (…) [piensa dedicarse a estudiar otras cosas]" (*Lía*, 38 años, TE, 14/03/17).

Justamente, un paso fundamental para poder empezar a pensar el desarrollo de la profesión, tiene que ver con finalizar la formación de grado, es decir, alcanzar el título de licenciado/a en Enfermería. En nuestro país, según el Observatorio de Recursos Federal de Recursos Humanos (OFERHUS, 2016), la relación entre la cantidad de licenciados/as en Enfermería por cantidad de enfermeros/as, es en promedio, de un licenciado/a por cada 3 enfermeros/as (3,4), sin contar a los auxiliares de Enfermería[21], y representa el número más bajo de licenciados en todo el continente americano (Cassiani et alt., 2018)[22]. Si bien, esos datos se comienzan a revertir lentamente, los mismos muestran un limitado interés en continuar la licenciatura, una de las causas, tiene que ver con lo laboral, donde no se percibe un gran reconocimiento a nivel salarial, sino además en la asignación de las tareas, donde, tanto para licenciados como para los enfermeros, sigue siendo la misma, generando frustración para los que realizaron el esfuerzo de formación (Iribarnegaray y Chauque, 2018), y desmotivante para aquellos que aún no lo hicieron y que se encuentran trabajando. Dos graduadas hacen referencia a la indiferenciación de tareas, y la escasa retribución económica en comparación con los demás enfermeros que no son licenciados:

"Te pagan un plus cuando sos licenciada (…) el trabajo va a seguir siendo el mismo, enfermero es siempre enfermero, no va a cambiar, pero lo que te dan es un poco más de sueldo" (*Gladys*, 37 años, TE, 25/10/18).

"La licenciatura no la hice porque veía que se ganaba 1000 pesos más que me decían, que no sé si es verdad. Ganabas 1000 pesos más que la enfermera profesional. Además, no sé si me voy a dedicar toda la vida a trabajar de enfermera (…)" (*Sonia*, 26 años, EU, 31/05/18).

Incluso entre los graduados recientes, hay ciertas reservas para concluir la formación. En el caso de una graduada, que hace alusión al escaso aporte que le agregaría completar la carrera de grado, ya que para ella representa solo una profundización de lo ya estudiado

"Yo escuchaba que compañeros de la camada mía que ya estaban haciendo el CCC [Ciclo de Complementación Curricular], se escuchaba como que hay materias que vos profundizás [los conocimientos] muchos más, como que volvés a ver [lo mismos contenidos de la tecnicatura] pero mucho más profundo" (*María*, 47 años, TE, 14/03/17).

Otra graduada que se encuentra en la parte final de la cursada para obtener la licenciatura, menciona:

---

21 En 2016 son los últimos datos disponibles del OFERHUS, donde muestra que el número de licenciados es de 25383 (13%), el de enfermeros 87172 (45%) y el de auxiliares de Enfermería 82274 (42%).

22 Según datos de 2015, el país tenía un 11% del total de enfermeros que eran licenciados en Enfermería, a modo de comparación Chile tenía 16,9%, Uruguay 20,7%, Brasil 23,8%, Bolivia 36,5%, Paraguay 40%, México 33,4%, y EE. UU. 58,2%.

"Me di cuenta que las materias de la licenciatura, te digo por mí, por ahí estoy equivocada, fue todo como un repaso de lo que ya habíamos visto en la carrera, como para reforzar un poquito" (*Nahir*, 46 años, EU, 14/02/17).

Estas situaciones –escaso reconocimiento económico, e indiferenciación de tareas– originan que la finalización de la carrera de grado, sea visualizada como poco estimulante, en vista del esfuerzo que implica el cursado de la misma.

Representaciones sociales sobre la profesión de Enfermería

Con el objetivo de acceder al conocimiento de estas significaciones, se considera el concepto de representaciones sociales como una forma de conocimiento socialmente elaborado y compartido, además manifiestan las pertenencias sociales y culturales de los individuos, y en el seno de un grupo social aseguran la permanencia del grupo, consolidan su identidad, frente a los elementos perturbadores que funcionan como una amenaza y ordenando su conducta (Panaia y Bocchicchio, 2008).

Las Representaciones sociales en torno al trabajo pueden considerarse, en este sentido, como hitos identificatorios, dado que, en el caso de los Enfermeros, permite dar sentido a sus conductas, y entender la realidad desde su propio sistema de referencia. En general las representaciones sociales que giran en torno a Enfermería como profesión son, la de un personal que la ejerce con ciertas características "naturales" para atender pacientes, con vocación de servicio y paciencia. Otras de las representaciones que circulan, tiene que ver con las funciones que realiza, vinculadas con "un trabajo sucio", la enfermera es la encargada de poner la chata o el orinal, poner inyecciones, y realizar la higiene de los pacientes, estas representaciones tienden a desconocer la base de conocimientos técnicos que Enfermería posee. Algo que también es muy habitual en las representaciones que se tienen de la profesión, es que, en el ámbito del hospital, el medico es el personal de salud más importante y es el que manda, por ende, Enfermería solo se tiene que limitar a obedecer sus órdenes (Montes-Jimenes, 2002).

La importancia de conocer las representaciones sociales que se tienen sobre la profesión de Enfermería es que, nos permite actualizar –en un contexto de déficit de personal–, las ideas que se tienen sobre la misma, tendientes a modificarlas. Por esto, el objetivo en este apartado consiste en mostrar estas representaciones sociales entre los graduados y su entorno.

En el relato que hacen los/as graduados/as sobre su ingreso a la universidad para estudiar Enfermería, se reflejan las representaciones que circulan en torno a la profesión.

Una graduada que rememora lo que le significaba a ella empezar a estudiar Enfermería, menciona:

"yo tenía otra idea en realidad de lo que era Enfermería, pensé que era algo más simple, en relación a esto de los roles y las competencias de Enfermería que pasa hasta hoy eso que la visión que la gente tiene que bueno que (…) después ya al inicio de la cursada me fui dando cuenta que no, que el pensamiento que yo tenía era muy acotado a lo que realmente es" (*Mayte*, 25 años, EU, 01/12/16).

También se puede percibir la representación que se genera con respecto a la función que debe cumplir el/la enfermero/a

"cuando yo me anoté para Enfermería yo dije bueno me van a enseñar a poner una inyección, a poner qué se yo una sonda [hace referencia a colocar una sonda nasogástrica o sonda vesical] decía yo en ese momento, poner una chata, a bañar un paciente o sea eso fue lo que yo pensé que me iban a enseñar" (*Ailén*, 59 años, TE, 30/10/17).

Otro graduado, que tuvo que abandonar la carrera de medicina que había iniciado, ante la sugerencia de estudiar Enfermería, en su respuesta se observa el estatus inferior que tiene la profesión, vista en este caso, desde los estudiantes de medicina

"yo le dije 'mirá yo empecé medicina y no me gustó por esto, esto y esto' y me dice, '¿no probaste con Enfermería?', y yo claro en ese momento venía con la cabeza de medicina y que lamentablemente ve a la Enfermería como otra parte de medicina, como algo menor [de menor estatus] yo pensaba que solamente era limpiar pacientes, bañar pacientes" (*Rodolfo*, 28 años, EU, 16/02/17).

Débora ilustra muy bien lo que muchos piensan a la hora de estudiar Enfermería

"'¿una enfermera qué hace?' pone la chata, pone inyección, pone el suero y de estar por ahí ahora un poco más ampliado la visión de la enfermera, pero yo pensaba lo que pensaba el común denominador y bueno por eso cuando me fui adentrando a lo que era realmente la profesión ahí es cuando me fue atrapando" (*Débora*, 28 años, EU, 11/10/19).

Otras de las representaciones que existen sobre Enfermería es que, es la encargada únicamente de las labores más abyectas, vinculadas con tareas que generan asco, miedo, rechazo, repulsión, como menciona Kristeva (1988) *"esos humores, esta impureza, esta mierda, son aquello que la vida apenas soporta, y con esfuerzo"*. Este esfuerzo para soportar estas tareas es lo que –erróneamente– se considera como innato, vocacional, es decir, la idea que para ser enfermera *"hay que nacer preparado para eso"*. Una graduada en su relato nos muestra cómo percibía su familia y ella misma a la profesión antes de ingresar a la universidad

> "cuando le contaba a mi familia, a mis hermanas, nadie, nadie podía creerlo ni de mi familia, ni de la familia de mi marido que yo iba a estudiar Enfermería. Les parecía raro, porque yo en un principio tenía esa cosa de que yo veía a un chico o a una persona tener náuseas o vomitar y vomitaba antes que la persona, una cosa así" (*Aldana*, 33 años, EU, 28/03/17).

Muchas veces las representaciones que se forjan se alimentan de eventos que son visibles, palpables, y tiene que ver con uno de los condicionantes que tiene la profesión desde que se instituyó de manera profesional, y es, la subordinación a la medicina, si bien la mayoría de las veces esta subordinación se encuentra solapada en la relación laboral, otras veces se traduce en experiencias violentas, que generan impotencia, tal el caso de *Lila* que trabajaba en el servicio de neonatología quien tuvo un problema con el jefe médico, por tomar un bebé de la incubadora y dárselo a los padres,

> "Lo saqué de la incubadora, se lo di a la mamá y me empezó a gritar [el médico] adelante de los padres, a decirme: ¡cómo se le ocurre sacarlo de la incubadora! ¡¿quién la autorizó?! Bueno, le dije. En ese momento, él lo agarró y lo puso adentro, [al bebé] se lo sacó a la madre y lo puso adentro de la incubadora. Entonces dije: yo cerré el pico, lo dejé así y cuando se fue le dije: 'mire, yo tengo el conocimiento y está dentro de mis funciones independientes sacar a un bebé de la incubadora porque no tiene ninguna contraindicación para hacer y usted no es quien para gritarme adelante de los padres y desautorizarme'" (*Lila*, 48 años, LE, 19/12/16).

> "y ante éste o cualquier problema con un médico, la respuesta era siempre la misma 'mirá, si no te gusta, te vas. Acá las cosas se hacen así'. Y, bueno, por mis compañeras [aguantaba por sus compañeras de trabajo] dependía su casa (…) [en referencia que de ese ingreso económico dependía la manutención de su hogar]".

Con el tiempo la enfermera se vio obligada a renunciar.

En otro caso, la graduada cuenta que había empezado a trabajar en una clínica y se tuvo que ir por actos de violencia médica

> "a todos gritaban muchísimo, yo estuve 3 semanas y en esas 3 semanas fueron terribles (…) había durado bastante, ahí no duran ni 3 días ahí, me fui 2 veces llorando de ahí, porque el médico te grita por todo por más que estés haciendo

las cosas, te grita, era el dueño y estaba en el office de Enfermería y por todo gritaba, muy arrogante" (*Daría*, 23 años, EU, 15/12/17).

Los problemas laborales son muy frecuentes en un ámbito hospitalario, debido a la gran heterogeneidad de disciplinas que se entrecruzan, una graduada así lo menciona cuando se le pregunta, sí en el ámbito laboral hay trabajo en equipo

"Bueno, sí. Es lo que nos enseñaron a nosotros, pero, bueno, lamentablemente a veces (…) en la práctica no se ve (…) [en relación a los conflictos] Es muy triste, a veces, viste, que uno va con el librito bajo el brazo y te encontrás con otras realidades. Yo calculo que en todos lados debe ser igual" (*Natividad*, 35 años, EU, 06/03/17).

Pero muchos de los conflictos laborales se dan entre pares, *Natividad* menciona:

"También me gustaría armar algo [alguna especie de protocolo] en lo que es esto (…) [hace alusión a los conflictos con sus compañeras] en la relación del personal. Me encantaría armar algo porque hay demasiado puterío barato (sic), horrible y así no se puede trabajar" (*Natividad*, 35 años, EU, 06/03/17).

Esto vuelve a la profesión muy desgastante, y más si se le suma la escasa participación que se le otorga a los/as enfermeros/as

"En el tema más de la administración o de conocimientos no te toman en cuenta o sea no te piden opinión, no generan ningún interés para que la Enfermería pueda hablar o generar otras herramientas de trabajo" (*Dina*, 24 años, EU, 31/03/17).

Para finalizar, una graduada nos relata lo que le dijo la madre, que durante toda la vida trabajo de enfermera, cuando le contó que iba a estudiar Enfermería

"Mi mama fue enfermera y siempre me decía 'dedícate a otra cosa, ni se te ocurra ser enfermera'" (*Lía*, 38 años, TE, 14/03/17).

Nos parece que, en esta última recomendación que la realiza una enfermera que durante toda su vida trabajó en la profesión, refleja en parte lo desgastante que puede llegar a ser la profesión de Enfermería con los años.

Si bien, como fuimos marcando, algunas de estas representaciones sobre la profesión son erróneas, por ejemplo, la de tener cualidades innatas para realizar determinadas tareas, otras tienen un gran asidero, como las que fuimos viendo, una subalternidad en relación a la medicina, relaciones conflictivas no solo entre pares, sino también con otros trabajadores, y en general una falta de reconocimiento. Temas que se tendrán que trabajar, para poder cumplimentar una de las recomendaciones que realiza con mucha insistencia la OPS (2019), la de mejorar las condiciones del medio ambiente del trabajo, ya que esto redundará en poder tener profesionales de Enfermería motivados y comprometidos con la tarea. Esto probablemente influya en las representaciones sociales futuras que se tengan de la profesión.

Reflexiones finales

A modo de conclusión podemos decir, en relación a lo vocacional de la profesión, que no resulta novedoso haber encontrado graduados/as que dejen traslucir en sus respuestas esta veta vocacional de ayudar al prójimo. Y también es conocido que este deseo, que se manifiesta en la atención de los pacientes, no es reconocido por los que contratan el servicio, y muchas veces es utilizado para sobrellevar las tareas en condiciones deficientes, que incluyen bajos salarios, sobrecarga de pacientes y falta de insumos, y ante cualquier tipo de reclamo del personal de Enfermería para mejorar esas condiciones, el discurso siempre se orienta a "el paciente no tiene la culpa", poniendo a los enfermeros en un dilema que los termina dividiendo, y restando fuerza a sus reclamos.

Algo que resulta interesante, es haber podido detectar en una gran cantidad de relatos, un interés económico, como motivo para elegir la carrera de Enfermería, debido a que detrás de ese interés se esconde una visión que, hasta hace no mucho tiempo, estuvo tapada en la profesión, y es la de visualizar las tareas de Enfermería como un trabajo. Esta visión abre un sin fin de posibilidades de crecimiento a la profesión, dado que posibilita futuras reivindicaciones en sus condiciones laborales.

A su vez, llama la atención la alusión de algunos/as graduados/as de tomar a la profesión de Enfermería como un escalón para alcanzar alguna otra disciplina. Esto puede ser algo para ser profundizado en otros estudios que aporte evidencia sobre lo mencionado por la OPS, la incapacidad de la profesión para retener a sus profesionales, agravando la escasez del personal.

Ahora si analizamos la orientación que tienen los/as graduados/as, observamos que se encuentra sobredimensionada la parte práctica a nivel asistencial, y esto es debido a una idea muy extendida que el trabajo de los/as enfermeros/as se desarrolla preponderantemente dentro de instituciones hospitalarias, por lo que el gran anhelo de los/

as estudiantes y graduados/as recientes, es poder desenvolverse con habilidad ante cualquier requerimiento en dicho ámbito. La pregunta que surge, una vez que el trabajador/a ha perfeccionado la práctica con los años y se tienda a volver rutinario ¿y ahora qué? muchos de los graduados visualizan una salida docente, enseñar lo que ellos han perfeccionado con los años, la práctica. Esta orientación en la habilidad técnica, los hace valorar aún más las materias biomédicas, como fisiopatología, farmacología, etc., ya que son esas materias las que justifican y dan entendimiento a esa práctica, dejando las materias que tratan temas netamente teóricos de la profesión, de lado. Esto conlleva a que, las especialidades de preferencia para continuar los estudios, sean aquellas que buscan profundizar el conocimiento "práctico" para desempeñarse de manera acorde en áreas críticas, tanto de adultos como pediátricas.

Otras de las cuestiones, tiene que ver con la finalización de la carrera de grado, aunque la matriculación de licenciados en Enfermería en el país vaya en aumento, aún no está extendido del todo el poder completarla. Numerosas razones se esgrimen para justificar la no consecución de la carrera de grado. Demasiado esfuerzo y escasa retribución, tanto económica, como una indiferenciación de tareas con el personal que solo tiene el título intermedio.

Con respecto a las representaciones sociales que se tienen sobre la profesión de Enfermería, son vinculadas a un trabajo socialmente necesario, pero con tareas asignadas como "desagradables", para el que hay que tener ciertas características para poder sobrellevarlas. También es visualizada como una profesión de menor jerarquía con respecto a la medicina, y sobre todo subordinada a ella.

Queda pendiente para futuros trabajos adentrarse en otros condicionamientos profesionales detectados, la feminización de la profesión, la baja actividad corporativa y a la vez profundizar otros, como la subordinación a la medicina.

Bibliografía

Abramzón, M. (2005) *Argentina: recursos humanos en salud en 2004*, Buenos Aires, OPS.

Armus, D. (2000) "El descubrimiento de la enfermedad como problema social". En Lobato, Mirta (Dir.), *Nueva Historia Argentina, Tomo 5, El progreso, la modernización y sus límites (1880-1916)*, Buenos Aires, Sudamericana.

Attewell, A. (1998) *Perspectivas: revista trimestral de educación comparada*, N° 1, vol. XXVIII, marzo, París, UNESCO, Oficina Internacional de Educación.

Borgeaud-Garciandia, N. (2018) *El trabajo de cuidado*, 1ª ed., Ciudad Autónoma de Buenos Aires, Fundación Medifé Edita.

Campetella, A. & González-Bombal, I. (2000) "Historia del Sector sin Fines de Lucro en Argentina", *CEDES*, 11, p. 3.

Cassiani, S. H. B., Hoyos, M. C., Barreto, M. F. C., Sives, K., da Silva, F. A. M. (2018) "Distribución de la fuerza de trabajo en Enfermería en la Región de las Américas", *Rev. Panam Salud Publica*, 42. [https://doi.org/10.26633/RPSP.2018.72].

Correa-Luna, C. (1923) *Historia de la Sociedad de Beneficencia* (Tomo I y II), Buenos Aires, Sociedad de Beneficencia de la Capital.

Domínguez-Alcón, C., Rodríguez, J. y de Miguel, J. (1983) *Sociología y Enfermería*, Madrid, Editorial Pirámide.

Fiquepron, M. (2017) "Los vecinos de Buenos Aires ante las epidemias de cólera y fiebre amarilla (1856-1886)", *Quinto Sol*, N° 3, vol. 21, septiembre-diciembre.

Francisco del Rey, C. (2008) *De la práctica de la Enfermería a la teoría enfermera. Concepciones presentes en el ejercicio profesional*, Tesis Doctoral, Departamento de Psicopedagogía y Educación Física, Universidad de Alcalá.

González-Leandri, R. (2012) "Itinerarios de la profesión médica y sus saberes de Estado. Buenos Aires 1850-1910". En Plotkin, M. y Zimmermann, E. (Comps.), *Los Saberes del Estado*, Buenos Aires, Edhasa.

Guillén, M. (1990) "Profesionales y burocracia: Desprofesionalización, proletarización y poder profesional en las organizaciones complejas", *Reis: Revista Española de Investigaciones Sociológicas*, N° 51 (julio-septiembre), pp. 35-51.

Iribarnegaray, N. y Chauque, R. (2018) "Tensión entre formación y demanda de Enfermería en el conurbano sur". En Panaia, M. (Coord.), *Profesión e innovación en un contexto flexible*, Buenos Aires, Miño y Dávila editores.

Jodelot, D. (1986) "La representación social: fenómenos, conceptos y teoría". En Moscovici, S. (Ed.), *Psicología Social II*, Barcelona, Paidos.

Kergoat, D. (1997) "La enfermera coordinada". En Hirata, H. y Kergoat, D., *La división sexual del trabajo. Permanencia y cambio*, Buenos Aires, Trabajo y Sociedad - Centro de Estudios de la Mujer de Chile - PIETTE/CONICET.

Kérouac, S., Pepin, J., Ducharme, F., Duquette, A. y Major, F. (1996) *El pensamiento enfermero*, Barcelona, Elsevier Masson.

Kristeva, J. (1988) *Poderes del horror. Sobre la abyección* (Trad. Nicolás Rosa), Madrid, Siglo XXI.

Martin, A. L. (2012) "Cuidar en Buenos Aires. La Enfermería porteña (1886-1940)", *Sociedades, Cuerpos y Saberes Biomédicos*, V Taller de Historia Social de la Salud y la Enfermedad, Buenos Aires, 3 al 5 de octubre.

Martin, A. L. (2014) *Parir, cuidar, asistir. El trabajo de las parteras y enfermeras en Buenos Aires (1877-1955)*, Tesis Doctoral, Facultad de Filosofía y Letras, Universidad de Buenos Aires.

Micha, A. (2015) "Las condiciones de trabajo de la Enfermería en Argentina: algunos determinantes político-institucionales", *Revista de Estudios de Trabajo*, N° 49/50, Buenos Aires.

Montes-Jiménez, F. (2002) "La Enfermería, una breve aproximación sociológica. Desde donde y hacia dónde", *Cultura de los cuidados*, N° 11, Año VI, 1° semestre, Madrid.

Morrone, B. (2012) *Soltando amarras. Claves para comprender la historia pendiente de la Enfermería argentina*, 2° ed., Mar del Plata, Ed. Suárez.

Nash, M. (2004) *Mujeres en el mundo. Historia, retos y movimiento*, Madrid, Ed. Alianza.

Novick, M. y Galín, P. (2003) *Flexibilidad del mercado de trabajo y precarización del empleo. El caso del sector salud*, Observatorio de RRHH en Salud en Argentina, Buenos Aires, OPS/OMS.

Observatorio de Recursos Humanos en Salud (2015) *Los recursos humanos de salud en Argentina*, Ministerio de Salud.

Observatorio Sindical de la Salud Argentina (2018) *Informe OSINSA 2018*, Buenos Aires, FATSA.

Organización Panamericana de la Salud (2019) *Orientación estratégica para Enfermería en la Región de las Américas*, Washington, D.C., OPS.

Panaia, M. (2006) *Trayectorias de ingenieros tecnológicos. Graduados y alumnos en el mercado de trabajo*, Buenos Aires, Miño y Dávila.

Panaia, M. y Bocchicchio, F. (2008) "Trabajo nocturno y trabajo por turnos en empresas recuperadas: El caso de Ghelco". En Panaia, M. (Coord.), *Sociología del Riesgo. Accidentes de trabajo en el sector informal*, Buenos Aires, Miño y Dávila.

Paugam, S. (2015) *El trabajador de la precariedad: Las nuevas formas de integración laboral*, Ciudad Autónoma de Buenos Aires, Fundación de Educación y Capacitación para los Trabajadores de las Construcción.

Pereyra, F. y Esquivel, V. (2017) "Trabajadoras y Trabajadores del Cuidado en Argentina", *Revista Nucleo Básico de Revistas Científicas* (Caityt-Conicet), N° 28, Trabajo y Sociedad, Santiago del Estero, verano.

PRONAFE Programa Nacional de Formación en Enfermería. Disponible en: [https://www.argentina.gob.ar/sites/default/files/2017-03-03-programa-nacional-de-formacion-en-enfermeria.pdf].

Ramacciotti, K. (2019) "La profesionalización del cuidado sanitario. La Enfermería en la historia argentina". En *Trabajos y Comunicaciones* (49), e081. [https://doi.org/10.24215/23468971e081].

Ramacciotti, K. y Valobra, A. (2017) "El dilema Nightingale: controversias sobre la profesionalización de la Enfermería en Argentina 1949-1967", *Dynamis*, 37 (2), pp. 367-387.

Ramió-Jofre, A. (2005) *Valores y actitudes profesionales. Estudio de la práctica profesional enfermera en Catalunya*, Tesis Doctoral, Departamento de Sociología, Facultad de Ciencias Económicas y Empresariales, Universidad de Barcelona.

Reyes-Gómez, E. (2009) *Fundamentos de Enfermería: ciencia, metodología y tecnología*, México, El Manual Moderno.

Sautu, R., Boniolo, P., Dalle, P. y Elbert, R. (2005) *Manual de metodología. Construcción del marco teórico, formulación de los objetivos y elección de la metodología*, Buenos Aires, CLACSO.

Sotomayor-Sánchez, S. (2009) "Dimensión teórica conceptual de la Enfermería disciplinar". En Reyes-Gómez, E., *Fundamentos de Enfermería: ciencia, metodología y tecnología*, México, El Manual Moderno.

Veronelli, J. C. & Correch, M. (2004) *Los orígenes institucionales de la Salud Pública en la Argentina*, Tomo 2, 1ª Ed, Buenos Aires, OPS/OMS.

Wainerman, C. y Binstock, G. (1992) "El nacimiento de una ocupación femenina: La Enfermería en Buenos Aires", *Desarrollo Económico*, N° 126, vol. 32, Jul.-Sep., pp. 271-284.

Wainerman, C. y Binstock, G. (1994) "Género y calificación en el sector de Enfermería", *Revista Estudios del Trabajo*, N° 7, ASET, Buenos Aires, Primer Semestre.

Mujeres en espacios masculinizados o la imposibilidad de mirarse al espejo

Marta Panaia

Tradicionalmente, a las mujeres les cuesta hacerse un lugar en los ámbitos de trabajo predominantemente masculinos. Sin embargo, con la tendencia actual de la evolución empresaria hacia la incorporación de tecnologías informatizadas y los servicios, la feminización de los puestos de trabajo es casi ineludible por las propias condiciones que pueden aportar las mujeres a esos contextos de trabajo, como la posibilidad de escucha, la capacidad de investigación, la intuición el logro de consensos, etc. En la práctica, los procesos que se observan de incorporación de las mujeres en estos sectores es lenta y si bien hay avances estos resultan más pioneros que normales. Son una excepción las cuatro mujeres técnicas que trabajan en la industria de litio, en condiciones extremas o las 12 mujeres pilotos aerocomerciales, así como las profesionales en algunas ramas de la Ingeniería reservadas casi exclusivamente a los hombres.

Como señalan Maruani y Rogerat (1995: 524 y ss) la persistencia de estas dificultades en un marco general de desempleo y de crisis, convierte las diferencias de la división sexual del trabajo para limitar la participación de cada sexo en el mercado de trabajo y el reconocimiento de cargos y salarios en un espacio privilegiado para profundizar el tema y para observar la existencia o no de mecanismos de transformación de esa situación.

En esta dirección, los modelos de organización del proceso de trabajo vigentes llevan a definir los desafíos de investigación que plantea la transformación del mercado de trabajo, las políticas de empleo y salarios y las políticas de formación. La tercerización de las economías muestra un aumento de los empleos precarios y de baja remuneración, que se concentra en los empleos de baja calificación, generalmente realizados por mujeres.

En Argentina, la proporción de mujeres es muy alta en los trabajos de la esfera doméstica o reproductiva, que ella suele utilizar para insertarse en la esfera comercial y obtener un ingreso. Con el aumento de las desigualdades sociales entre los sexos, tienen mayor heterogeneidad los empleos de las mujeres, sin embargo persisten las dificultades para incorporarse en áreas muy masculinizadas. Para el caso argentino la cantidad de mujeres en edades activas[1] en los diez últimos años, aumentó en valores absolutos de 14.953.304 en 2010 a 16.411.334 en 2020, o sea que hay 141.274 mujeres más presionando en la oferta de mano de obra, entre 2010 y 2020. Si bien estos datos surgen de una proyección del INDEC, ya que el último censo se realizó en 2010, es posible pensar que la presión sobre el mercado de trabajo de la oferta femenina, crece. Para el mismo período y la misma fuente, la cantidad de hombres pasó de 14.613.347 en 2010 a 16.261.313 en 2020, o sea que aumentó en 166.722 hombres. Independientemente del volumen de la oferta en el mercado de trabajo, la distribución por ramas y por actividades todavía tiene una tendencia bastante estable, las modificaciones que se pueden observar en algunas ramas que permiten un acceso limitado de la mujer, no alcanza a construir una forma diferente de división sexual del trabajo. Este es un fenómeno bastante universal, no se da solamente en el país.

Efectivamente, según Maruani y Merón (2012)

"La tendencia actual de la producción, con la utilización de las tecnologías informatizadas y hacia los servicios, incorpora la feminización como uno de los procesos frecuentes, que aparece como congruente con las nuevas exigencias relacionales y comerciales. La velocidad a la que se incorporan los hombres y las mujeres en estos procesos es diferente en cada sistema productivo, pero la tendencia general marca que los procesos de industrialización han sido predominantemente masculinos, mientras que la fuerte tendencia hacia la informatización y los servicios, tienen una fuerte tendencia feminista".

Si bien esta es la tendencia general, hay que señalar que sobre todo en los modelos híbridos se observan muchas variaciones en la organización del trabajo, la gestión de la mano de obra y las contrataciones de empleo según sexo, pero esta diversidad no termina, sin embargo, con la división sexual del trabajo.

Es por eso que persiste, aún en el ámbito científico una evaluación dicotómica de los nudos problemáticos a resolver. Esto se debe en

---

1   Se tomaron para ambos sexos las proyecciones del INDEC para el tramo de 10 a 69 años, que no es exactamente la definición de edades activas, pero que refleja mejor, los promedios de edad en que se trabaja en el país.

   ASALARIZACIÓN y PROFESIONALIZACIÓN

parte, a las teorías de mayor difusión sobre el análisis de género –neoclásica, institucionalista y marxista– que lo evalúan en esos términos, pero también a una evaluación estadística que insiste en utilizar las categorías que convalidan ese tipo de pensamiento económico, sin generar formas nuevas de medición.

Este trabajo, se propone problematizar por un lado, el enfoque epistemológico con que se analiza el problema y, por otra, analizar a través de estadísticas longitudinales que permiten trabajar con trayectorias, los avances de algunos de los mecanismos de promoción y participación que utilizan ambos géneros en la actividad profesional, incluso cuando llegan a los cargos jerárquicos, para adaptarse o modificar los esquemas persistentes[2].

Inscripto en el cuerpo

Es el mundo social el que construye la diferencia entre los sexos biológicos con la división sexual del trabajo, utilizando como justificación la diferencia anatómica de los cuerpos. Esto mediante una relación de causalidad circular que encierra el pensamiento en las relaciones de dominación, evidentes en la objetividad numérica como divisiones reales y en la subjetividad, como esquemas cognitivos que organizan la percepción de las mismas (Bourdieu, 1998).

Brevemente, este autor propone que, la definición social del cuerpo es producto de una construcción colectiva que sirve de fundamento en apariencia natural a la visión androcéntrica de la división del trabajo sexual. La sumisión femenina como una traducción natural de su posición subalterna, que queda limitada en una especie de confinamiento simbólico en la casa, en el vestido y en las tareas hogareñas, pero al mismo tiempo disponible cada vez que el hombre la reclame. Pero también es una trampa para el hombre, porque los privilegios masculinos funcionan como un sistema de exigencias donde siempre tienen que demostrar su virilidad y supremacía, para obtener la aceptación de los demás hombres.

---

2   Estos aportes forman parte de los resultados del Programa PAITE-UBA de Monitoreo de Inserción de Graduados, que recolectan datos cuantitativos y cualitativos en Facultades de Ingeniería Nacionales y Tecnológicas de distintas regiones del país, a través de los Laboratorios MIG desde 2002. Las entrevistas biográficas de los Laboratorios MIG, en distintas regiones del país, con técnicas longitudinales, permitieron, por un lado, evaluar trayectorias analizando las temporalidades sociales y, por el otro, conocer los caminos que permitieron u obstaculizaron el acceso a cargos de dirección y gerencia y el comportamiento en los ciclos vitales.

La visión androcéntrica permanece porque es continuamente legitimada por las prácticas mismas que ella genera. Lejos de afirmar que las estructuras de dominación son a-históricas. Bourdieu (1998) establece que ellas son el producto de un trabajo incesante de reproducción a la que contribuyen los agentes institucionales, familia, iglesia, estado y escuela, a través de la violencia física y simbólica. De esta forma captar el proceso por el cual se re-producen esas estructuras posiblemente permita detectar la dirección de los cambios y las modificaciones más significativas de la estructura dominante.

Para Bourdieu, la reproducción se sostiene a partir de la violencia física y simbólica que ejercen las instituciones socializadoras. La violencia simbólica se instituye por intermedio de la adhesión que las personas dominadas (en este caso las mujeres) aceptan porque no tienen otra alternativa que acordar con los dominantes, ya que no disponen de instrumentos de conocimiento que les permitan tomar conciencia de esta situación, y no pueden más que incorporar la relación de la dominación que aparece como una relación natural, o dicho de otra manera, una práctica cotidiana donde los esquemas de percepción y representación confirman la dominación.

La mujer, se asimila a esta situación y acuerda inconscientemente con los hombres aceptar los signos exteriores de una posición dominada. Muchas mujeres se muestran sumisas al modelo tradicional y muchas veces es el medio para adquirir una posición social. El reconocimiento de la dominación supone siempre un acto de conocimiento opaco o falso de las estructuras sociales inscriptas en el cuerpo. La noción de consentimiento no puede ser confundida por libre aceptación o acuerdo explícito. La conciencia dominada, fragmentada, contradictoria de las mujeres es invadida por el poder físico, jurídico y mental de la dominación masculina, que no es una simple idea sino un sistema de estructuras de socialización durablemente inscriptas en las casas y en los cuerpos (Bourdieu, 1998).

Brevemente tomar conocimiento de estos procesos son el mecanismo necesario para poder modificar y transformar las estructuras sociales y esto es una tarea que requiere tiempos, espacios y la construcción social de estructuras alternativas.

Tres dicotomías para la reflexión

El sistema profesional y el de formación funcionan como uno de los sistemas de segregación –horizontal y vertical– (Ibáñez y Vicente, 2017) precoz porque tiende a condicionar la elección de los oficios típicos por sexo. La formación secundaria y universitaria y el propio ámbito universitario adquiere un rol importante justo a la entrada del mercado de trabajo, a la que está fuertemente ligado y reproduce las discriminaciones y las desigualdades que lo caracterizan: oficios sexuados, segregación horizontal y vertical, concentración salarial, diferencias salariales, etc.

Las mujeres son más propensas a seguir trayectorias laborales tradicionales, si esto les asegura mayor progreso profesional y por otra parte, desde lo institucional las barreras para entrar en ciertas áreas de trabajo muy masculinizadas dificultan los avances, aumentan las posibilidades de acoso o de desvalorización de su trabajo. Por otra parte la segregación ocupacional es una de las mayores causas de las diferencias salariales entre los dos sexos (Ibáñez et alt., 2017; Goren y Trajtemberg, 2018; Strada et alt., 2018).

En el campo de la educación, particularmente universitario, se tiende a ocultar los mecanismos de la construcción de la segregación y de la producción de las desigualdades en el mundo profesional. Detrás de un discurso aparentemente igualitario positivo y transparente, se reproduce un reforzamiento de los estereotipos de género y se esconde el miedo de la presencia masiva del otro sexo.

Por otra parte, Lamanna et alt. (2014) menciona la idea muy expandida de que una débil presencia de mujeres en los oficios y profesiones técnicas más calificadas, se explican por su desinterés por esos dominios. Muestran que su resistencia a entrar en esos mercados está ligada a la anticipación que ellas hacen de dos tipos de dificultades: un acceso muy difícil a la profesión y una cotidianeidad profesional donde sus competencias profesionales son denigradas o desvalorizadas por el solo hecho de ser ocupadas por mujeres.

Por otra parte, las lógicas institucionales se mantienen centradas sobre la valorización de lo masculino –en el mercado de trabajo y de la formación– y esto juega un rol central en la reproducción de desigualdades y, en fin, contribuyen a confirmar en la vida cotidiana de los pioneros/as que se animan a nuevos caminos, que ésta está marcada por re-elaboraciones y recordatorios para ordenar y reproducir un determinado sistema social en materia de conformidad de género.

No hay suficientes estudios al respecto, pero sí, algunos indicios de que en sectores muy masculinizados, las mujeres que se incorporan sufren un fuerte proceso de masculinización para ser aceptadas y que no planteen resistencias a la dominación masculina, esto forma parte de la socialización y de los bloqueos a la transformación de las limitaciones de su participación y ascenso en la profesión (Panaia, 2018).

En este sentido, la reflexión sociológica, según Loch y Sztalryd (1995), interesa particularmente porque incluye la trayectoria personal y laboral[3] como un instrumento que analiza la intrusión del colectivo en la construcción del sí o de la identidad, por medio de los discursos científicos, religiosos, normativos y de sostenimiento económico, pero de hecho, otras lógicas que las de la voluntad condicionan la existencia de los sujetos. Las respuestas que un individuo da son necesariamente incorporadas en el discurso social, científico y cultural que opera como una orden y una norma y termina por decir a cada uno lo que debe hacer en tanto hombre o mujer.

Esta imbricación necesaria y estructurante entre lo particular y lo colectivo lleva a señalar y a cuestionar la evolución de las relaciones entre los sujetos, el sexo y el cuerpo socializado. Por eso señalan, que lo que se juega en esa trama identitaria, es la desigualdad entre hombres y mujeres –hay en esas trayectorias un profundo cuestionamiento a la distribución por sexo de las actividades y del acceso a las carreras profesionales y a los cargos jerárquicos–, que puede verse reflejada en el itinerario personal y en los contextos de cada sociedad, pero al mismo tiempo, es la que puede lograr transformaciones en la estructura social.

Según Ibáñez et alt. (2017), la lógica interna del concepto de trayectoria de formación y laboral, se puede analizar desde distintos momentos para analizar esta segregación ocupacional: la conciliación; la formación; el acceso a la profesión; los tipos de carrera y la influencia que significa ser minoría en el sector.

Por otra parte, según estas autoras, desde lo institucional no se realizan esfuerzos para superar los estereotipos de género y superar la segregación en el momento de la elección de carrera, esto es muy evidente, por ejemplo en el área de la informática, muy asociada a las matemáticas y a la lógica, que se asimila a lo masculino, mientras que una socialización indiferenciada en el área desde pequeños facilita el acceso para ambos sexos. Algo similar ocurre con las ingenierías que no muestran ningún indicador que atraiga la inscripción de mujeres en sus especialidades, unida a la ausencia de profesoras mujeres que puedan facilitar la identificación de las futuras ingenieras (Panaia, 2018).

La teoría feminista trata de salir de la lógica binaria y dejar de pensar de una manera dicotómica, siguiendo los dictados del pensa-

---

3   La trayectoria de formación-empleo es la que se utiliza como instrumento de base en los Laboratorios MIG de donde surgen los datos que dan base a este trabajo.

miento de Deleuze (1969) Deleuze y Guattari (2010), que plantean una lógica rizomática, alternativa que rompe con esas dicotomías impuestas por el sistema. Deleuze y Guattari (2010) señalan que el pensamiento unitario vuelve siempre al esquema dicotómico, mientras que para ellos, las unidades más que dividirse en dos, se diversifican y esto también ocurre en el campo de lo social, transformándose en multitudes. La dicotomía, en cambio, actúa sobre el objeto donde gravita la idea de bifurcación. La lógica binaria, vinculada al pensamiento clásico, piensa en términos de la unidad y no de la multiplicidad, que puede adoptar formas imprevisibles.

En esta dirección resulta importante definir las dicotomías preexistentes en el sistema para objetivarlas y ver la forma de visibilizarlas en el espejo. De esa forma subvertirlas e identificar los bloqueos y limitaciones que les impone el sistema, para impedir su superación.

La primera dicotomía: la división sexual del trabajo

La división sexual está inscripta, por un lado, en la división de actividades productivas, que están asociadas a la idea de trabajo tanto productivo como simbólico, donde se asigna a los hombres todas las actividades oficiales, públicas, de representación y en particular de todos los intercambios del honor y de la palabra. El hombre conserva el monopolio de los instrumentos de producción material y simbólica. Mientras que las mujeres se reservan todas las actividades privadas, secretas, religiosas y rituales. La mujer es excluida de todos los lugares públicos, asambleas, mercados, donde se juega el poder y el honor (Bourdieu, 1998).

La división sexual del trabajo asigna a las mujeres el trabajo reproductivo, no remunerado y ocasional. Esto marca que la inserción de las mujeres en el mercado se realice a través de actividades asociadas al cuidado de otros, pero que al ser naturalizadas como actividades femeninas, no son reconocidas ni salarial ni simbólicamente de manera justa (Quiroga Díaz, 2008). Aquí se esconde una primera dicotomía para analizar el lugar del trabajo femenino que tiene que ver con establecer la comparación entre productivo/reproductivo.

Para la Economía feminista, en ese sentido, no existe a priori una separación tajante entre lo productivo y reproductivo y propone *deconstruir* esa división (*conciliar*, para Ibáñez et alt., 2017) para superar este tipo de pensamiento dicotómico. Sería una condición para el reconocimiento del aporte de las mujeres en la economía (Quiroga Díaz, 2008). La conciliación, disponibilidad en el mercado de trabajo o doble presencia se refiere a la dificultad de complementar las exigencias de la producción y de la reproducción. Ella sostiene que las mujeres hacen el trabajo reproductivo, sin remuneración, para hacer posible que el salario que pagan los capitalistas no incluya en sus costos la reproducción de la fuerza de trabajo y, por lo tanto, una parte de la actividad realizada en el hogar (Quiroga Díaz, 2008).

La economía neo-clásica borra a las mujeres como sujeto económico porque invisibiliza el trabajo femenino, que es en gran proporción reproductivo. La desigualdad numérica, especialmente en algunas ramas predominantemente masculinas, muestra en realidad la imposibilidad de mirarse al espejo o de verse reflejadas en las actividades productivas, ya que estos sistemas las eliminan como sujeto económico (Bessin et Gaudart, 2009). En realidad los determinantes sociales que explican las desigualdades de género en su forma numérica y salarial tiene que ver con la desigual distribución entre trabajo productivo y reproductivo, la mayor informalidad laboral y la penosidad de las profesiones del "*care*" (Strada y otros, 2018).

La mujeres en trabajos tradicionalmente masculinos –dicen Ibáñez et alt. (2017)– como en el resto de los trabajos remunerados, tienen *dificultades de conciliación* según el tipo de organización del trabajo y de su nivel de remuneración y éstas deben ser miradas desde la distribución de los horarios, en la extensión de las tareas y en su discrecionalidad. Los trabajos que más dificultan la conciliación son los que exigen horarios muy largos e impredecibles, así como los que tienen un nivel de salarios muy bajos. Con altos salarios es más fácil la negociación o el logro de ayuda externa, con salarios bajos, el poder de negociación dentro y fuera del hogar es más difícil.

En esta dicotomía vale preguntarse si el logro de la autonomía económica significa siempre para las mujeres romper la lógica dicotómica. Si definimos la autonomía como "*tener el control de la capacidad de auto determinarse sobre las propias acciones y de ser independiente de todas las instituciones*" (Fisher, 2005); o como dentro de la literatura latinoamericana lo hace el grupo mexicano "*La revuelta*" (1983) que define la autonomía como

"crearse un espacio propio, físico, pero también histórico, social y psicológico. Un espacio donde no dependamos de la aprobación o desaprobación masculina, donde nosotros no estemos sujetas a esta imposición donde los hombres nos dicen sin cesar qué debe ser hecho y cómo (…)".

Es suficiente tener una actividad afuera y una remuneración propia para no reproducir la división sexual del trabajo? Con que

   ASALARIZACIÓN Y PROFESIONALIZACIÓN

mecanismo se instala esa falta de autonomía y con cuál se modifica? Aparentemente en las autoras citadas cuando se da la *conciliación* o la *interdependencia* (continuidad rizomática) entre las actividades domésticas y las actividades remuneradas, esa modificación logra la deconstrucción y la subversión de las estructuras, en cambio cuando se trata de un trabajo como obrera fabril, por ejemplo, no, porque se produce un proceso necesario de masculinización que encubre una aceptación de las estructuras dicotómicas.

Para Bourdieu (1998) son la familia, el estado, la escuela y la iglesia los que imponen los mecanismos de dominación que se van incorporando en forma de esquemas inconscientes de percepción y de representación de las estructuras históricas del orden masculino. Este sistema tiene como base la estructura agrícola –con sus ciclos siembra y recolección– y la estructura cognitiva correspondiente. La visión androcéntrica se impone como neutra y no necesita ser legitimada. Sin embargo, es importante reconstruir la historia del trabajo sacándolo de la des-historización que le impone la permanente reproducción de las estructuras objetivas y subjetivas de la dominación masculina. De ahí la necesidad de volver a historiar el trabajo y, sobre todo las trayectorias de formación-empleo que permiten visualizar mecanismos que desbloqueen la reproducción de estructuras de dominación.

Son las formas de institucionalización las que permiten que estas estructuras no sean visibles para analizar, conceptualizar y denunciar de manera sistemática las relaciones de dominación entre hombres y mujeres mostrando que muchas veces son estas formas institucionales las que vuelven a los hombres y mujeres funcionales al sistema. Todos los mecanismos que in-visibilicen el trabajo, el aporte, el producto de las mujeres *les impide mirarse al espejo* y las vuelve a colocar en el mismo sistema de dominación

La segunda dicotomía: Relacional/técnico

La distribución cuantitativa por género en el mercado de trabajo refleja una descripción bastante exacta de la primera dicotomía de la división sexual del trabajo, pero esconde justamente la interdependencia entre las esferas de producción y reproducción conformando sectores predominantemente masculinos y otros femeninos. Las líneas actualmente no son tan nítidas y resulta importante descubrir a través de los análisis cualitativos donde esas divisiones dicotómicas presentan líneas de fuga, territorios borrosos y menos nítidos, multiplicidades rizomáticas, en el sentido de Deleuze y Guattari.

Hay dos variables cualitativas que es necesario visualizar y revalorizar objetivamente para captar el reflejo en el espejo de la dicotomía relacional/técnico. La primera es la *cuestión temporal* y la segunda es la *cuestión relacional*.

La cuestión temporal

La *cuestión temporal* es la que define la elección de una u otra actividad, por ambos sexos por la problemática temporal (Bessin y Gaudart, 2009). El tiempo es en este marco de análisis una herramienta de medida que permite objetivar las desigualdades para reflejarlas en el espejo y poder denunciarlas. En este sentido, tampoco hay suficientes estudios de distribución del tiempo por sexos, del tiempo del ejercicio profesional –hay algunos más centrados en la esfera doméstica y reproductiva–, y menos aún, una evaluación de cómo repercute esto en las diferencias salariales.

Casi todos los métodos para computar el tiempo en las estadísticas, se basan en la medición de los tiempos masculinos tomados de la cultura industrial. Es decir, el tiempo no es computado en forma neutra para permitir captar las desigualdades de sexo, sino que tiene una perspectiva masculinizada y es indispensable neutralizar esa visión para poder visualizar la distribución del tiempo de las actividades por sexo.

La dimensión contable no es suficiente, ella está frecuentemente condicionada culturalmente y se construye el dato numérico haciendo intervenir las temporalidades en sus pluralidades y en sus múltiples dimensiones, en particular en las dimensiones más cualitativas.

Los tiempos resultan así de la práctica y no de un contenido preestablecido en las definiciones estadísticas, porque la aproximación temporal que subyace a estas definiciones plantea un tiempo producido por relaciones de poder. Esto se hace más evidente en algunas actividades como el trabajo doméstico, el trabajo de cuidado y en definitiva en todos los trabajos de la esfera reproductiva.

La mujer queda así fuera de ciertas profesiones, a pesar del fuerte crecimiento del acceso a la enseñanza secundaria y universitaria y al trabajo asalariado, que implica de hecho un alejamiento de las poblaciones femeninas del hogar y de las funciones de reproducción. Tanto el retraso de la edad matrimonial y del ciclo de procreación son tal vez los cambios más importantes en el ejercicio profesional, aunque se mantienen períodos de interrupción por el ciclo reproductivo y al mismo tiempo la institución del divorcio facilita el acceso y el ejercicio al trabajo profesional de la mujer (Bourdieu, 1998).

Lo que no visualizan estas estadísticas es la interdependencia de los tiempos de producción/reproducción, que se inscribe en espacios/tiempos diferentes, las restricciones frecuentemente contradictorias hace pesar sobre las mujeres las responsabilidades de la sincronización y de la gestión cotidiana de los ritmos temporales del conjunto de las actividades. En la esfera profesional esta gestión del tiempo se observa sobre todo en la discontinuidad de las carreras en los períodos de crianza, la adopción del tiempo parcial en la actividad profesional o en los lugares de trabajo y las consecuencias salariales de esta decisión. Esto es lo que (Bessin y Gaudart, 2009) Ibáñez et alt. (2017) llaman *interdependencia* unas y *conciliación* las otras.

Este mayor nivel educativo y laboral modifica de hecho los modelos de socialización y no puede dejar de afectar la división de tareas domésticas y los modelos tradicionales masculinos y femeninos. Aun así, los cambios más importantes que se pueden observar se dan en la división del trabajo con una intensificación de las profesiones más cercanas a la definición tradicional (servicios; enseñanza; asistencia social; medicina; y todas las vinculadas al "*care*"), o sea que hay una mayoría de mujeres ocupadas en las llamadas profesiones intermediarias, pero quedan prácticamente excluidas de puestos de autoridad y de responsabilidad de la economía, finanzas y política.

La cuestión relacional

La *cuestión relacional* muestra que el sistema naturaliza las competencias femeninas en el mercado de trabajo provenientes de sus competencias en la esfera reproductiva o sea la relación con el otro y el compromiso con sus prácticas de responsabilidad, atención, anticipación y preocupación, en suma "*care*" le asegura a la mujer una presencia social, de disponibilidad hacia el otro, de práctica de cuidado, de flexibilidad, pero esta presencia es subalterna, de figura dominada. Está presente pero reafirma su invisibilidad dejando que sean los hombres los que realizan las tareas más prestigiosas de pensar y decidir.

El reforzamiento de estas formas de presencia social construyen el imaginario de lo masculino y lo femenino. Por ejemplo, las ramas de servicio y vinculadas al "*care*" son las significativamente femeninas e incluyen todas las actividades profesionales orientadas hacia la producción de bienes inmateriales, más que de objetos tangibles e implican las interacciones –directas o indirectas– entre los trabajadores y los beneficiarios o destinatarios del trabajo.

En la Argentina estos empleos en las ramas enseñanza, salud y trabajo doméstico que son las predominantemente femeninas concentran más del 70% del empleo en 2018, mientras que el predominio masculino se da en los sectores industriales, Comercio y Construcción, con una proporción al 50% también para 2018.

Si se categorizan los trabajos de servicios con participación de las mujeres, que son las que permiten una mejor conciliación, en los términos en que se plantea en este trabajo, de preservar la interdependencia productiva/reproductiva, se pueden determinar tres niveles:

1. Profesiones de prestigio habitualmente reservadas a los sectores masculinos y con poca participación numérica de las mujeres.
2. Intermediarios de la jerarquía profesional (secretarias, enfermeras, asistentes sociales, etc.).
3. Pequeños trabajos sin prestigio y baja calificación (limpieza, trabajos del cuidado, trabajo doméstico, etc.).

Sin embargo en los estudios sobre el sector servicios, en general las dicotomías que se plantean son las de trabajo relacional/trabajo técnico, para señalar o remarcar la diferencia con los trabajos más frecuentemente masculinos, típicos del sector industrial.

Esto pone el acento en que el sector servicios implica una relación directa o mediatizada entre los beneficiarios y el servicio producido y hablan de una co-producción del servicio, porque los destinatarios participan de la producción del servicio de que ellos se benefician, con variaciones distintas de esa co-producción según el tipo de servicio.

La dimensión relacional implica la puesta en práctica de competencias específicas relacionales y emocionales de parte de los trabajadores obligados a generar la interacción con los beneficiarios en la producción del servicio, muchas de las cuales se diferencian esencialmente de las competencias industriales (Le Feuvre et alt., 2012).

Los cambios visibles de las condiciones de estructura esconden la permanencia de las posiciones relativas, de la igualdad de chances de acceso y de tasas de representación, manteniendo las desigualdades que subsisten en las distintas orientaciones escolares y las carreras posibles. En el nivel universitario, las especialidades más técnicas como mecánica, eléctrica, electrónica, agronomía son especialidades prácticamente reservadas a los hombres mientras que las especialidades de la salud y las sociales están reservadas a las mujeres. (Bourdieu, 1998).

   ASALARIZACIÓN Y PROFESIONALIZACIÓN

Al mismo tiempo en el seno de cada disciplina, se les asigna a los hombres lo más importante, lo más sintético y lo más teórico, mientras que a la mujer se le reservan las actividades más analíticas, las más prácticas y las menos prestigiosas. Lo mismo se reproduce en cada profesión, los puestos que se feminizan se desvalorizan y generan deserción de los hombres en esas posiciones. Para los ingenieros dejar los cargos más técnicos para asumir cargos jerárquicos, les significa incorporar los conocimientos relacionales, que son menos valorados, pero se compensan con el ejercicio del poder. El permanecer en posiciones subalternas, confirma menores salarios y la permanencia en puestos menos jerarquizados con mayores posibilidades de precarización, trabajos a tiempo parciales y los más alejados de los puestos de poder y de las mejores posibilidades de carrera[4].

Las prácticas en los puestos de trabajo se convierten en situaciones clave para revelar las conductas técnicas y sociales que predominan para uno y otro sexo, como es el caso de las habilidades relacionales, pero también su ejercicio interior o exterior, público o privado.

La tercera dicotomía. Público/privado

La dicotomía entre lo público y lo privado, incrementa el nivel de autonomía y capacidad para llevar adelante proyectos y decisiones. La teoría económica ortodoxa internaliza la separación entre lo público (o profesional) y lo privado y su consecuente división sexual del trabajo. La economía utilitarista propone una visión dicotómica en la que coexisten, por un lado, un *homo económicus* de la esfera pública que solo actúa movido por la búsqueda del máximo placer individual sin tener ningún otro elemento en cuenta y, por otro lado, la mujer en la esfera privada con el papel de darlo todo en su medio familiar armónico y libre de conflicto.

Los trabajos de las investigadoras consultadas muestran la indisociabilidad de la esfera privada y la pública o profesional, por ejemplo Hirata (1997); Messant et alt. (2008); Galerand y Kergoat (2008) sostienen que esa es la razón de la preferencia del trabajo a tiempo parcial en el empleo femenino. Todas coinciden en que los dos mundos no son disociables y que las mujeres ocupan muy frecuentemente

---

4 En un trabajo específico sobre la profesión médica Rosende (2008) sostiene que es durante la formación especializada donde se dan los procesos de segregación en la Medicina y esto es lo que luego define las trayectorias profesionales. Define tres mecanismos de la segregación: 1. La opacidad de los cursos; 2. La arbitrariedad de la selección; y 3. El mandato de la conciliación.

empleos que tienen una relación con su asignación en la vida privada y su relación con el trabajo remunerado, cosa que no siempre ocurre en los hombres. Señalan como un ejemplo positivo las actividades del "*care*" y como negativo la de la obrera industrial ya que genera una discontinuidad o ruptura entre los dos universos y es una fuente de insatisfacción en el trabajo.

Otro indicador sugestivo surge de la cantidad de hijos, cuando la cantidad de hijos es más alta, el tiempo fuera del hogar; la jerarquía de cargo y los salarios de los hombres tiende a subir, mientras que en los hombres célibes o sin hijos la remuneración aparece más baja; mientras que en las mujeres la mayor cantidad de hijos y, por tanto, la mayor cantidad de horas dentro del hogar, disminuye sus posibilidades laborales y consecuentemente sus ingresos; en cambio, las mujeres que hacen carrera desde muy jóvenes, en general son célibes o divorciadas (Panaia, 2018).

Para estas autoras el potencial subversivo –en el sentido de cambiar el orden– está en la disyunción entre la esfera privada y profesional o pública. Galerand y Kergoat (2008), para ellas no es suficiente que exista un potencial subversivo en la situación de trabajo, porque se metamorfosean con la práctica contestataria portadora de emancipación, es necesaria una construcción colectiva.

La posibilidad de una toma de conciencia colectiva que permita la construcción de un movimiento reivindicativo es difícil. La continuidad entre el universo privado y profesional puede permitir a las mujeres tener una relación positiva entre ambas esferas (pública/privada), pero esto no disminuye la penosidad, la baja retribución y el no reconocimiento de este tipo de empleos y sobre todo, no convierte a las competencias relacionales en dominantes.

Estas autoras sugieren que la discontinuidad, o sea la separación entre los dos universos, puede tener un costo muy elevado. La Sociología de las Profesiones muestra que el acceso de las mujeres a las profesiones de hombres no pone necesariamente en cuestión la concepción binaria de la sociedad, ni la emancipación que debe conciliar los mandatos sociales de las dos esferas. Esta situación lleva a muchas mujeres a enfrentarse a la opción de sacrificar su vida familiar y privada o sacrificar su vida profesional para poder realizar una de las esferas, lo cual en uno y otro caso se constituye en un obstáculo que sigue el modelo masculino de disociación entre las dos esferas.

La diferencia de ocupar un puesto para las mujeres se presenta como definición de la vida práctica que no cuestiona la definición del puesto en sí mismo, sino como incorporarlo a su práctica cotidiana y sus responsabilidades domésticas, sobre todo si se trata de un cargo jerárquico que incluye toda una serie de capacidades y aptitudes sexualmente connotadas. Para que una mujer pueda ocupar ese lugar tiene que tener no solo las mismas calificaciones que el hombre, sino también una contextura física, una voz o una disposición de agresividad, de seguridad y de distancia del rol similar al del hombre, pero además conciliar esa posición con las actividades domésticas.

El trabajo de la mujer queda muchas veces condenado a ser invisible, y frecuentemente privado de los títulos jerárquicos que le corresponden a su función real. En términos corporales esto se traduce en la mujer como una forma de disposición permanente a servir y cuidar inculcada desde sus padres, profesores, etc. que las orientan hacia la elección de ciertas actividades ocupacionales o profesionales científicas o técnicas.

Para Bourdieu (1998) si bien hay una permanencia en la estructura de la división sexual del trabajo se pueden observar algunos cambios que responden a principios prácticos y destaca entre ellos tres más significativos: 1. Las funciones convenientes a las mujeres se sitúan en la prolongación de las funciones domésticas, enseñanza, cuidados y servicios; 2. La mujer no logra tener autoridad sobre los hombres, por eso se sigue prefiriendo a los hombres para las actividades jerárquicas y los cargos con autoridad, mientras que las mujeres se mantienen en prácticas subordinadas e intermedias; y 3. Los hombres conservan el monopolio de las actividades técnicas y las máquinas.

Para Bourdieu, esto se incorpora bajo la forma de esquemas de percepción y de representación difícilmente conscientes, los principios de la visión dominante que la llevan son vividos como normales o naturales. Por eso la transgresión a este orden produce distintos niveles de violencia física y simbólica.

Algunas reflexiones finales

El análisis de la participación de la mujer en sectores masculinizados permite identificar con mayor posibilidad de contraste las situaciones que bloquean la incorporación femenina en esos grupos, que pueden diferir del resto de los grupos, justamente por el peso de ciertos factores sobre su incorporación. La definición de los bloqueos (Panaia, 2015 a y b y 2018) permiten analizar los obstáculos, definirlos, objetivarlos y en definitiva hacerlos visibles en el espejo.

Sintéticamente: el primer bloqueo plantea el contexto sexista masculino, al que se puede definir como la sociografía del bloqueo. El segundo bloqueo, aborda los valores simbólicos de la virilidad en el trabajo, que impiden visualizar la actividad como atractiva para la mujer. El tercer bloqueo muestra las dificultades objetivas y culturales del acceso a los cargos jerárquicos. Finalmente, las estrategias familiares como mecanismos de búsqueda del equilibrio o conciliación entre la profesión y la vida doméstica. Por un lado, trabajar con las situaciones de bloqueo, permite identificar relaciones de trabajo miradas desde las resistencias y las limitaciones que imponen las situaciones de contexto y que permiten analizar las conductas de los actores desde la centralidad de la relación del trabajo, pero también desde la elección de estrategias de adaptación o acomodamiento a la situación existente o estrategias de emancipación o subversión del estado del orden.

Por otro lado, desde una mirada más general hay un aporte posible a los estudios del trabajo con perspectiva de género. Desde el punto de vista de los actores, el desafío que presenta el trabajo en las mujeres supera lo que podríamos llamar la esfera profesional y afecta el conjunto de su proceso de individuación. Entender cómo se traduce para ellas ese desafío de elegir por una sumisión a una resignación más fuerte o por la adopción de otras prácticas que no son las habituales en su actividad, en la vida cotidiana y profesional es una interseccionalidad que plantea nuevos caminos. Si así fuera estas nuevas prácticas son emancipadoras, innovadoras a nivel social y económico, como plantea Galerand; Kergoat (2008), o meramente adaptativas y reproductivas de la dominación masculina como plantea Bourdieu (1998).

Esta identificación de las situaciones de bloqueo y el análisis de los valores profesionales y las estrategias de los actores ayuda a pensar en esa dirección, mediante la identificación de las dicotomías persistentes en el análisis incluso científico que esconden la posibilidad de visualizar y objetivar reflejos que no aparecen en el espejo. De esa manera se identifican tres dicotomías básicas cuya persistencia obstaculiza un análisis más consciente y creativo: la primera dicotomía es la división sexual del trabajo que asigna a las mujeres el trabajo reproductivo, no remunerado y ocasional y reserva para el hombre el trabajo productivo; la segunda dicotomía destaca dos variables cualitativas que es necesario visualizar y revalorizar objetivamente para captar el reflejo en el espejo de la dicotomía relacional/técnico: La primera es la cuestión temporal y la segunda es la cuestión relacional; y la tercera dicotomía muestra que el acceso de las mujeres a las profesiones de hombres no pone en cuestión la concepción binaria de la sociedad, ni la emancipación que debe conciliar los mandatos

   ASALARIZACIÓN y PROFESIONALIZACIÓN

sociales de las dos esferas: pública y privada. Es necesaria una conciencia social colectiva para objetivar estas dicotomías, modificar la interdependencia de ambas esferas e incidir sobre las estructuras para poder mirarse al espejo.

Bibliografía

Bessin, M. y Gaudart, C. (2009) «L'activité comme miroir de l'imbrication du genre et des temporalités», *Temporalités* (on line) (consultado 2012).

Bourdieu, P. (1998) *La domination masculine*, París, Ediciones de Seuil.

Deleuze, G. (1969) *Logique du sens*, Paris, Éditions Minuit.

Deleuze, G. y Guattari, F. (2010) *Capitalismo y Esquizofrenia*, Valencia, España, Ed Pre-textos.

Fisher, A. (2005) «Les chemins complexes de l'autonomie», *Nouvelles Questions Feminin*, N° 2, vol. 24, (pp. 65-85), Antipodes.

Galerand, E. y Kergoat, D. (2008) "Le potential subversive du rapport des femme's au travail", *Nouvelles Questions Feministes*, vol. 27, 2008/2, (pp. 67-82), Antipodes.

Goren, N. y Trajtemberg, D. (2018) *Brecha salarial según género. Una mirada desde las instituciones laborales*, Argentina, Fundación F. Ebert.

Hirata, H. (1997) "Relaciones sociales de sexo y división del trabajo". En Hirata, H. y Kergoat, D., *La divisón sexual del trabajo. Permanencia y Cambio*, Asociación Trabajo y Sociedad (Argentina), Centro de Estudios de la Mujer (Chile), Piette del CONICET (Argentina).

Ibañez, M. et alt. (2017) *Mujeres en mundos de hombres. La segregación ocupacional a través del estudio de casos*, España, CIS.

Lamanna, N., Farinaz, F. y Chaponnière, M. (2014) «Formation professionnelle: l' apprentissage des normes de genre», *Nouvelles Questions Feminin*, N° 1, vol. 33 (pp. 8-14), Antipodes.

Le Feuvre, N., Benelli, N. y Rey, S. (2012) «Relationnels, les métiers de service?», *Nouvelles Questions Feminin*, N° 2, vol. 31, Antipodes.

Loch, T. y Sztalryd, J. M. (1995) "Le corps assujetti". En EPHESIA, *La Place des femmes*, Paris, La Dècouverte, (pp. 272-280).

Maruani y Rogerat (1995) "Travail et emploi: les enjeux». En EPHESIA, *La Place des femmes*, Paris, La Dècouverte.

Maruani, M. y Merón, M. (2012) *Un siecle de travail des femmes en france 1901-2011*, Paris, La Dècouverte.

Messant, F., Martin, H., Roca i Escoda, M., Rosende, M. y Roux, P. (2008) "Le travail, outil de liberation des femmes?", *Nouvelles Questions Feminin*, vol. 27, Antipodes, (pp. 4-10).

Quiroga Díaz, N. (2008) "Economía feminista, social y solidaria. Respuestas heterodoxas a la crisis de reproducción en América Latina", *Revista de Ciencias Sociales*, N° 33, ICONOS, Quito, enero, 2009, (pp. 77-89).

Panaia, M. (2015a) "La inclusión de la mujer en la Ingeniería", *Perfiles*, UTN-FRA, N° 25, Año 10, Noviembre, (pp. 2-4).

Panaia, M. (2015b) "El desafío profesional de la mujer ingeniera". En Panaia, M. (Coord.), *Universidades en cambio: ¿generalistas o profesionalizantes?*, Buenos Aires-Madrid, Editorial Miño y Dávila-Universidad de Buenos Aires-Universidad de Río Cuarto-UTN-Facultad Regional Resistencia.

Panaia, M. (2018) "Los bloqueos del lugar femenino en grupos profesionales masculinizados". En Panaia, M. (Coord.), *Profesión e innovación e n un contexto flexible*, Buenos Aires-Madrid, Editorial Miño y Dávila-Universidad de Buenos Aires-Universidad Nacional de Avellaneda.

Rosende, M. (2008) *Parcours féminins et masculins de spécialisation en Médicine*, Zurich, Editions SEISMO.

Strada, J., Sacco, E., Ascensio, D., Cabanillas, G. y Blosch, N. (2018) *Más precarizadas y con menosres salarios. La situación económica de las mujeres argentinas*, Buenos Aires, CEPA, marzo.

Análisis de la oferta laboral y formación de veterinarios en el Uruguay como aporte a un nuevo plan de estudios

Paola Cabral, Brasiliano Rodríguez,
Claudia Borlido, José Passarini

Introducción

Mucho ha cambiado desde principios del Siglo XX, en el que los veterinarios eran fundamentalmente inspectores de los alimentos de origen animal que Uruguay producía y exportaba, y médicos de los animales de transporte para garantizar el traslado de personas y mercaderías. Con el pasar del tiempo, las distintas actividades profesionales del veterinario se han diversificado, hasta abarcar en las últimas décadas tres grandes áreas: la medicina veterinaria, la producción animal y la higiene, inspección-control y tecnología de los alimentos de origen animal (Passarini, 2013).

Las propuestas curriculares de la Facultad de Veterinaria de la Universidad de la República de Uruguay (FVet) se diseñaron en función de diferentes necesidades de formación profesional requeridas en el país, como consecuencia de los cambios económicos, políticos y sociales que se sucedieron, buscando adecuarse al avance científico y tecnológico que experimentaron las Ciencias Veterinarias; en este sentido el paradigma (Khun, 1962) profesional fue evolucionando hacia uno más completo y cada día más complejo.

La propuesta curricular actual (Facultad de Veterinaria, 1997) ha marcado una gran diferencia con las anteriores, pasando del Veterinario generalista a un concepto amplio de Ciencias Veterinarias donde otras ramas de la veterinaria, tales como la Producción Animal y la Tecnología de los Alimentos de Origen Animal también ocupan un lugar muy importante en la formación profesional. Este Plan de Estudios plantea un Ciclo Común Obligatorio de 4 años, y un Ciclo

Orientado Optativo (llamadas Orientaciones) de 1 año. Para el Ciclo Orientado se proponen tres opciones, de acuerdo a las tradicionales áreas de trabajo del veterinario: Medicina Veterinaria (MV), Producción Animal (PA) e Higiene, Inspección-Control y Tecnología de los Alimentos de Origen Animal (TA). Aunque, el Título emitido por la Institución es el mismo independientemente de la Orientación elegida, se expide una documentación anexa que registra que el profesional profundizó sus conocimientos en una rama de la veterinaria. Se aspira a que el veterinario acceda con mayor facilidad en aquellos trabajos vinculados al área de su profundización, aunque el título lo habilita a trabajar en todas las ramas profesionales.

A 20 años de la implementación de este plan de estudios, y en el marco de la discusión de una nueva propuesta curricular, una de las preguntas principales se refiere a la continuidad o no de las Orientaciones de pregrado, ya que existe la impresión que no necesariamente los egresados logran insertarse en el área profesional donde realizaron esta profundización. En este sentido, se plantea el desafío de conocer si existe correspondencia entre las áreas que ofrecen trabajos para la profesión veterinaria y la proporción de egresados que se forman para cada una de ellas.

Este trabajo profundiza en la orientación de pregrado que han elegido los veterinarios en los últimos años y la oferta laboral que existe para la profesión en ese período. El principal objetivo es aportar a la discusión de un nuevo plan de estudios y proporcionar información sobre el mercado laboral de los veterinarios en el Uruguay.

La Formación Veterinaria en el Uruguay

La Facultad de Veterinaria (FVet) de la Universidad de la República (UdelaR) es la única institución habilitada para la formación de veterinarios en el Uruguay, por lo tanto, los veterinarios que ejercen hoy en día la profesión en el país, han egresado de esta institución. En una institución con casi 120 años de historia, los cambios de planes de estudio son trámites lentos, que llevan mucha discusión y necesitan muchos insumos, ya que se entiende que las responsabilidades de estas modificaciones no solamente impactan en la formación de los profesionales, sino que también pueden afectar a todo el país.

La actual propuesta curricular tuvo 10 años de discusión, ya que, a partir del restablecimiento de la democracia en Uruguay, en 1985 se reconstituyó el Claustro de Facultad de Veterinaria que comenzó

   ASALARIZACIÓN y PROFESIONALIZACIÓN

a elaborar un Plan de Estudios que sustituyera el que habían dejado instalado la dictadura. A finales de la década de los 80' y principio de los 90' se produjo un fenómeno de repatriación de recursos humanos, lo cual constituye un fenómeno renovador que trae aparejada otras visiones de la profesión veterinaria en distintas partes del mundo. Se comienza a replantear un cambio de paradigma de la profesión y, por ende, un inminente cambio en el currículo de estudios con el fin de generar un nuevo profesional veterinario capaz de enfrentar los desafíos de un nuevo mundo globalizado (Cabral, 2017).

Para la construcción de este nuevo currículo se vio la necesidad de establecer un diálogo con el medio, para lo cual se implementaron talleres con docentes, estudiantes y profesionales intentando llegar un consenso sobre qué se espera de la profesión para satisfacer las necesidades de la sociedad. Este proceso llevó una década de trabajo que permitió una consolidación de una propuesta que abarcara la amplitud de la profesión veterinaria y la proyectara a las necesidades del Siglo XXI.

En mayo de 1997 se redacta el documento final del Plan de Estudios de la FVet que se implementó a partir del año 1998. Este nuevo plan otorga el título de Doctor en Ciencias Veterinarias. Se estableció que el veterinario debe ser un profesional integral, capaz de visualizar los aspectos de la relación hombre-animal y su contexto socioeconómico.

Este Plan hace una fuerte apuesta a *"formar profesionales estrechamente vinculados a la realidad nacional en sus aspectos políticos, culturales, económicos, ecológicos y sociales"* (Facultad de Veterinaria, 1997: 11) para salir al campo de acción del veterinario. Pone nuevamente sobre la mesa los fines de la Universidad: Enseñanza, Investigación y Extensión. Se incluyen experiencias de acercamiento a la profesión desde el primer semestre de la carrera.

Además, de los cambios de perfil profesional, se establecen cambios estructurales en la formación: acortando la carrera, diversificando la salida de egreso, semestral izando el cursado e incorporando un trabajo final de carrera obligatorio.

Figura 1. Esquema del Plan de Estudios de la carrera de Veterinaria. UdelaR 1997

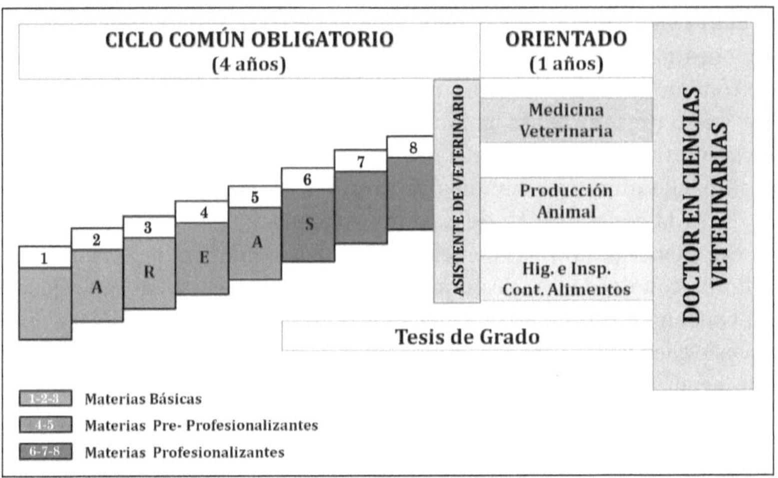

El Plan consta de 5 años distribuidos en un Ciclo Común Obligatorio (CCO) de 4 años y un Ciclo Orientado Practicantado (COP) de 1 año de duración. A continuación, se mencionan las materias del CCO.

Cuadro 1. Materias del Ciclo Común Obligatorio de la Carrera de Veterinaria

Año	Primer Semestre	Segundo Semestre
Primero	Área Temática I: Biología Celular y Molecular; CIEV (Introducción a los Estudios Veterinarios con Economía, Sociología); Bioestadística I; Idioma Técnico I (Opcional)	Área Temática II: Anatomía (Morfología y Exterior); Histología (Estructura microscópica) y Biología del Desarrollo; Genética General; Idioma Técnico II (Opcional).
Segundo	Área Temática III: Fisiología; Microbiología, Inmunología Básica; Zootecnia (Etnología).	Área Temática IV: Patología Funcional y Morfológica; Semiología; Farmacología General; Nutrición Animal.
Tercero	Área Temática V: Enfermedades Infecciosas; Parasitología y Enfermedades Parasitarias; Toxicología y Enfermedades Toxicológicas; Medicina Preventiva y Epidemiología; Legislación Sanitaria.	Área Temática VI: Patología y Clínica de Pequeños Animales I; Patología y Clínica de Equinos I; Patología y Clínica de Rumiantes y Suinos I; Teriogenología I; Técnica Quirúrgica.

Continúa>>

Cuarto	Área Temática VII: Producción de Rumiantes I; Producción de Suinos y Animales de Granja; Alimentación; Economía y Administración Agropecuarias; Mejora Genética.	Área Temática VIII: Higiene, Inspección-Control de los Alimentación de Origen Animal; Ciencia y Tecnología de Alimentos de Origen Animal; Salud Pública Veterinaria; Legislación Alimentaria y Ambiental; Legislación Agraria, Patología, Clínica y Producción Avícola.

Fuente: Elaboración propia a partir del Plan de Estudios de la Facultad de Veterinaria (1997).

Este plan plantea por primera vez flexibilizar el currículo y permitir que el estudiante elija los cursos que más le interesan y realizar una Orientación en el área que supone podrá insertarse laboralmente, de esta forma se abandona una idea "taylorista" de la formación veterinaria que tenía más de 90 años. Esto surge como un reclamo específico de los egresados, que entendían que el trabajo de los profesionales había crecido y se había diversificado, lo que era imposible formar bien en todas las áreas a los estudiantes. De esta forma se establecen tres grandes áreas de actuación profesional: la Medicina Veterinaria, la Producción Animal y todo lo vinculado a la Tecnología de los Alimentos de Origen Animal.

Por lo tanto, el estudiante debe optar por alguna de estas tres Orientaciones que contienen las materias que se mencionan en el siguiente cuadro.

Cuadro 2. Contenido de los Ciclos Orientados de la carrera de Veterinaria

Ciclo Orientado	Materias
Medicina Veterinaria	***Cursos Obligatorios:*** Métodos Paraclínicos; Farmacología Clínica II; Bioestadística; Clínica y Patolog. de la Prod. de Rum. y Suinos II; Patología y Clínica de Pequeños Animales II; Patología y Clínica de Equinos II; Gestión y Administración de Clínicas Veterinarias. ***Cursos Optativos (algunos ejemplos):*** Técnicas de Diagnóstico de Laboratorio de Enfermedades Aviarias; Arte de Herrar; Animales de Compañía no Tradicionales; Animales en Cautiverio (Zoológico); Comportamiento Animal (Etología).

Continúa>>

Producción Animal	***Cursos obligatorios:*** Sistemas Productivos; Clínica y Patología de la Producción de Rumiantes y Suinos II; Biotecnología de la Reproducción y Teriogenología II; Gestión Agropecuaria; Bioestadística II. ***Cursos Electivos-Obligatorios:*** Producción de Bovinos de Carne; Producción de Bovinos de Leche; Producción de Ovinos, Lanas y Caprinos.
Higiene, Inspección-Control y Tecnología de los Alimentos de origen animal	***Cursos Obligatorios:*** Políticas, Planificación y Legislación Alimentaria; Microbiología Alimentaria; Bioestadística II; Higiene, Inspección-Control de la Carne, Productos. Cárnicos y Subproductos; Higiene, Inspección-Control de la Leche y Productos Lácteos; Higiene, Inspección-Control de la Pesca y de la Acuicultura; Higiene, Inspección-Control de las Aves y de los Productos Avícolas. ***Cursos Electivos-Obligatorios:*** Ciencia y Tecnología de la Carne, Productos Cárnicos y Subproductos; Ciencia y Tecnología de la Leche y Productos Lácteos Ciencia y Tecnología de la Pesca y de la Acuicultura; Ciencia y Tecnología de las Aves y de los Productos Avícolas.

Fuente: Elaboración propia a partir del Plan de Estudios de la Facultad de Veterinaria (1997).

Al analizar los contenidos del CCO y los Ciclos Orientados es posible identificar claramente la idea que atraviesa el plan de formación, es la propuesta de un profesional con perfil generalista con mayor profundización en una de sus áreas. En este sentido es posible identificar la correspondencia que existe entre:

- El Área Temática (VI) con la Orientación de Medicina Veterinaria.
- El Área Temática (VII) con la Orientación de Producción Animal.
- El Área Temática (VIII) con la Orientación de Higiene, Inspección-Control y Tecnología de los Alimentos de origen animal.

Los contenidos del CCO son más básicos que los que se aprenden en el Ciclo Orientado, pero se plantea que son suficientes para ejercer la profesión en el caso de que el profesional no se inserte efectivamente en el área en que realizó su profundización. Sin embargo, comprobar esta hipótesis ha sido objeto de algunas investigaciones, y últimamente también han crecido los detractores de la existencia de las Orientaciones. Además, el transcurso de dos décadas también ha marcado cambios importantes en los requerimientos del veterinario a nivel local, regional y global.

Hoy en día, las funciones del veterinario son más amplias. Posee un importante papel en el sector de las industrias agrarias y de producción pecuaria. Participa en el control del medio ambiente y apoya el comercio internacional de animales. En el mundo de hoy la demanda

     ASALARIZACIÓN Y PROFESIONALIZACIÓN

es por alimentos de buena calidad e inocuos para el consumidor, los mercados más exigentes buscan la existencia de un sistema confiable de trazabilidad de ese alimento que les garantice su procedencia y su historia productiva, es parte fundamental de este sistema el profesional veterinario (PANVET, 2013).

Actualmente en América Latina y el Caribe hay unos 593 millones de personas y se estima que esta población crezca unos 85 millones para el año 2030 (PANVET, 2013), este crecimiento implica que debe ir acompañado del crecimiento en alimentos y específicamente los alimentos de origen animal deben ser inocuos y trazables, cuyo control está bajo la órbita de la profesión veterinaria. Este crecimiento de las industrias alimenticias en todas sus etapas, desde la producción hasta la industrialización de sus productos ("del campo al plato" o para el caso de la industria pesquera "de la barca al plato") van de la mano de problemáticas medioambientales. Para tratar estas problemáticas se necesitarán grupos multidisciplinarios donde, si o si, se deberán incluir veterinarios. Para cumplir con este nuevo rol de la profesión se debe realizar una revisión del perfil profesional del MV, para que los futuros egresados posean conocimientos fundamentales sobre manejo y adaptación al medioambiente en los múltiples procesos de la producción pecuaria.

Teniendo en consideración el futuro de la profesión, en mayo de 2012 la Organización Mundial de la Sanidad Animal (OIE[1]), organismo rector de la profesión veterinaria a nivel mundial, publicó sus recomendaciones sobre las competencias mínimas que deberían poseer los médicos veterinarios (OIE, 2012) y, en setiembre de 2013, publicó un ejemplo de lo que debería de ser un Plan de Estudios básicos de la formación veterinaria (OIE, 2013). En estas recomendaciones se pueden visualizar las nuevas necesidades del mundo con respecto a los veterinarios, nuevas habilidades que son requeridas de ellos y que no eran consideradas en el siglo pasado.

Al analizar los documentos de la OIE se observa la incorporación de diversas temáticas, como por ejemplo Bienestar Animal y Etología (estudio del comportamiento animal). Ambos temas han cobrado gran importancia en las últimas décadas a nivel mundial. El veterinario, como profesional estrechamente involucrado en la vida y muerte del animal, cualquiera sea su especie, pero principalmente en aquellas que poseen una finalidad productiva, debe ser responsable en la reduc-

---

1   La Organización Mundial de Sanidad Animal está integrada por 178 países y continúa utilizando el acrónimo OIE, debido a su anterior nombre: Organización Internacional de Epizootias.

ción del sufrimiento y favorecer la salud física y psicológica de los mismos. El bienestar animal ha ido creciendo en importancia no solo por las exigencias del mercado en cuanto a calidad de los alimentos, sino también, por cuestiones éticas y morales en relación al animal en sí (Cabral, 2017).

El Uruguay no es ajeno a ninguno de estos cambios, y los profesionales veterinarios recién egresados deben poder insertarse en el mundo laboral y desempeñar su oficio adecuadamente, teniendo que ser capaces de adaptarse al mercado, desarrollar y actualizar sus conocimientos y habilidades, así como afrontar satisfactoriamente las nuevas exigencias fruto de la evolución de los sistemas técnicos, sociales y económicos que se le presenten a lo largo del ejercicio de la profesión. Por otra parte, cada año, alrededor de 150 nuevos veterinarios se incorporan al mercado y esto genera cambios sobre la oferta laboral, que hasta ahora desconocemos.

En este contexto, queda de manifiesto la relevancia de conocer y caracterizar el perfil del egresado de nuestra Facultad en forma cuantitativa y muy en especial, cualitativamente (en lo que refiere a la orientación elegida). Asimismo, analizar si efectivamente los objetivos del plan de estudio se han cumplido, principalmente en lo que refiere a la inserción profesional posterior. Todo esto en el marco de la discusión sobre el Plan de Estudios que, con más de 20 años en vigor y muy escasas modificaciones, requiere una revisión integral para ajustarlo a las nuevas realidades de sus estudiantes, de los profesionales y a los cambios en el ámbito laboral. Tal ajuste aportaría herramientas que faciliten la competencia en un mundo cada día más tecnificado y globalizado. Además, podría también establecer un sistema de continua consulta como requisito del Sistema de Acreditación, que permita adoptar medidas como la implementación de cursos de formación permanente y de posgrados

La oferta de empleo para veterinarios

Los jóvenes egresados se incorporan al mercado laboral a través de diferentes convocatorias, generalmente porque se han producido vacantes o bien porque generado nuevos espacios laborales, independientemente de quienes montan su propio emprendimiento, aunque por lo general esto último no sucede con los recién graduados.

En Uruguay hay una publicación de tiraje nacional y semanal que publica las ofertas laborales que es parte de uno de los diarios más importantes *El País*. Con el objetivo de conocer los empleos ofrecidos

                    ASALARIZACIÓN Y PROFESIONALIZACIÓN

para los veterinarios se realizó un estudio de los avisos clasificados publicados en el diario *El País*, durante los años 2010 a 2015. El suplemento de avisos clasificados tiene una emisión semanal, implicando la revisión de 312 ejemplares. Este trabajo continúa otro ya realizado para el período 2006-2010 (Rodríguez et alt., 2013) que se toma como referencia para tener una secuencia de una década. Este análisis apunta a identificar las principales demandas que tiene el mercado laboral, pero también la evolución y cambios que han existido en una década. También son datos muy importantes para relacionar con los egresos que tiene la carrera.

Para realizar la búsqueda de ofertas de empleo se incluyeron todos los trabajos a los que el veterinario puede acceder de acuerdo a su perfil profesional y las capacidades especificadas en el propio plan de estudios. Con este criterio se identificaron 955 ofertas laborales.

Estas 955 ofertas fueron analizadas y clasificadas utilizando dos criterios importantes para nuestro estudio. Por un lado, se tomó en cuenta el perfil del profesional solicitado buscando relación con las Orientaciones el Plan de Estudios, por lo tanto, se identificaron 4 categorías:

- Relacionados a Medicina Veterinaria, correspondiendo a anuncios que soliciten médico veterinario o estudiante avanzado de la carrera. Estos avisos demandan la práctica de clínica como atención al público y la venta de productos veterinarios (raciones, medicamentos, artículos de aseo, etc.). En esta categoría se encuentran avisos que involucran la práctica en pequeños animales y equinos principalmente.
- Relacionados a Producción Animal correspondiendo a los avisos que buscan un perfil productivo-económico, incluye manejo de establecimientos agropecuarios, animales de granja, equinos, etc.
- Relacionados a la Higiene, Inspección-Control y Tecnología de los Alimentos de origen animal, que refiere a los avisos con un perfil dirigido a las áreas que comprenden la producción, bromatología y control de calidad de los alimentos de producción animal.
- Otros avisos no encasillados en las tres categorías anteriores, siendo una categoría agregada para aquellos trabajos ofrecidos para veterinarios o que podrían ser ocupados por ellos, en los que se solicitaba, por ejemplo: investigadores, docentes, consultores, cargos vinculados a medio ambiente y sostenibilidad, etc.

Por otra parte, otra clasificación realizada refiere a la especificidad de la formación solicitada, para esto se plantearon las siguientes tres categorías:

- Exclusivas para veterinarios (EV); donde específicamente se solicita la formación veterinaria para poder acceder al puesto ofrecido.
- Varias profesiones donde veterinaria está incluida explícitamente (VIV); estas ofertas solicitan un perfil más amplio e incluyen a la veterinaria entre esas posibilidades.
- Otras profesiones donde no se mencionan los veterinarios, pero por el perfil solicitado o las características del empleo, estos podrían ser ocupados por un profesional veterinario (OP), teniendo en cuenta que aún la profesión no está identificada con áreas laborales para las que también está formado.

Tomando en cuenta el primer criterio se encontró que de las 955 solicitudes:

- 480 (50,3%) tenían un perfil correspondiente a Medicina Veterinaria,
- 157 (16,4%) se vincularon a la Producción Animal,
- 118 (12,4%) se relacionan a la Tecnología de los Alimentos de Origen Animal,
- 200 (20,9%) se categorizaron como "Otros", entendiendo que involucraban a la profesión veterinaria.

Analizando en base al criterio de la exclusividad o no de la convocatoria se cuantificó de la siguiente forma (955 casos):

- 63% de los avisos totales tuvieron una exclusividad para la profesión veterinaria,
- 19% solicitaba varias profesiones donde se incluía a la profesión veterinaria,
- 18% de los avisos solicitaban un profesional no veterinario para un cargo con perfil afín al egresado de esta carrera.

Un aspecto fundamental en este análisis es también el cruzamiento de estas dos categorías, para tener en cuenta cómo se comporta la oferta laboral respecto a la profesión veterinaria.

Tomando en cuenta los dos criterios de clasificación encontramos que:

- La totalidad de los avisos que solicitaban profesionales para el área de Medicina Veterinaria, explicitaban a la profesión de forma exclusiva. Esto era totalmente esperable, dado que la salud animal sigue siendo un espacio donde el veterinario es el único referente.

- Respecto a las convocatorias en el área de Producción Animal, es posible observar que pocas veces de solicitan veterinarios en exclusividad, suelen solicitarse un perfil más amplio donde sí está incluida la profesión veterinaria. Un aspecto que puede llamar la atención es que solo el 22% de los avisos fueron exclusivos para la profesión veterinaria (EV), el 48% incluían a la profesión veterinaria junto con otras profesiones (VIV) y el 30% no incluían a la profesión veterinaria (OP), aunque el perfil y la función solicitada cumplía con el perfil de un profesional veterinario (ver gráfico 1). Las profesiones que aparecen compitiendo directamente para estos empleos son los Ingenieros Agrónomos, los Técnicos Agropecuarios y los Técnicos Lecheros.
- Con relación a los anuncios que ofrecían empleo en el área vinculada a la Tecnología de los Alimentos de Origen Animal, aparece la profesión veterinaria un tanto relegada, ya que existen pocas solicitudes donde es incluida, ya sea en exclusividad o no (ver gráfico 2). Se puede observar que solo el 11% de los avisos hacía referencia exclusiva a la profesión veterinaria, el 32% incluía a la profesión entre otras en la solicitud y el 57% de los avisos describía el perfil referente a esta orientación, aunque no mencionaban al profesional veterinario. Las principales profesiones que compiten por estos puestos de trabajo son los Ingenieros en Alimentos y los Ingenieros Químicos. Esta información es particularmente importante, ya que el plan de estudios creó una orientación de pregrado relacionada a esta temática para mejorar la inserción profesional en la misma.
- Los anuncios que no se relacionan a ninguna orientación del plan actual representan una información muy importante, ya que existe una quinta parte de las solicitudes en esta situación. En esta clasificación se reconoció una demanda específica para la profesión veterinaria, así como un perfil en el cual la formación veterinaria resultaba competitiva para la labor solicitada, pero que no se identifica con una orientación en particular. Dentro de "Otros" se identificaron avisos solicitando consultores para negocios agrícolas-ganaderos, investigadores en las áreas ganaderas y lecheras, docencia en tecnicaturas, etc. En esta categoría la exclusividad para la profesión (EV) es del 38%, aquellos que solicitaban Veterinarios entre otras profesiones (VIV) eran el 32% y aquellos que solicitaban otras profesiones (OP) con un perfil similar al de un profesional Veterinario eran el 30% (ver gráfico 3). Esto aporta también a que no necesariamente las orientaciones estén representando la situación actual de la profesión.

Gráfico 1. Cantidad de avisos clasificados en El Gallito Luis (diario *El País*) solicitando profesionales en el área de Producción Animal

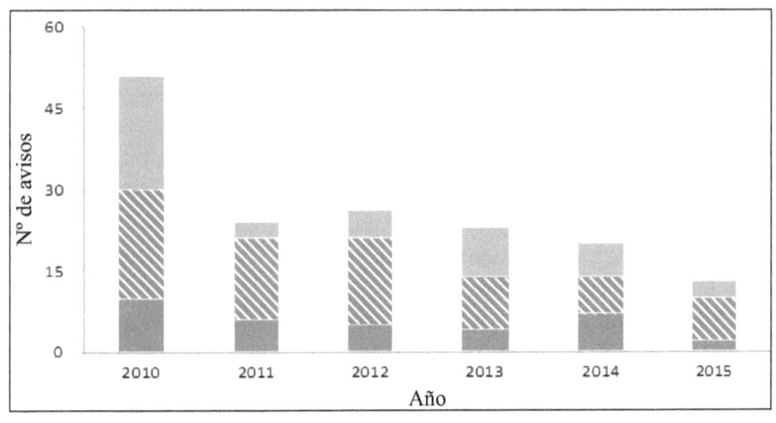

Nota: La parte superior de las barras representa Otras Profesiones, el rayado representa Varias profesiones Incluidas Veterinarios, mientras que la parte inferior representa Exclusividad para la profesión Veterinaria; N= 157. Fuente: Cabral (2017).

Gráfico 2. Cantidad de avisos clasificados en El Gallito Luis (diario *El País*) solicitando profesionales vinculados a la Higiene, Inspección-Control y Tecnología de los Alimentos

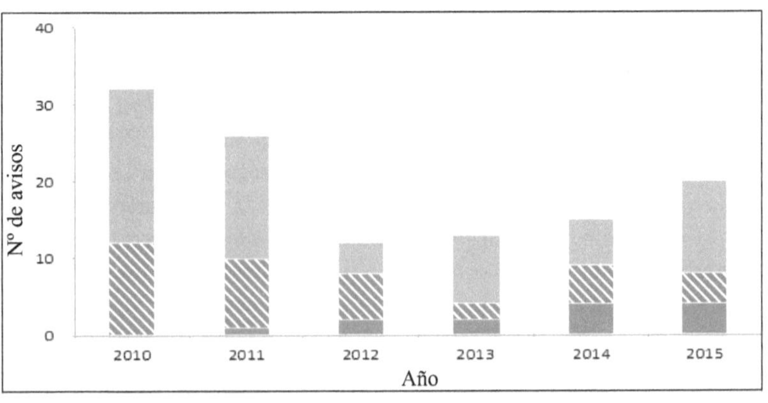

Nota: La parte superior de las barras representa Otras Profesiones, el rayado representa Varias profesiones Incluidas Veterinarios, mientras que la parte inferior representa Exclusividad para la profesión Veterinaria; N= 118. Fuente: Cabral (2017).

   ASALARIZACIÓN Y PROFESIONALIZACIÓN

Gráfico 3. Cantidad de avisos clasificados en El Gallito Luis (diario *El País*) solicitando profesionales categorizados como Otros a los que puede acceder el Veterinario

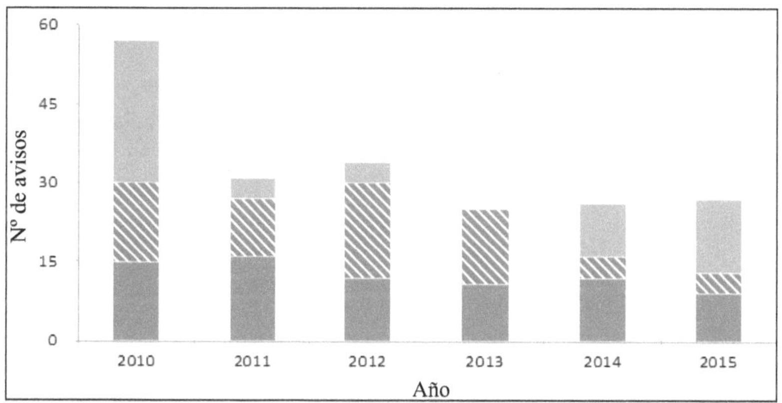

Nota: La parte superior de las barras representa Otras Profesiones, el rayado representa Varias profesiones Incluidas Veterinarios, mientras que la parte inferior representa Exclusividad para la profesión Veterinaria; N= 200. Fuente: Cabral (2017).

El perfil de los Veterinarios formados en los últimos años

- Los datos tomados en el sistema de Bedelía, nos indican que en el período que va desde 2003 al 2016, han ingresado al mercado laboral 1179 nuevos profesionales egresados el plan de estudios actual. Si tomamos en cuenta la orientación pre-profesional realizada, según (Cabral, 2017) encontramos que:
  - el 53% realizaron el Ciclo Orientado de Producción Animal (OPA),
  - el 28% con Medicina Veterinaria (OMV),
  - el restante 19% con el Orientado Higiene, Inspección-Control y Tecnología de los Alimentos (OHICTA).

Un aspecto que es evidente al analizar los datos es el crecimiento de los profesionales que optaron por la Orientación de Producción Animal en la medida que se avanza en el Siglo XXI, seguramente impulsados por el crecimiento de precios de los productos agropecuarios (carne, leche, lana) que representan una de las principales exportaciones del país (ver gráfico 4).

Una interrogante que surge de inmediato al ver estos resultados, es si realmente esta relación proporcional entre orientaciones logra una inserción laboral acorde a la misma, o finalmente es otro el destino de los profesionales. Principalmente la duda surge respecto a la gran cantidad de veterinarios con orientación en producción animal y su inserción efectiva en dicha área.

Gráfico 4. Evolución del egreso en la carrera de veterinaria entre los años 2004-2016

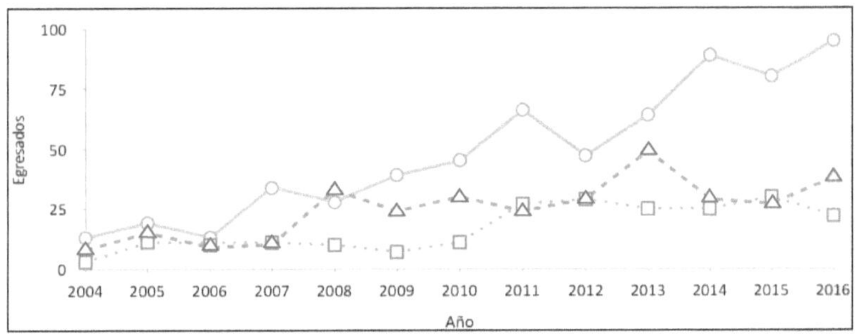

Nota: Línea con círculo (o) representa a los egresados del OPA; con triángulo (△) se representa a los egresados del OMV; con cuadrado (□) se representa a los egresados del OHICTA. N= 1179. Fuente: Cabral (2017).

Relación entre formación y oferta de empleo de los veterinarios

La Facultad de Veterinaria ha realizado algunos trabajos que identifican en qué área profesional se encuentran trabajando los veterinarios. Los más significativos son el Censo Veterinario (Gil y Piaggio, 2010) y la investigación llevada adelante por el Departamento de Educación Veterinaria (Passarini, 2013).

El Censo Nacional de Veterinarios del Uruguay (Gil y Piaggio, 2010) consulta sobre la principal área de desempeño laboral, se observa que se crearon seis categorías: Producción Animal; Medicina Veterinaria; Sanidad Animal; Tecnología de los Alimentos; Salud Pública y Otros. A los efectos de poder comparar la inserción laboral y la oferta, se aunaron algunas categorías. Siendo que sanidad animal corresponde principalmente a actividades vinculadas con el orientado Medicina Veterinaria, se sumó a esta. Para el caso de Salud Pública, ya que los avisos clasificados encontrados solicitaban este perfil ligado

 ASALARIZACIÓN y PROFESIONALIZACIÓN

principalmente a la industria alimenticia, se decidió considerar el porcentaje correspondiente a esta categoría en conjunto con el Orientado Tecnología de los alimentos (ver Cuadro 3).

Cuadro 3. Principal área de desempeño de la profesión veterinaria en el Uruguay

Área de la Profesión Veterinaria	%
Producción Animal	22
Medicina Veterinaria	58
Tecnología de los Alimentos	13
Otros	7
	100

Fuente: Elaborado a partir del Primer Censo Nacional de Veterinarios (2010). N= 3304.

Por otra parte, el trabajo realizado por el Departamento de Educación Veterinaria se centró en la inserción laboral de los egresados recientes, tomando los graduados entre los años 2004 y 2010. En este trabajo se observa que los jóvenes graduados efectivamente se estaban ubicando más en Producción Animal (ver Cuadro 4), lo que evidencia un cambio a la situación general de los veterinarios evidenciado en el Censo.

Cuadro 4. Principal área de desempeño veterinarios recién graduados

Área de la Profesión Veterinaria	%
Producción Animal	46
Medicina Veterinaria	29
Tecnología de los Alimentos	16
Otros	3
Sin respuesta	6
Total	100

Fuente: Elaborado a partir de la tesis de doctorado de Passarini (2013). N= 114.

En el mismo estudio se les consultó a los jóvenes graduados si el puesto de trabajo que poseían anteriormente era ocupado por un profesional veterinario, otro profesional o era un nuevo puesto en el mercado. En el 30% de los casos eran puestos nuevos lo que muestra da una señal de un crecimiento en el mercado laboral de la profesión, en el 50% de los casos se trataba de puestos que anteriormente ocupaba un veterinario y el 20% restante eran puestos que anteriormente habían sido ocupados por otras profesiones o por estudiantes de veterinaria (Passarini, 2013).

Sin embargo, comienza a existir evidencia de que un número creciente de veterinarios con orientación en Producción Animal no están consiguiendo emplearse en esa área de la profesión. En parte, esto coincide con que esta orientación ha sido elegida por una mayor proporción de estudiantes (ver Gráfico 4). Pero también con que la oferta laboral en esta área no ha crecido significativamente estos años.

Gráfico 5. Evolución del mercado laboral veterinario 2004-2015 discriminado por áreas de desempeño

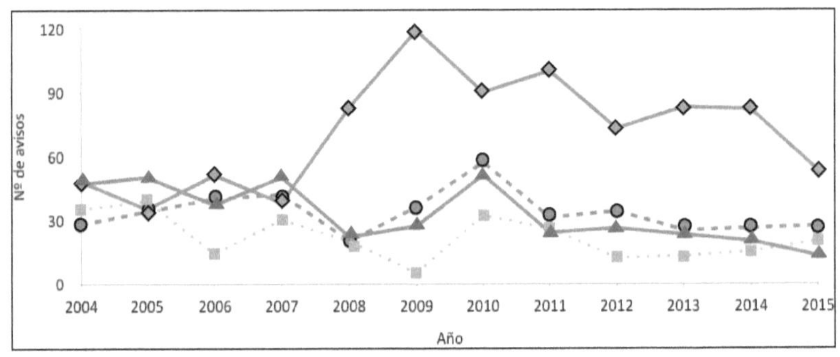

Nota: Línea continua con rombo (———◇———) se representa el mercado laboral para OMV; línea continua con triángulo (——▲——) se representa el mercado laboral para OPA; línea punteada con cuadrado (··■··) se representa el área HICTA y línea discontinua con círculo (- - ● - -) se representa Otros. Fuente: Datos agrupados tomados de Rodríguez (2013) y Cabral (2017).

Al observar la evolución de las distintas áreas de inserción laboral de los veterinarios en la última década (Gráfico 4), se puede observar que a partir del año 2007 el mercado laboral enfocado a la medicina veterinaria tuvo un gran aumento en relación con las otras áreas de trabajo y se ha mantenido muy por encima desde entonces. Esto puede deberse al alto recambio que suele darse en este rubro, donde suelen encontrarse estudiantes avanzados ocupando alguno de los puestos y que luego de titularse optan por otras oportunidades (Cabral, 2017).

Si hacemos un ejercicio de superposición de la información sobre la oferta laboral por área profesional y la orientación elegida por los estudiantes podemos observar que no existe una correspondencia (ver Gráfico 6).

Gráfico 6. Relación entre la oferta laboral y la orientación que tienen los egresados veterinarios

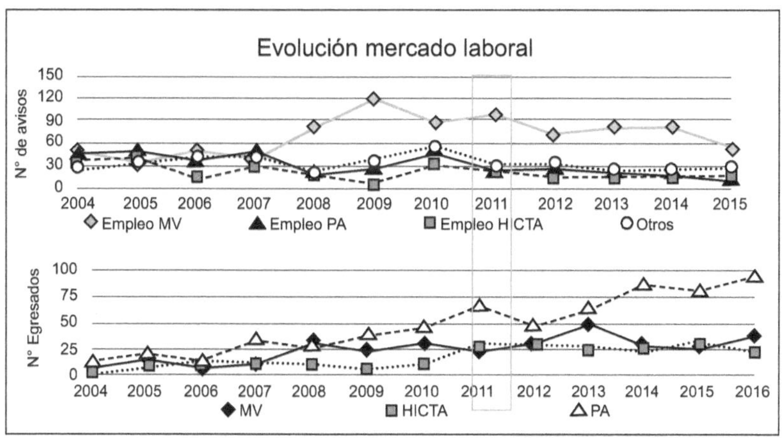

Fuente: Cabral (2017).

Es posible observar, dentro de la Gráfico 6, en la gráfica superior como la oferta laboral en medicina veterinaria se incrementa y se mantiene claramente por encima de las demás áreas a partir de 2008 y a su vez como el crecimiento de egresados con perfil de producción a partir de 2009 supera a los demás perfiles y se mantiene en el tiempo. La semana especialmente del periodo de 2011, a partir de donde es posible evidenciar un claro desbalance, lo que ha llevado a que hoy muchos egresados con perfil de producción animal estén trabajando en medicina veterinaria. Por otra parte, ha crecido la oferta laboral en áreas no especificadas por las orientaciones predeterminadas en el plan de estudios. Esta información ha sido volcada a la discusión del nuevo plan de estudios, para el que se han tomado definiciones que apuntan a mejorar la inserción profesional. En este sentido ya se ha resuelto la implementación de un plan sin orientaciones pre-profesionales pero con mayor flexibilidad, donde el estudiante elija contenidos y no bloque de materias estructuradas, para que de esta forma el perfil sea más integral y que quienes realmente quieran orientarse a un área específica lo continúen haciendo.

Consideraciones Finales

La formación de los veterinarios en el Uruguay ha estado ligada históricamente a la producción agropecuaria. Por otra parte, la estrecha relación entre el desarrollo del país y la producción agropecuaria es indiscutible, por lo tanto, la importancia de una buena formación de los veterinarios es imprescindible para garantizar la calidad de los productos de origen animal, que representa un gran ingreso de divisas para nuestro país, siendo el PIB agroindustrial (primario y de industrias asociadas) del orden del 8,3% de la economía nacional en 2017 (Ministerio de Ganadería, Agricultura y Pesca, 2018).

Por otra parte, el creciente valor afectivo de las mascotas ha disparado una creciente demanda de veterinarios con formación especializada, evidenciando un amplio campo de trabajo que se continúa expandiendo en la actualidad, dando cabida a una gran cantidad de profesionales e incluso de estudiantes avanzados.

Sin embargo, el mercado laboral para la profesión, hoy en día, excede la visión clásica de la misma. Cada vez más, aparecen ofertas laborales donde el perfil que se solicita, tiene un fuerte componente de conocimientos veterinarios, pero que, a su vez requieren del desarrollo de otras competencias. Para trabajos como consultores, gerentes, administradores, investigadores, docentes y hasta vendedores especializados; se requieren de los conocimientos específicos referentes a la profesión, pero también requieren de conocimientos en comunicación, administración, manejo de personal, capacidad de trabajar en equipos (muchas veces interdisciplinarios), análisis de riesgo y toma de decisión (Cabral, 2017).

El estudio del mercado laboral y el lugar de inserción del profesional veterinario son de suma importancia para la institución, como insumo para la mejora y adaptación del plan de estudio de grado y sus ofertas de posgrado y educación permanente. El presente trabajo que relaciona la orientación pre-profesional de los estudiantes y la oferta laboral durante una década, ha puesto de manifiesto que no existe una correspondencia entre estas variables. Esto ha generado que muchos veterinarios que profundizaron su formación en Producción Animal se encuentren trabajando en clínicas que atienden principalmente animales de compañía.

El nuevo plan de estudios debe tener en cuenta esta situación. Una forma de hacerlo es aumentar la flexibilidad del currículum y sacar las orientaciones, dando más libertad a la formación de profesionales diferentes y capaces de perfilarse de forma heterogénea y con mayor capacidad de adaptación a las diferentes áreas de la profesión.

El monitoreo continuo de los graduados de una carrera permite tomar definiciones con información sistematizada y pone a la institución educativa en una mejor posición para tomar decisiones.

Bibliografía

Cabral, P. (2017) "Oferta laboral para los veterinarios entre los años 2010 y 2015. Análisis a través de los clasificados del diario *El país*", Tesis de Grado en Veterinaria, Montevideo, Universidad de la República.

Facultad de Veterinaria - Universidad de la República (1997) "Plan de Estudios de la Carrera Doctor en Ciencias Veterinarias", Montevideo.

Gil, A. y Piaggio, J. (2010) "Censo Nacional Veterinario del Uruguay", Montevideo, Biblioteca Central MGAP, 100 p.

Kuhn, T. (1962) (1971) *La Estructura de las revoluciones científicas*, México, Fondo de Cultura Económica.

MGAP (2018) "Anuario estadístico Agropecuario 2016". Disponible en: [https://www.gub.uy/ministerio-ganaderia-agricultura-pesca/comunicacion/publicaciones/anuario-estadistico-diea-2018]. Fecha de consulta: 20/03/2020.

OIE (2012) "Recomendaciones de la OIE sobre las competencias mínimas que se esperan de los veterinarios recién licenciados para garantizar Servicios Veterinarios Nacionales de calidad". Disponible en: [http://www.oie.int/fileadmin/Home/esp/Support_to_OIE_Members/Edu_Vet_AHG/day_1/DAYONE-B-esp-VC.pdf]. Fecha de consulta: 20/03/2020.

OIE (2013) "Plan de estudios básico de formación veterinaria. Directrices de la OIE". Disponible en: [http://www.oie.int/Plan_de_Estudios_Basico_de_Formacion_Veterinaria.pdf]. Fecha de consulta: 20/03/2020.

PANVET (2013) "Perfil Profesional del Médico Veterinario en Latinoamérica -Visión al 2030". Disponible en: [http://www.vetcomunicaciones.com.ar/uploadsarchivos/perfil_profesional_del_m__dico_veterinario_en_latinoam__rica_vision_al_2030.pdf]. Fecha de consulta: 20/03/2020.

Passarini, J. (2013) *La formación de los veterinarios y su relación con el mundo del trabajo: un estudio de seguimiento de jóvenes graduados*, Tesis de Doctorado en Ciencias de la Educación, La Habana, Cuba, Universidad de la Habana.

Rodríguez, B., Borlido, C., Cabral, P. y Passarini, J. (2013) "La oferta laboral para veterinarios en el Uruguay. Seminario internacional de intercambio de experiencias e investigación sobre egreso universitario: Políticas educativas, seguimiento de graduados y articulaciones con el mundo del trabajo", 1, Montevideo, Uruguay, 91.

Caracterización de empresas del sector informacional del Chaco y la inserción laboral de graduados de Ingeniería en Sistemas de Información, de la UTN Resistencia

Marta Ceballos Acasuso, Carlos A. Lovey y Gabriel C. Hruza

Introducción

La naturaleza del trabajo y la organización de la producción cambian rápidamente en esta civilización tecnológica, y la dinámica de tales cambios encuentra su expresión local en medio de fuertes tendencias globales. En el contexto de esa tensión global-local, las formas de organizar la producción y el trabajo tropiezan con adaptaciones, con sincretismos y con límites culturales. De igual manera, se trazan límites que los graduados deben atravesar para insertarse laboralmente, según sus posibilidades de elección de carreras que ofrezcan los sistemas de educación formal. Tales carreras resultan determinantes para construir los saberes, habilidades y actitudes que les permitan desempeñarse competentemente.

En este panorama actual, las actividades de servicios, las microempresas y pequeñas empresas, los trabajos autónomos, y los emprendimientos auto-sostenidos se ven incrementados y diversificados. Cada vez, más organizaciones y sus lugares de trabajo se distancian del modelo fordista tradicional, y se asiste al surgimiento de formas distintas de organizaciones productivas y sociales.

El sector informático resulta uno de los sectores más dinámicos y cambiantes, desde sus orígenes a partir del advenimiento de las tecnologías digitales y su impacto en los medios de producción. También, el trabajo requerido –denominado "informacional"– se configura como un objeto de conocimiento contemporáneo, que puede entenderse como categoría de análisis en construcción, en un intento de ser clasificado e incluido entre las demás actividades productivas. El trabajo informacional está implicado en toda actividad basada en los flujos y stocks de información digital, ya que sus medios de producción son tecnologías digitales y los productos elaborados son bienes informacionales primarios.

De este modo, el sector informacional agrupa a un amplio conjunto de ocupaciones y de unidades productivas que expresan la existencia de tales procesos productivos. Si bien el trabajo informacional se inserta en numerosas actividades contemporáneas y cotidianas, esta discusión se centra particularmente en la actividad de producción de SSI. El sector resulta de sumo interés, ya que su aparición es relativamente reciente y su desenvolvimiento en la economía de la Región NEA no cuenta con suficientes estudios.

Tenemos investigaciones sobre esta actividad desde hace varios años, en UTN. Su continuidad implica sucesivos proyectos ejecutados por el *Grupo de Estudios Interdisciplinarios sobre Innovación y Trabajo* (GEISIT), y su Laboratorio de Monitoreo de Inserción de Graduados (MIG) de la UTN/ FRRe. Los objetos de estudio planteados siempre se han enfocado en las relaciones de trabajo instauradas entre los graduados en sistemas de información –en carreras de grado y pregrado– de la UTN FRRe, y las organizaciones empresarias chaqueñas activas en la producción de SSI, donde están insertos.

Las distintas etapas de esa continuidad abordan, en sus comienzos estudios exploratorios que van profundizándose sobre diversos aspectos, para caracterizar y comprender mejor al sector SSI chaqueño. Progresivamente, se van enfocando en la inserción laboral de graduados de la FRRe en esta actividad[1].

Este trabajo se propone describir las características de empresas dedicadas a la producción de *software* y servicios informáticos (en adelante, SSI) ubicadas en Resistencia (Chaco), con la intención de realizar una aproximación a esta actividad como sector productivo. En virtud de la perspectiva sistémica del abordaje metodológico, la estrategia de su análisis macro-micro recupera la articulación de información cuanti-cualitativa sobre estos escenarios organizativos, y permite examinar las relaciones laborales entre las organizaciones estudiadas y los graduados de Ingeniería.

---

1   GEISIT-MIG ejecuta desde 2013 y hasta la actualidad, diferentes investigaciones sobre esta actividad. A saber: PID/ UTN-SIUTIRE 5321 TC (2019-20) *"Inserción profesional en sistemas de información. Estudios socio-laborales sobre graduados de Ingeniería en Sistemas de Información (ISI) y Analistas Universitarios de Sistemas (AUS), en la UTN Resistencia"*; PID/ UTN-TOIAIRE 3823 TC (2016-18) *"Trabajo y Empleo en la producción de software y servicios informáticos, en el área del Gran Resistencia"*; y PID/UTN-TOUTNRE 1922 (2013-15) *"Modelización de un Observatorio de Desarrollo Productivo. Industria de Software y Servicios Informáticos en Resistencia (Chaco)"*. Dirección: Marta Ceballos Acasuso; Co-dirección: Carlos A. Lovey.

   ASALARIZACIÓN y PROFESIONALIZACIÓN

Interesa, en particular, la inserción de graduados de Ingeniería en Sistemas de Información (ISI) de la Facultad Regional Resistencia (FRRe)/ Universidad Tecnológica Nacional (UTN). Los avances en el estudio de su inserción, que se presentan aquí, están referidos a datos preliminares debido a que la investigación se está realizando.

No obstante, resulta de interés examinar los perfiles y roles laborales identificados en su inserción aunque trasciendan al sector de SSI, mencionado. Tales perfiles se consideran expresiones de los vínculos establecidos entre el sistema de educación superior y la construcción social de este segmento del mercado de trabajo, desde una perspectiva de oferta-demanda de calificaciones y competencias tecnológicas.

En el punto 1, a modo de marco analítico, se exponen los conceptos significativos que van construyendo la teorización y categorías utilizadas para comprender a este sector productivo; se indican las normas internacionales, nacionales y provinciales que regulan la producción de SSI; y se presentan los principales actores clave con sus asociaciones representativas. Además, se caracteriza al sector SSI argentino según tamaño de las empresas por dotación de personal, estructura organizacional, emprendedorismo, demanda de personal calificado y clientes del sector; y se relata el desarrollo del sector en Resistencia, partir de la aparición del Polo IT Chaco.

En el punto 2, se discute la organización del trabajo y la producción SSI entendiendo al *software* como un medio productivo; y se examinan los conceptos de programa, procesos, metodologías, proyecto y sus ciclos de gestión. En el punto 3, se describe el origen y disponibilidad de la oferta de carreras para la formación en tecnologías de la información, en la UTN/FRRe.

En el punto 4, se incluye la estrategia metodológica y la secuencia de las investigaciones realizadas que enfocan el sector SSI chaqueño y la inserción de graduados de UTN, desde distintos problemas de investigación. El punto 5, presenta la discusión y análisis de datos sectoriales sobre tamaño, actividad principal, ámbito de aplicación del SSI producido y ventas totales; así como sobre la organización del trabajo y la producción en las empresas estudiadas, estudios del personal ocupado, metodologías de desarrollo de SSI, áreas funcionales y tipos de puestos de trabajo.

En el punto 6, se presentan datos preliminares del proyecto PID aún en ejecución, sobre la inserción de graduados de ISI. Se refieren a una muestra teórica de veintisiete sujetos, con tipificación de sus perfiles laborales, e identificación de las organizaciones empleadoras que corresponden al sector SSI pero además a otros sectores. A modo de cierre, siguen algunas consideraciones finales.

El sector informacional como escenario socio-productivo en construcción

Conceptualización para un nuevo paradigma

La especificidad histórica de la nueva economía capitalista lleva a conformar lo que Castells (2008) denomina la *sociedad de la información*. Para este autor, lo distintivo de esta etapa es que la economía estaría basada en un modo de producir información para elaborar más información. Desde una aproximación sociológica, muestra que existen profundas transformaciones en la dinámica de las actuales trayectorias organizativas de las empresas en este escenario, y postula una transición del industrialismo al *informacionalismo*. El término *informacional* indica el atributo de una forma específica de organización social, en la que la generación, el procesamiento y la transmisión de información se convierten en las fuentes fundamentales de la productividad y el poder, debido a las nuevas condiciones tecnológicas que surgen en este período histórico (*Ibíd*: 47).

La maduración de las *tecnologías de la información* (TI) influye el proceso de trabajo, e introduce las actuales formas sociales y técnicas de división del mismo. Durante toda la década del ´80, la microelectrónica penetra plenamente en la maquinaria de fabricación; y recién para los años ´90, los ordenadores interconectados se difunden ampliamente en todas las actividades de procesamiento de la información, que se constituyen en el núcleo del sector de servicios (Spinak, 2007). De esta manera, el nuevo paradigma informacional queda asociado con el surgimiento del modelo organizacional de la *empresa-red;* que ya queda bien instaurado y listo para desarrollarse. Ese potente concepto de la empresa-red se aplica al entendimiento de cómo se organiza la actividad, y el planteo estratégico/organizativo que se basa en una descentralización –en red– de las líneas de negocio (Castells, 2001)[2].

Varios factores aceleran la transformación del proceso de trabajo: la tecnología informática y sus aplicaciones, que progresan a saltos cuánticos y se hacen cada vez más baratas y efectivas, con lo que se vuelven más asequibles y utilizables a gran escala; la competencia global que desencadenó una carrera tecnológica/ejecutiva entre empre-

---

2   Castells define como empresa-red, *"(...) la forma organizativa construida en torno a un proyecto de negocio que resulta de la cooperación entre los diferentes componentes de varias empresas, operando en red durante el periodo de duración de un proyecto de negocio, y reconfigurando sus redes para llevar a cabo cada proyecto".*

                                   ASALARIZACIÓN y PROFESIONALIZACIÓN

sas de todo el mundo; las organizaciones que evolucionan y adoptan formas basadas en la flexibilidad y la interconexión; los ejecutivos y consultores que vislumbran el alcance potencial de las TI y cómo utilizarlas aplicándolas a sus metas organizativas.

La amplia difusión de las TI ocasiona efectos bastantes similares en fábricas, oficinas y organizaciones de servicios. Estos efectos no son –como se había previsto– el cambio hacia el trabajo indirecto a expensas del directo, que se automatizaría. Por el contrario, el papel del trabajo directo ha aumentado porque las TI han otorgado poder al trabajador operativo en los talleres. Mediante la automatización integral, lo que tiende a desaparecer son las tareas repetitivas de rutina, que pueden pre-codificarse y programarse para su ejecución por máquinas. Aunque la cadena de montaje taylorista se convierte en una reliquia histórica, todavía instituye la dura realidad para millones de trabajadores del mundo industrializado.

Las TI hacen precisamente eso, reemplazan el trabajo que puede codificarse previamente en una secuentia programable, y realzan el trabajo que requiere análisis, decisión y capacidad instantánea de reprogramar, en un grado en el que sólo el cerebro humano puede dominar.

Todo el resto de las actividades, dada la velocidad extraordinaria de cambio técnico en las TI y su descenso constante de precio por unidad de información, son potencialmente susceptibles de automatización y, por lo tanto, el trabajo que implican es prescindible; aunque los trabajadores –como tales– no lo sean, dependiendo de su organización social y de su capacidad política (Ceballos Acasuso et alt., 2015).

En el contexto de esa trama, el nuevo paradigma del trabajo informacional y su fuerza laboral no ofrecen un modelo nítido, sino más bien un sincretismo productivo transicional (Ceballos Acasuso, 1999) que integra la interacción histórica del cambio tecnológico, las políticas de relaciones industriales y la acción social conflictiva. Sus pautas de regularidad se aprecian más allá de esta dinámica tecno-productiva, con lo que su entendimiento necesita de construir primero, y luego reconstruir, el modelo que surge de la relaciones entre el trabajo, los trabajadores y las organizaciones laborales, que caracterizan a esa nueva sociedad informacional.

Zukerfeld (2013, 2008 y 2005) trabaja la noción de capitalismo informacional como la cuestión central en este modo de producción reciente, y profundiza la tensión producida entre la ontología replicable de los *bienes informacionales* (BI) y la voluntad capitalista de volverlos mercancías. De tal manera, que el modo de producción del capitalismo informacional se encuentra basado en la producción de

BI, que él define como *"aquellos cuyos costos de reproducción tienden a ser despreciables frente a los conocimientos involucrados"*. Es decir, que pueden replicarse sin costos, o con ínfimos costos en relación a los de la producción del bien original. Los BI son bienes obtenidos en procesos cuya función de producción está signada por un importante peso relativo de los gastos (en capital o trabajo) en la generación de, o el acceso a, la información digital (ID). En todos los casos, se trata de bienes para cuya producción –tanto los costos de las materias, como los de la energía– son despreciables frente a los conocimientos involucrados[3].

Se postula la existencia de distintos tipos de BI, que pueden clasificarse en:

- *BI 1:* son los bienes informacionales en un sentido más estricto, tienen la característica de estar hechos puramente de información digital. Se trata de *software*, música, imágenes, textos, etc.
- *BI 2:* presentan como rasgo distintivo que procesan, transmiten o almacenan ID. Se incluyen los chips (y computadoras que dependen de ellos), las fuentes de almacenamiento y las de transmisión (como ser los semiconductores de silicio) de ID.
- *BI 3:* tienen como rasgo general que la ID es su insumo decisivo, y carecen de las características de los BI 1 y BI 2. Son todos los productos que resultan de la aplicación de biotecnologías, como ser industria farmacéutica, aplicaciones vegetales o animales de la genética, etc.

Se sostiene que los BI no tienen ninguna característica de los servicios, y tienen todas las cualidades de los bienes; o sea, no son consumidos al momento de su producción, pueden circular independientemente de ese momento, y pueden asignarse derechos de propiedad sobre ellos. Sin embargo, se trata de bienes con propiedades económicas, regulaciones legales y procesos productivos propios que difieren de los bienes agropecuarios o industriales[4]. En este trabajo, interesan los BI del tipo 1 ya que corresponden a la categoría a la que pertenece el *software*.

La definición propuesta por OCDE (1985), denomina *software* a la

"producción de un conjunto estructurado de instrucciones, procedimientos, programas, reglas y documentación contenida en distintos tipos de soporte físico (cinta, discos, circuitos eléctricos, etc.) con el objetivo de hacer posible el uso de equipos de procesamiento electrónico de datos".

---

3   *Cfr.* Zukerfeld, 2013. Págs.36-37.
4   *Cfr.* Zukerfeld, 2005. Pág. 39.

   ASALARIZACIÓN y PROFESIONALIZACIÓN

Y según señala Torrisi (1998), la industria del *software* resulta una actividad relacionada con la codificación del conocimiento y de la información siendo sus *inputs* y *outputs* propiamente dichos, virtualmente inmateriales. Según la forma en que se proveen, dichos *outputs* pueden considerarse como productos o como servicios.

Al caracterizar a los *servicios informáticos* se incluyen tanto los servicios profesionales vinculados a instalación, mantenimiento, desarrollo, integración, etc. de *software*, como a los de soporte técnico de *hardware*. El sector SSI representa una de las actividades económicas de mayor crecimiento en la Argentina durante la década 2000-2010. Tal situación ha estado fuertemente ligada a la recuperación del mercado interno tras la salida de la convertibilidad, a fines de los años 2001-2002 (Chudnovsky et alt., 2001).

En Argentina, la Ley Nacional N° 25.856 declara a la producción de *software* como una actividad industrial desde el 2004, con la intención de favorecer al sector instrumentando beneficios impositivos y estabilidad fiscal, ya aplicados a las demás industrias. En particular, la Ley N° 25.922 del mismo año, es la que promueve el desarrollo sectorial otorgándole beneficios impositivos a las distintas actividades comprendidas en tal categoría. En 2011, esa norma se modifica por otra Ley 26.692, para extender los beneficios promocionales hasta fines de 2019[5]. El sector SSI forma parte de lo que actualmente se conoce genéricamente como industrias de TI. Y ellas abarcan: 1) *hardware* (PCs, *mainframes*, minicomputadoras, estaciones de trabajo, impresoras, etc.); 2) *software* "empaquetado"; 3) servicios informáticos (incluyen tanto los servicios profesionales vinculados a instalación, mantenimiento, desarrollo, integración, etc. de *software*, como los de soporte técnico de *hardware*).

Regulaciones para la producción de SSI.
Actores y normas claves

Organismos de regulación internacional y nacional

Las instituciones internacionales actúan como generadoras del marco regulatorio mundial y difunden estándares para organizar la producción y el trabajo, en diferentes actividades productivas; también tienen un papel fundamental en determinar la calidad de productos y

---

5   La evolución económica de la industria del *software* en Argentina y el impacto de la Ley 25.922 en el sector, se plantean en un análisis comparativo internacional, *cfr. CESSI* (2018).

servicios en el mercado internacional. La producción de SSI no escapa a ese marco, por lo que a continuación se mencionan los organismos relacionados.

La *Comisión Electrotécnica Internacional* (IEC) es la entidad que lidera mundialmente la confección y divulgación de normas internacionales que involucren electrotecnia[6]; es decir, toda tecnología eléctrica, electrónica y relacionada. Proporciona una plataforma para empresas, industrias y gobiernos para cumplir, discutir y desarrollar las normas internacionales requeridas, conocidas como normas IEC. También es el organismo que interviene en la certificación de los estándares de calidad, y brinda asesorías al respecto.

La *Unión Internacional de Telecomunicaciones* (UIT) es el organismo especializado de las Naciones Unidas para las TICs[7]. En la actualidad, hay 193 países miembros y más de 700 entidades del sector privado e instituciones académicas. Se basa en el principio de la cooperación internacional entre los gobiernos (estados miembros) y el sector privado (miembros del sector, asociados e instituciones académicas), la UIT constituye el primer foro mundial en el que las partes colaboran para lograr un consenso sobre una amplia gama de cuestiones que afectan a la futura orientación de la industria de las TICs.

La *Organización Internacional de Normalización* (Normas ISO) conforma junto con IEC y el *Joint Technical Comittee* (JTC1), un comité internacional para estandarización, regulación y control de calidad en este rubro. El mismo se encuentra dividido en varios subcomités, y el que interesa a esta discusión es el sub-comité SC7 de Ingeniería de *Software* y Sistemas[8], que posee diferentes grupos de trabajo (Piattini et alt., 2007).

Como para todas las demás actividades productivas, las normas ISO establecen la opción de certificar reglas y criterios de calidad por parte de un organismo con reconocimiento internacional. Este organismo está integrado por 159 países miembros, a través de sus instituciones de normalización.

En el sector de producción SSI resultan de aplicación las normas que se presentan a continuación.

---

6   *International Electrotechnical Commission* (IEC). *Cfr.* en línea [https://www.iec.ch/index.htm].

7   La UIT se crea en 1865, para promover la cooperación entre las redes telegráficas internacionales del momento. Ha integrado a otros muchos organismos de normalización, por lo que historia incluye importantes normas originales, como la normalización del uso del código Morse y las primeras redes de radiocomunicaciones y telecomunicaciones fijas. *Cfr. en línea* [https://www.itu.int/es/about/Pages/default.aspx].

8   *Cfr.* en línea [https://www.iso.org/committee/45086.html].

- *ISO 9001:2015*.- Se aplica a los sistemas de gestión de calidad (SGC) y se centra en todos los elementos de administración de calidad con los que una empresa debe contar, para tener un sistema efectivo que le permita administrar y mejorar la calidad de sus productos o servicios[9].

- *ISO/IEC 12207:2008*.- Ofrece un marco común para procesos del ciclo de vida del *software*. Esta norma contiene procesos, actividades y tareas que pueden aplicarse durante la adquisición de un producto, o un servicio *software*; y durante el suministro, desarrollo, operación, mantenimiento y disposición de productos de *software*[10].

- *ISO/IEC 15504*.- Establece y mejora la capacidad de las organizaciones en adquisición, suministro, desarrollo, evolución y soporte de productos y servicios. Esta norma proporciona un marco de trabajo para la evaluación del proceso, y establece los requisitos mínimos para realizar la evaluación que asegure la consistencia de las valoraciones obtenidas.

- *ISO 90003*.- Proporciona una guía a las organizaciones para la aplicación de la norma *ISO 9001:2008-2015* para adquisición, suministro, desarrollo, instalación y mantenimiento del *software* y servicios de soporte. No está destinada para utilizarse como criterio de evaluación en el registro/certificación del sistema de calidad (Scalone, 2006).

- *ISO/IEC 9001:2000*.- Promueve la adopción de un enfoque basado en procesos cuando se desarrolla, implementa y mejora la eficacia de un sistema de gestión de la calidad, para aumentar la satisfacción del cliente mediante el cumplimiento de sus requisitos.

- *ISO/IEC 9001:2008*.- Modifica la *ISO/IEC 9001:2000*, de la que ya hay versión *ISO/IEC 9001:2015*.

---

9 La ISO 9001 promueve la adopción de un enfoque basado en procesos al desarrollar, implementar y mejorar la eficacia de un sistema de gestión de la calidad, para aumentar la satisfacción del cliente mediante el cumplimiento de sus requisitos. Una actividad o un conjunto de actividades que utiliza recursos, y que se gestiona con el fin de permitir que los elementos de entrada se transformen en resultados, se puede considerar como un proceso. Frecuentemente, el resultado de un proceso constituye directamente el elemento de entrada del siguiente proceso. La aplicación de un sistema de procesos dentro de la organización, junto con la identificación e interacciones de estos procesos, así como su gestión para producir el resultado deseado, puede denominarse como *"enfoque basado en procesos"*. Una ventaja del enfoque basado en procesos es el control continuo que proporciona sobre los vínculos entre los procesos individuales dentro del sistema de procesos, así como sobre su combinación e interacción. Versión 2015 de esta norma, en línea: [https://www.isotools.org/normas/calidad/iso-9001/].

10 Versión 2018, disponible para esta norma en línea, *cfr.* [https://www.iso.org/standard/72089.html].

- *ISO/IEC 9000-3:2004.-* Ofrece una guía de aplicación de *ISO 9001* para el desarrollo, la aplicación y mantenimiento de *software.*
- *ISO/IEC 12207:1995.-* Define los procesos del ciclo de vida del *software.*
- *ISO/IEC 9126:2001.-* Permite evaluar la calidad del producto *software* y establece las características de su calidad.
- *ISO/IEC 15939:2007.-* Define un proceso de medición a través de un modelo que especifica las actividades, siendo adaptable y flexible a las necesidades de diferentes usuarios.
- *ISO/IEC 15504:2004.-* Proporciona un marco para la evaluación y mejorar la capacidad y madurez de los procesos. Se aplica junto ISO/OEC 12207, para evaluar y mejora de la calidad del proceso de desarrollo y mantenimiento de *software.*
- *ISO/IEC 14598:1999.-* Presenta pautas que ayudan al proceso de evaluación del producto *software.*
- *ISO/IEC 25000.-* Es una familia de normas que crea un marco de trabajo común para evaluar la calidad del producto *software.* Proporcionan guía para el uso de la nueva serie de estándares internacionales[11] basadas en la evolución de ISO/IEC 9126 y de ISO/IEC 14598, para orientar el desarrollo de productos de *software* mediante la especificación de requisitos, y evaluación de características de calidad.
- *Modelo CMMI.-* Este modelo de madurez de capacidades de integración está orientado a la mejora continua que se aplica a los procesos de desarrollo *software.* Promueve la evaluación de madurez de los procesos de una organización, y proporciona orientación referida a cómo optimizar aquellos procesos que darán lugar a mejores productos y procesos de negocios[12].

En Argentina, el organismo nacional de acreditación de normas y estándares de calidad reconocida por sucesivas legislaciones nacionales, es el *Instituto Argentino de Normalización y Certificación* más conocido como IRAM[13]. Es una asociación civil sin fines de lucro, fundada en 1935 por representantes de diversos sectores de la economía

---

11 Normas *SQuaRE* (*System and Software Quality Requirements and Evaluation*), de requisitos y evaluación de calidad de productos de *software*, en línea *cfr.* [https://iso25000.com/index.php/normas-iso-25000].

12 El modelo *CMMI* (*Capability Maturity Model Integration*) se ha desarrollado, originalmente, en el *Software Engineering Institute* (SEI), en cuyo repositorio institucional se encuentra disponible bibliografía al respecto. *Cfr.* [https://resources.sei.cmu.edu/library/results.cfm#stq=CMMI&stp=1].

13 Originalmente, denominado *Instituto de Racionalización Argentino de Materiales*, lo que da lugar a la sigla *IRAM*, por la que es reconocido.

privada, el estado y las instituciones científico-técnicas. Desde 1937, y en mérito a su actividad, IRAM lidera este campo de estandarización y regulaciones y es el único representante argentino frente a las organizaciones regionales de normalización, como la *Asociación Mercosur de Normalización* (AMN) y la *Comisión Panamericana de Normas Técnicas* (COPANT). Además, y en conjunto con la *Asociación Electrotécnica Argentina* (AEA), también es representante argentino ante los organismos internacionales antes mencionadas: ISO e IEC.

Organismos de jurisdicción nacional y provincial

A partir de 2010, el gobierno nacional argentino impulsa la promoción de políticas a favor del sector en estudio. La ley N° 25.922/10 fomenta el desarrollo del sector, otorgándole una condición asimilable a la de otras industrias, con el objetivo de poder gozar de los beneficios impositivos de esa clasificación.

El organismo público encargado, es el Ministerio de Ciencia, Tecnología e Innovación Productiva. Desde allí, se instrumenta el desarrollo y crecimiento de las actividades informáticas, por medio de diferentes planes y programas. La Agencia Nacional de Promoción Científica y Tecnológica financia la finalización de carreras de grado, la generación de nuevos emprendimientos y el fortalecimiento de PyMEs productoras de bienes y servicios pertenecientes al sector de tecnología de la información y las telecomunicaciones (TIC), a través del *Fondo fiduciario de promoción de la Industria del Software (FONSOFT)*[14].

En la provincia del Chaco, el ex *Ministerio de Economía, Industria y Empleo* (actual *Ministerio de la Producción, Industria y Comercio*) impulsa la radicación de este tipo de industrias en la provincia a través del programa de *Software y Servicios Informáticos Chaco* (SSICh), promoviendo incentivos que incluyen subsidios, líneas de financiamiento, capacitación, articulación con los centros de formación y asesoramiento para el desarrollo del sector.

Desde 2012, funciona el *Informatorio Chaco* que aparece como una iniciativa surgida del trabajo de vinculación entre universidad, industria y estado. Se propone la estrategia de formar recursos humanos en herramientas informáticas específicas, a partir del diagnóstico conjunto llevado a cabo en el *Foro de Competitividad de la Industria*

---

14 Sobre instrumentos de financiamiento dirigidos a emprendimientos y PyMEs del sector, a centros académicos de investigación, a vinculación con universidades y a estudiantes universitarios de carreras afines, *cfr.* en línea [https://www.argentina.gob.ar/ciencia/ agencia/fondo-tecnologico-argentino-fontar/direccion-de-la-industria-del-software].

de SSI, realizado durante los años 2009-10. Este programa estatal provincial ejecuta ese proyecto de formación continua[15] a través de la Subsecretaría de Empleo, del Ministerio de Producción, Industria y Empleo, en vinculación con las empresas del Polo IT Chaco, la UTN-FRRe y la UNCAUS (Romero et alt., 2015).

El principal beneficio de esa iniciativa radica en la realización de cursos gratuitos, intensivos e integrales, que permiten el desarrollo de habilidades requeridas a la fuerza de trabajo por las empresas SSI radicadas en la provincia. Los cursos capacitan en manejo de tecnologías útiles para incrementar la competitividad, y profesionalizar el "capital humano" del sector SSI.

El *Informatorio* está centrado en cursos avanzados de desarrollo de aplicaciones informáticas, destinados a jóvenes sin conocimientos previos de programación. Se propone formarlos con capacidades asimiladas a las de un técnico informático, en el plazo de un año[16].

Asociaciones empresariales SSI nacionales y provinciales

La *Cámara de Empresas de Software y Servicios informáticos* (CESSI) es la asociación que nuclea y representa a las empresas y entidades dedicadas a desarrollar, producir, comercializar e implementar *software*, y todas las variantes de servicios informáticos vinculados al mismo, en el ámbito de la Argentina. CESSI representa a más de 1.600 empresas, 460 socios directos (nacionales e internacionales) y 1.200 socios de polos, *clusters* y entidades regionales afiliadas. Actualmente, comprende más del 80% de los ingresos del sector y más del 80% de los empleos. Su misión es impulsar el crecimiento y posicionamiento de la industria TI argentina en el país y en el mundo, en procura de generar valor agregado y de reducir la brecha digital, aportando al desarrollo del país en su conjunto.

Iniciativas como la creación del *Observatorio Permanente de la Industria del Software y Servicios Informáticos* (OPSSI), el espacio para emprendedores *Bridge* IT y la promoción de la oferta de productos y servicios TI en el exterior a través de la organización de misiones comerciales y la apertura de oficinas a través de la *Red Argentina* IT, la han transformado en actor fundamental para el crecimiento del sector.

---

15 Al respecto, puede consultarse más información en su plataforma, en línea *cfr.* [http:// chaco.gob.ar/informatorio/].

16 Los cursos se orientan a jóvenes chaqueños estimulando el desarrollo de sus capacidades de programación, herramientas y técnicas (*hard skills*), y sus habilidades de colaboración, trabajo en equipo y flexibilidad (*soft skills*) para que puedan insertarse rápidamente en ese segmento del mercado laboral. *Cfr.* [http://chaco.gob.ar/ informatorio/].

 ASALARIZACIÓN y PROFESIONALIZACIÓN

En las provincias, surgen los denominados *Polos Tecnológicos* TI que se constituyen en espacios de participación y representación de los intereses de las empresas del sector. El polo de la provincia del Chaco es creado en 2005, a partir de la iniciativa de un grupo de empresarios con el fin de explorar alternativas para fortalecerse, crecer y mejorar su competitividad. Actualmente, lo integran veinticuatro (24) empresas del sector TI, quince (15) de las cuales se dedican a la producción de SSI. Su objetivo institucional es *"promover alianzas entre el sector público, las universidades y las empresas, generar un ambiente favorable para los nuevos emprendimientos, fomentar la innovación tecnológica"* (CONES, 2011).

Desde la perspectiva de la Sociología Económica del Desarrollo, se analiza la articulación público-privada en el sector SSI del Chaco, para el período 2003-17 (Escuela de Gobierno Chaco, 2018). Se estudia la intervención económica estatal y el comportamiento y/o desempeño de los empresarios, para establecer si hay generación de un ámbito estratégico, o si se crea un ámbito privilegiado de acumulación para las empresas privadas que operan en el sector. Las conclusiones sostienen que se conforma un ámbito híbrido, que aún no logra consolidarse como estratégico ni sustenta un ámbito privilegiado[17].

Asociaciones de trabajadores SSI

Son varias las organizaciones gremiales que han surgido en esta actividad, y buscan consolidarse. El ámbito asociativo del trabajador informático está en plena construcción y, aunque los productores de *software* son el núcleo al que esas asociaciones apuntan, varias de ellas buscan encuadrar también a trabajadores informacionales de otras actividades (Oviedo y Ceballos Acasuso, 2015).

Las asociaciones de trabajadores informacionales existentes, son las siguientes[18].

Centro de Profesionales de Empresas de Telecomunicaciones (CePETel): con afiliados distribuidos en prácticamente todas las provincias del país. Casi todos trabajan en empresas multinacionales

---

17 Al respecto, se considera que las políticas provinciales implementadas en un contexto nacional favorable para desarrollar el sector, generaron importantes cambios favorables. Entre ellos, se destaca la proliferación de nuevas empresas, la diversificación de productos y el incremento sostenido de la producción SSI. El crecimiento de la cantidad de puestos de trabajo en el sector resulta notable para el período, y también la participación sectorial en la estructura del empleo regional y nacional, teniendo en cuenta –a la vez– el grado de calificación de medio a elevado que esta industria requiere, y las capacidades de la fuerza de trabajo que ello impulsa a acumular (*Ibíd.*: 67).

18 *Cfr.* Zukerfeld, 2013, págs. 317-326.

como *Telefónica*, *Telecom*, IBM, *Personal*, HP. Creado en 1958, obtuvo personería gremial en 1964 para los profesionales universitarios de la *Empresa Nacional de Telecomunicaciones* ENTEL. Se trata de un gremio de servicios que nuclea a trabajadores profesionales.

Desde 2002, tras un conflicto con la empresa *Telefónica* que afecta a profesionales y también al personal fuera de convenio, se recupera el sindicato y se restablece su personería gremial. La impronta de esta nueva etapa está marcada por una mayor apertura, incluyendo a quienes estuvieran dispuestos a instituir el gremio –profesionales, o no– con adhesión a la *Central de Trabajadores de la Argentina* (CTA). De esta manera, el sindicato incorpora a empleados que no necesariamente sean profesionales, y trabaja en el diálogo para incluir a aquellos trabajadores cuyas situaciones contractuales sean precarias, o diferentes a las del empleo formal tradicional.

En 2006, como alternativa a la creación de un sindicato propio, un reducido grupo de trabajadores informáticos se une al sindicato, y se proponen el trabajo desde CePETel para este fin. Esta orientación se profundiza en 2009, cuando se modifica formalmente el estatuto del sindicato que pasa a denominarse Sindicato CePETel de los Trabajadores de las tecnologías de la información y la comunicación.

Unión Informática (UI): surge en 2011, como desprendimiento de algunos delegados de CePET en IBM. El conflicto decisivo de la ruptura y la conformación de la UI parece haber sido su decisión de alineamiento con la *Confederación General de los Trabajadores* (CGT). Aunque su inscripción y personería gremial están todavía en trámite y su número de afiliados parece ser modesto, la UI ha iniciado acciones en otras grandes empresas, como Hewlett-Packard[19].

Asociación Gremial de Operadores de Sistemas Informáticos y Afines (AGOSIA): esta organización tiene inscripción gremial, pero no cuenta con personería gremial. Comienza a operar en 2006 y para el 2008 cuenta con dos mil afiliados. Está incorporada a la CGT y reúne,

---

19 Un grupo de trabajadores de IBM reclaman a la cartera laboral del ministro Tomada, la inscripción de una nueva asociación gremial bajo el nombre de *Unión Informática* (UI). Con el respaldo de la conducción de la CGT, en manos de Moyano, esta agrupación concreta la primera huelga informática de la historia argentina, con adhesión de alrededor de dos mil trabajadores. Eso afecta las actividades de IBM en sus oficinas de Olivos, Martínez y Catalinas, y extiende su influencia a otras importantes firmas del sector, como Hewlett-Packard. Así, UI logra hacerse de una inscripción gremial y, con ello, consigue avanzar en acuerdos para mejorar condiciones de trabajo en diferentes compañías. Aunque en 2019, todavía aguarda por la definición del trámite de su personería gremial. La inserción de este gremio es posible debido al deterioro de salarios dentro de la actividad, fenómeno que no se corresponde con el crecimiento que registra esta industria. *Cfr.* Peger, E. (2019).

además de ingenieros informáticos, a licenciados en sistemas, a los operadores de *call center*, diseñadores gráficos, etc. Pretende agrupar en su órbita, a todo trabajador que desarrolla actividad en el área de informática en forma particular, o en relación laboral con empresas de cualquier rubro industrial y/o en actividades civiles y comerciales.

Asociación Gremial de Computación (AGC): creada a principios de los años '90, originalmente se incluían afiliados de otros rubros, pero ello obstaculiza la obtención de la personería gremial. A partir de 1995, se inicia un proceso de especificación de la actividad para no incluir a trabajadores informacionales que no sean informáticos. Tiene estatuto vigente aprobado en 1996, y homologado por el Ministerio de Trabajo en 2002. Está afiliada a la CGT.

Sindicato Único de Trabajadores Informáticos de la República Argentina (SUTIRA): fundado en 2011, con inscripción legal en 2013. Sus actividades se encaminan a defender, proteger y promocionar los intereses sociales, económicos, laborales, culturales y profesionales de los trabajadores descriptos en su estatuto. Incluyen tanto a profesionales como a informáticos "de oficio"[20].

Asociaciones de profesionales SSI

El Consejo Profesional en Ciencias Informáticas (CPCI) de CABA, se funda en 1984 y obtiene la personería jurídica en 1985. El proceso de creación surge de una comisión conformada en 1982, por representantes de la *Asociación de Graduados en Sistemas* (UTN FR Buenos Aires) y de la *Asociación de Graduados de Computadores Científicos* (UBA), a la que se agregaron luego otras asociaciones de graduados y entidades, como la *Asociación Argentina de Dirigentes y Sistemas*.

---

20 Según el estatuto de SUTIRA (art. 3) podrán afiliarse: "*(...) Ingenieros y Licenciados en sistemas, Ingenieros y Técnicos en Informática y teleinformática, diseñadores, desarrolladores, programadores y constructores de: hardware, software, sistemas de comunicación, sistemas de información, computadores, sitios web, sistemas digitales y dispositivos digitales; analistas en informática; analistas en tecnologías de la información; Técnicos, Administradores, Armadores y diseñadores de redes de computadoras, redes internas, intranets; Licenciados en Bio-informática, Administradores de sistemas de computación, Operadores de Computadoras, Data Entry, armadores, configuradores y reparadores de computadoras, operadores de Calls Centers, Diseñadores Gráficos, Diseñadores de sitios web, auditores informáticos, analistas funcionales de Sistemas informáticos, consultores Informáticos, consultores de Sistemas, consultores y especialistas de Seguridad Informática, Técnicos programadores, técnicos de sistemas, soportes informáticos, Gestores de operaciones, así como sus homologados por la autoridad competente, que desarrollen su labor profesional en el ámbito público o privado*".

Para 2005, el CPCI cuenta con cuatro mil doscientos miembros afiliados. Ofrece los beneficios usuales de la sindicalización, así como certificaciones internacionales y cursos de capacitación.

Contribuye a la creación de consejos profesionales en Ciencias Informáticas en varios distritos federales, impulsando su conformación por leyes provinciales. Tal es el caso de los consejos profesionales de Córdoba, La Rioja, Entre Ríos, Buenos Aires y Catamarca; y de los colegios de graduados en Misiones y Tucumán, hasta el momento. En Santa Fe, aún está en formación una entidad análoga que continúa tramitando su ley[21].

Integra la *Federación Argentina de Consejos Profesionales en Ciencias Informáticas* (FACOPCI)[22], entidad de segundo grado que nuclearía a todos los Consejos Informáticos del país.

Organizaciones Productivas del sector SSI, en Argentina

Según reporte CESSI/OPSSI (2019) el *tamaño* de las empresas de SSI en Argentina está conformado de la siguiente manera: a) microempresas: las que poseen hasta 9 trabajadores representaban el 73% del total de las empresas registradas; b) las pequeñas entre 10-49 trabajadores, representan el 21%; c) las medianas: entre 50-200 trabajadores, configuran un 4% del total de las empresas; y d) las grandes, con más de doscientos trabajadores sólo representan el 2% del total (*Ibíd.*: 4).

Esta distribución permite distinguir la notable presencia de las microempresas, con respecto a las demás categorías. En un sector donde conviven y compiten diversos tipos de empresas, se observa su preeminencia frente a un número reducido de empresas medianas y grandes. Debido a las características de las micro y pequeñas empresas, predominan en el sector organizaciones matriciales o de rejilla (Koontz y Weihrich, 2004), en la que se combinan patrones de departamentalización funcional y/o de proyectos o de productos, en una misma *estructura organizacional.*

Con esta modalidad estructural, se dinamiza aquella organización funcional y departamental izada, llevándola hacia un grado más elevado de organización por productos o servicios. En este tipo de organización, cada cargo está sujeto a una doble obediencia: a la auto-

---

21 *Cfr.* en página institucional de CPCI, en línea: [https://cpci.org.ar/consejos-profesionales-en-argentina/].

22 El relevamiento de datos sobre FACOPCI brinda evidencia de escasa actividad en el *cyber espacio*, y su referencia institucional es una cuenta de Twitter abierta en 2011 con veintinueve seguidores. De ello se infiere que es un espacio en construcción aún hoy en día, y que amerita ser tema de futuras investigaciones.

ridad de la función, y al jefe de producto o servicio. Aunque esa doble subordinación puede ser fuente de conflictos, la *estructura matricial* les permite innovación, cambio y, sobre todo, una rápida adaptación a exigencias ambientales. Implantar ese tipo de estructura posee ciertas ventajas: se otorga la debida importancia al proyecto asignando un director del mismo, el personal se emplea de forma flexible y eficiente ya que una misma persona puede estar asignada a varios proyectos, y los demás recursos se aplican sólo el tiempo necesario, además se promueve la capacitación de los especialistas dentro de la unidad funcional y se aprovecha la experiencia compartida (Tapias, 2015).

Una característica distintiva de las microempresas productoras de SSI, al estar conformadas por pocas personas o siendo empresas unipersonales, es que muchas de ellas están *conducidas por emprendedores*. El emprendedor, según Schumpeter (2012), es quien funda una nueva empresa donde se innova con respecto a la forma tradicional de hacer las cosas, y con las rutinas establecidas[23]. Se asocia a las empresas de *software* con el perfil del emprendedor, debido a las características que presenta el mercado del *software* en tanto ámbito diferente a otros de fabricación industrial de bienes, y original en cuanto a los servicios que ofrece.

El emprendedor se caracteriza por tener que romper las inercias del entorno, y vencer su oposición porque el entorno se manifiesta generalmente hostil, o refractario, frente al comportamiento novedoso. El hecho de romper con las sendas tradicionales y de abrir nuevas posibilidades de negocios, supone romper con el flujo circular de la economía, que se corresponde con un estado estacionario en el que los procesos económicos se repiten, período tras período (Brower, 2002). Se considera como un auténtico líder, en la medida en que es capaz de resolver los nuevos problemas que debe enfrentar. Al actuar fuera de las vías acostumbradas, carece de la información necesaria para lograr un mejor conocimiento de la situación que procura transformar. Todo esto supone un alto grado de racionalidad que la acción rutinaria no exige. Lo que el emprendedor puede crear es, en definitiva, el resultado de su imaginación, intuición, y previsión. Otras dificultades que el emprendedor debe enfrentar es la reacción del medio social que

---

23 En el perfil de estos empresarios SSI se identifican elementos propios del comportamiento emprendedor, el más frecuente es el relacionado con la introducción de un nuevo bien, un nuevo proceso de producción, la apertura de un nuevo mercado, el hecho de descubrir una nueva fuente de materias primas o reorganizar una industria de un modo original. Se relaciona directamente a las empresas productoras de SSI con estas características, debido que representan la introducción de nuevos bienes y nuevas formas de producir.

desea transformar, entre las que sobresalen los impedimentos legales y políticos y la oposición de los grupos que son amenazados por la innovación. Encontrar la cooperación para el cambio también supone ganarse a los consumidores que estarían abiertos a aceptar los bienes y servicios que la innovación procura ofrecer (Pizarro, 2017).

Las micro y pequeñas empresas son las más representativas del sector SSI. Allí, son los mismos propietarios quienes trabajan y están en contacto diario con la producción. Las grandes empresas, por otra parte, son generalmente multinacionales con sedes radicadas en diferentes países; y con sus trabajadores radicados en varias localizaciones, o trabajando a distancia en las sucursales de la empresa, por Internet.

La *demanda de personal calificado* en el sector SSI es muy alta, y según Zukerfeld (2013: 248) a diferencia de lo que ocurre en otros rubros signados por los altos niveles de innovación (por ejemplo, biotecnologías, tecnologías digitales o neurociencias), los productores de SSI no cuentan necesariamente con credenciales académicas en educación superior. Las empresas no valoran especialmente las titulaciones universitarias a la hora de describir el origen de las técnicas que utilizan en su actividad laboral.

La clasificación de los *clientes del sector*, se presenta de la siguiente manera (CESSI/OPSII, 2019):

- *Principales clientes, según sector:* en primer lugar, se encuentran los Servicios Financieros (bancos, aseguradoras, servicios de pago electrónico, etc.) con 26% del total, correspondiéndole más de un cuarto de lo facturado por las empresas SSI entre 2017-2018. Le siguen el propio sector SSI[24] con 12%; las Telecomunicaciones con 11% de la facturación. Luego, se ubican Servicios financieros y aseguradoras 9%; Comercio 8%; Administración Pública 8%, Industria Manufacturera 5%; Salud 5%; Entretenimiento y medios 5%; Energía 5%, entre los más relevantes.

- *Principales clientes, por tipo y tamaño de acuerdo a su participación en los ingresos desde el exterior* (entre 2017-2018): las empresas Multinacionales figuran en primer lugar, con 64%; las Grandes empresas con 24% y las PyMEs con 11%. Finalmente, se encuentran los Organismos públicos con 1%.

Se observa que las principales consumidoras de las soluciones informáticas son las multinacionales. Ello puede explicarse tanto por el volumen de negocios de las multinacionales, como por su constante necesidad de actualización tecnológica para mantenerse competitivas.

---

24 Al mencionar el propio sector SSI, se hace referencia a que las propias empresas de *software* contratan a otras empresas de SSI para la realización de trabajos.

- *Principales clientes extranjeros por sector, según ingresos generados desde el exterior:* al analizar los clientes en el exterior de acuerdo al sector al que pertenecen, son las propias empresas de SSI en el exterior las que absorben la mayor parte de las exportaciones, con 33%; seguidas por el sector financiero con un 25%. El principal cliente es EEUU que abarca el 52% del ingreso proveniente del exterior. Le siguen varios países latinoamericanos: Chile 8%, Uruguay 6%, México 6%, Perú 5%, Brasil 3%. Europa, excluyendo España, 5%; y España 4%.

En cuanto a su *localización*, la mayoría de las empresas del sector SSI están ubicadas en los aglomerados urbanos más grandes del país, esto es, en Ciudad Autónoma de Buenos Aires (CABA), Rosario y Córdoba. En la provincia de Buenos Aires se ubican las dos terceras partes de las PyMEs existentes en el rubro, mientras que en Rosario y Córdoba se reúnen 28,4% de las empresas.

Se observa una alta concentración espacial en zona metropolitana de CABA y conurbano bonaerense. Entre ambas áreas, concentran casi la totalidad de las firmas con un 94,7% (OPSSI/CESSI, 2008).

El sector SSI en Resistencia

Según la *Administración Tributaria Provincial* (ATP), en 2010 hay 130 empresas registradas en la actividad de *"Diseño, Desarrollo y Elaboración de Software"*, lo que equivale a un 5% del total de las empresas industriales chaqueñas de aquel momento. A las empresas desarrolladoras de *software*, se suman las empresas proveedoras de *hardware* y prestadoras de servicios informáticos.

De acuerdo a los estudios realizados (Ceballos Acasuso et alt., 2014a), el sector SSI de Resistencia se presenta bastante heterogéneo y está compuesto por empresas micro y PyMEs, mayoritariamente. Éstas son impulsadas por regulaciones promocionales, pero las evidencias preliminares indican que hay una baja formalización que restringiría sus posibilidades de desarrollo y sostenibilidad.

Por otra parte, se constata empíricamente un interesante intercambio de relaciones productivas, de conexiones económicas y de compartir conocimientos entre las organizaciones y los expertos presentes en el medio (Ceballos Acasuso et alt., 2014b). Así como también, entre los actores productores de SSI con las instituciones públicas y/o privadas de formación técnica y superior, especialmente con la UTN/FRRe.

En 2005 se crea el *Polo IT Chaco*, a partir de la iniciativa conjunta de un grupo de empresas, gobierno e instituciones educativas, para explorar alternativas de fortalecer, crecer y mejorar la competitividad sectorial. Actualmente, lo integran veinticuatro (24) empresas del sector[25], y actúa con el fin de promover alianzas virtuosas entre el sector público, las universidades y las empresas, para generar un ambiente favorable a los nuevos emprendimientos, fomentar la innovación tecnológica, y contribuir al desarrollo local.

Desde una perspectiva de mercado sectorial, la jurisdicción chaqueña resulta particular por la presencia de una gran empresa, con más de trescientos trabajadores y la mayoría de capital estatal[26], que desenvuelve su actividad con características oligopólicas. Actualmente, provee bienes y servicios informáticos, integra soluciones de informática y comunicación, brinda servicios de asesoramiento y consultoría, prestando sus servicios a diferentes organismos estatales.

En la región NEA, los clientes del sector SSI son 25% Comercios minoristas y mayoristas; 15% Sector Público; 10% Sector productivo primario; 9% Hoteles y restaurantes. Para los sectores de Educación, Construcción, Transporte, Comunicaciones e Industria Manufacturera representan entre 6% y 7%. El sector Finanzas y Seguros, es el de menor cantidad de prestaciones con 1% (Estayno et alt., 2009).

Entre las actividades de vinculación interinstitucional que se generan para impulsar al sector en estudio, en 2009 el gobierno del Chaco con la colaboración del Polo IT y la UTN/FRRe, convocan a un *Foro de Competitividad del sector SSI*. El evento vincula a los ámbitos académicos, gubernamentales y empresariales de la región, y crea sinergias en la consolidación de una industria del *software* sustentable. Entre sus objetivos específicos, se destaca la redacción de un plan estratégico para la siguiente década.

Como resultado de esa construcción colectiva, se confeccionan árboles de problemas según las opiniones y valoraciones de los distintos actores intervinientes. Las reuniones en ese foro se mantienen desde Agosto 2009 hasta Abril 2010. Se diseña conjuntamente el *Plan Estratégico de la Industria del Software y Servicios Informáticos del Chaco*, presentado en 2010[27]. A partir del mismo, se elaboran líneas estra-

---

25 Datos oficiales obtenidos en página institucional del Polo IT, en línea *cfr.* [https:// poloitchaco.org.ar/empresas/]. Consulta 20/03/2020.

26 *Cfr.* CONES, 2011. Págs.: 6-7.

27 No se registra evidencia de participación municipal del gobierno de Aída Ayala (intendente de la ciudad capital del Chaco, entre Diciembre 2003-2015). El gobierno provincial del momento, está a cargo de Jorge Capitanich, quien representa a la *Alianza Frente para La Victoria* que gobierna también la Nación. Podría inferirse que fueron las diferencias partidarias existentes en sus respectivas militancias políticas, ideologías e intereses partidarios, los que influyen de modo significativo provocando la falta de articulación

     ASALARIZACIÓN y PROFESIONALIZACIÓN

tégicas que definen ejes prioritarios, como la promoción sectorial, la satisfacción de la demanda de recursos humanos, la articulación, el fortalecimiento de las empresas a nivel organizativo, el acceso a mercados y el financiamiento (Cuenca Pletsch, Dapozo, Greiner y Estayno, 2012).

Organización del Trabajo y etapas en la Producción SSI

El *software* es el conjunto de programas de cómputo, procedimientos, reglas, documentación y datos asociados, que forman parte de las operaciones de un sistema de computación[28]. Y un programa es la serie de instrucciones que, una vez ejecutadas, realizan una o varias tareas en un artefacto digital[29].

Así, un programa o un *software* son un conjunto de flujos de información digital que hacen cosas. A diferencia de todas las otras formas de información digital, cada *software* o programa obran efectos. De hecho, las TI requieren indefectiblemente de ellos, ya que el *software* es su medio de producción.

Los productores de SSI constituyen el grupo de trabajadores informacionales más relevantes, en términos del impacto de su actividad en el funcionamiento de la economía digital; ellos elaboran el medio de producción más trascendente del período actual (Zukerfeld, 2013).

Por otro lado, los *procesos* mismos de producción de SSI tienen particularidades únicas, ya que ocurren dentro y fuera de una jornada de trabajo, resultan y no resultan en mercancías, se producen parcialmente de manera registrada y la mayor parte de las veces de manera irregular, y muestran un elevado nivel de tercerización. A ello, se suman constantes cambios organizativos e inestabilidad en las empresas involucradas en la actividad. Se conocen bastante bien algunas áreas de esos procesos, por ejemplo en la producción de las grandes empresas, pero poco y nada se sabe de las micro y pequeñas empresas.

Desde sus inicios, desarrollar *software* ha sido un proceso complejo y esto se debe, en gran medida, a la dinámica de los cambios que presentan las TI, y a las necesidades de las organizaciones para satisfacer los requerimientos de los clientes, y el medio que las rodea. Esta producción contiene particularidades en cuanto a la *organización*

---

municipio-provincia en la elaboración del plan estratégico. Eso deja en evidencia la relevancia que adquiere el contexto socio-político y los factores de signo partidario existentes, en la construcción de consensos para desarrollar localmente el sector SSI chaqueño.

28   *Cfr.* IEEE, 1990. Pág. 66.

29   *Cfr.* Stair y Reynolds, 2010, pág. 132; Silberschatz et alt., 2009, págs. 101-105.

del trabajo, debido a la naturaleza de los bienes fabricados (Piattini y Garzás Parra, 2006; Mon y Estayno, 2004). De esa complejidad, surgen las metodologías para realizar y normalizar la actividad. Ellas imponen pasos procedimentales y estándares para desarrollar *software*, con la finalidad de hacerlo más predecible y eficiente. Se usan, esencialmente, para estructurar, planificar y controlar el desarrollo en SI. Y están basadas en una combinación de modelos genéricos, también llamados modelos de procesos básicos, entre los cuales se encuentran los modelos de cascada, evolutivo, incremental y espiral, entre otros (Escalante Hughes e Ibáñez, 2015).

De lo hasta aquí expuesto, se desprende que la *metodología* escogida para desarrollar *software* va a definir bajo que modalidad se requiere organizar la producción y el trabajo, para así obtener el producto final con la calidad y especificaciones requeridas. Como la organización del trabajo constituye el espacio donde se definen, tanto el contenido de tareas de los miembros de la organización como las modalidades de su articulación, el desarrollo de productos de *software* se organiza y gestiona a través de "proyectos", en los que intervienen diversos factores: las personas, el producto, el proyecto, las herramientas y los métodos, que deben ser administrados para llegar a los resultados deseados.

Un *proyecto* de producción de *software* se define como un conjunto de etapas, actividades y tareas necesarias con la finalidad de desarrollar un producto de *software*, en un tiempo, alcance y recursos determinados, que deben ser administrados para llegar al resultado propuesto (Pinzón y Guevara Bolaños, 2016). La división del trabajo en actividades más sencillas permite al personal participante en el proyecto controlar y dominar la complejidad del *software* que se busca desarrollar.

El ciclo de *gestión de un proyecto* de *software*, consta de cuatro etapas básicas: 1) Planificación: define el trabajo a realizar, los objetivos del proyecto, la determinación de las actividades y la asignación de responsabilidades. Se delimitan tiempos y costos de las actividades; la asignación de los recursos, el cronograma, y la obtención y distribución financiera. 2) Organización: determina el equipo de trabajo; la asignación de tareas en función de los puestos de trabajo disponibles. 3) Dirección: requiere motivación implicada, comunicación, conducción, coordinación, valoración de la ejecución, resolución de conflictos y mantenimiento de las políticas organizacionales. 4) Control: implica la tarea supervisión; el cumplimiento de metas y objetivos; y verificación de la calidad de los productos, mientras se desarrolla el proyecto (*Ibíd.*: 84-85).

Al respecto, en 2005 CESSI desarrolla una guía de perfiles de puestos en el sector SSI que sirve como referencia a la industria y al sector educativo. Y posteriormente, en 2013, actualiza y completa

ASALARIZACIÓN y PROFESIONALIZACIÓN

esa guía[30], para atender a la orientación de personas interesadas en incursionar en el sector de TI como su actividad profesional.

Carreras Informáticas en UTN Resistencia. La formación profesional en TI

Todas las universidades nacionales cumplen un importante rol en funciones de vinculación entre los polos tecnológicos, las empresas, el estado, los profesionales y estudiantes de carreras informáticas. Ellas estimulan el crecimiento del sector a través de proyectos y cursos de interés, tanto para empresarios como para trabajadores informáticos.

La UTN/FRRe tiene en actividad una *incubadora de empresas* de base tecnológica (*INTECNOR*) que acompaña emprendimientos de diferentes áreas del conocimiento entre las que se incluye a las TI, desde 2003[31].

Las *carreras informáticas* en la FRRe se inician en 1974, con la apertura de la carrera a término de Analista en Sistemas. Se crea para responder a las necesidades de la demanda de personal técnico como consecuencia de la creación del *Centro de Informática de la Provincia*, que instala equipos IBM 360 (sistemas informáticos de la familia *mainframe*). La carrera dura cuatro años, entre 1974-77. A fines de ese año, la inscripción cierra hasta 1984, en que vuelve a abrirse la matriculación pero denominándola Analista Universitario en Sistemas (AUS), con un plan de estudios de la misma duración: cuatro años.

También en 1984, se crea la carrera de Ingeniería en Sistemas de Información (ISI)[32], que comienza la inscripción y los cursos en 1985. En el año 1995, a diez años de su inicio y en virtud de la experiencia acumulada por las Facultades Regionales de la UTN, se modificó el Plan de Estudios (Ordenanza 764 y sus modificatorias y complementos).

Como consecuencia del inicio del proceso de acreditación de carreras de Ingeniería en todo el país, el Consejo Superior de la UTN dispone la revisión y actualización de sus diseños curriculares[33] y pone en vigencia

---

30   *Cfr.* en línea [https://cessi.org.ar/perfilesIT.php].

31   Sobre la creación de *INTECNOR,* y su puesta en marcha a partir del convenio de colaboración recíproca entre el Ministerio de la Producción de la Provincia del Chaco, la UTN-FRRe y la Unión Industrial del Chaco, se puede consultar en línea: [http://www.frre.utn.edu.ar/intecnor/paginas/view/item/historia].

32   Según la Ordenanza UTN CS N° 470 del 20/12/84, el motivo de la creación de la carrera de ISI argumenta la existencia de requerimientos específicos que no eran satisfechos por un analista en sistemas.

33   Resolución CS 01/2003), proceso que culmina el 30 de Agosto de 2007 con el dictado de la Ordenanza 1150 que aprueba el nuevo diseño curricular.

el actual plan de estudios, a partir del ciclo lectivo 2008 para sus carreras de ISI en todas las facultades regionales y unidades académicas.

El *perfil profesional* del ISI educado en la UTN, ofrece una sólida formación analítica que le permita interpretar y resolver problemas mediante el empleo de metodologías de sistemas y tecnologías de procesamiento de información. Por esta preparación, resulta especialmente apto para integrar la información proveniente de distintos campos disciplinarios concurrentes a un proyecto común. Las capacidades adquiridas le permiten afrontar con solvencia el planeamiento, desarrollo, dirección y control de los sistemas de información. Tiene conocimientos que le permiten administrar los recursos humanos, físicos y de aplicación, que intervienen en el desarrollo de proyectos de sistemas de información. Adquiere capacidades que lo habilitan para el desempeño de funciones gerenciales acordes con su formación profesional. Está capacitado para abordar proyectos de investigación y desarrollo, integrando a tal efecto equipos interdisciplinarios en cooperación, o asumiendo el liderazgo efectivo en la coordinación técnica y metodológica de los mismos. La formación obtenida lo habilita para una eficiente transmisión de conocimientos.

Resumiendo, la preparación integral recibida en materias técnicas y humanísticas, lo ubican en una posición relevante, en un escenario donde la sociedad demanda cada vez más a la Ingeniería un gran compromiso con la preservación del ambiente, el mejoramiento de la calidad de vida en general, y una gran responsabilidad social en su quehacer profesional.

El actual diseño curricular responde a las *incumbencias profesionales* vigentes, de acuerdo con la Ordenanza UTN CS N° 622/88 (adecuado a la Resolución Ministerial N° 593/91).

En ese marco legal, la titulación habilita al ISI a participar en la toma de decisiones estratégicas de una organización y asesorar, en concordancia con las mismas, acerca de políticas de desarrollo de SI. Evaluar, clasificar y seleccionar proyectos de SI y evaluar y seleccionar alternativas de asistencia interna. Planificar, efectuar y evaluar los estudios de factibilidad inherentes a todo proyecto de diseño de SI y de modificación o reemplazo de los mismos, así como los sistemas de computación asociados. Planificar, dirigir, ejecutar y controlar el relevamiento, análisis, diseño, desarrollo, implementación y prueba de SI. Evaluar y seleccionar los sistemas de programación disponibles con miras a su utilización en SI. Evaluar y seleccionar, desde el punto de vista de los SI, los equipos de procesamiento y comunicación y los sistemas de base. Organizar y dirigir el área de sistemas; determinar el perfil de los recursos humanos necesarios y contribuir a su selección y formación. Participar en la elaboración de programas de capacitación para la utilización de SI. Determinar y controlar el cumplimiento de las pautas técnicas que rigen el funcionamiento y la utilización de recursos informáticos en cada organización. Elaborar métodos y normas a seguir en cuestiones de seguridad y privacidad de la información procesada y/o generada por SI; participar en la determinación de las acciones a seguir en esta materia y evaluar su aplicación. Elaborar métodos y normas a seguir en cuestión de salvaguardia y control, de los recursos físicos y lógicos, de un sistema de computación; participar en la determinación de las acciones a seguir en esta materia y evaluar su aplicación. Desarrollar modelos de simulación, sistemas expertos y otros SI destinados a la resolución de problemas y asesorar en su aplicación. Realizar auditorías en áreas de sistemas y centros de cómputos, así como en los SI utilizados. Realizar arbitrajes, pericias y tasaciones referidas a SI y a los medios de procesamiento de datos. Realizar estudios e investigaciones conducentes a la creación y mejoramiento de técnicas de desarrollo de SI y nuevas aplicaciones de la tecnología informática existente.

Estrategia Metodológica

La continuidad de la línea de investigaciones emprendidas para generar información sobre el conjunto de empresas de SSI del Chaco, y sobre la inserción laboral de graduados de la UTN Resistencia en este sector, ha incluido proyectos ejecutados sucesivamente desde 2013. A lo largo de esa labor, se usan estrategias cuanti-cualitativas que permiten sistematizar la articulación de los distintos niveles analíticos, desde una etapa exploratoria preliminar hasta la profundización de la perspectiva de las relaciones de trabajo en estudio.

Niveles de análisis

Para estudiar el sector SSI en su conjunto, a un *nivel macro* —nacional e internacional— se reconstruye el marco regulatorio de las actividades de referencia. Se identifican las regulaciones establecidas para el obrar de los sujetos productivos involucrados (como actores sociales). Se emplean fuentes secundarias, como normativa internacional referente a SSI, artículos periodísticos, organismos técnicos; y fuentes terciarias, como censos, investigaciones sobre el tema y recopilaciones de organismos internacionales. Esto provee la información sobre especificaciones de calidad, estándares técnicos y políticas reconocidas como válidas por los actuantes, que ordenan el funcionamiento de la actividad estudiada, e identifican mundialmente a los actores intervinientes (sujetos y organismos colectivos).

También, se aborda el nivel de la *actividad sectorial* (meso-analítico) que explicita regulaciones nacionales, provinciales y locales, a través de las políticas de promoción destinadas al sector SSI, en cada jurisdicción. Se observan en particular las interacciones para el ámbito estudiado, que es la provincia del Chaco en el contexto argentino. Así, es posible identificar y caracterizar asociaciones empresariales de relevancia nacional, organismos técnicos provinciales, asociaciones de trabajadores y de profesionales involucrados. Desde esta perspectiva, se aprecian las peculiaridades expresadas para el conjunto de organizaciones estudiadas; es decir, aquellas modalidades de producción que –por similares– permiten concebirlo como "un sector" de actividad económica, tanto por su regulación nacional para promover la producción de SSI, como por la instauración de polos tecnológicos de jurisdicción provincial o local. Se usan fuentes secundarias y terciarias, como así también fuentes primarias; es decir, informantes claves seleccionados. El relevamiento de datos se efectúa en todas las unidades productivas de SSI accesibles para la población en estudio, teniendo en cuenta su pertenencia a la población de organizaciones localizadas en el área geográfica investigada.

A un *nivel micro*, correspondiente a cada organización productiva, la estrategia permite acceder a la manifestación concreta del trabajo informacional efectivamente realizado, y a las relaciones de trabajo establecidas entre los actores que producen SSI. Se considera la perspectiva de los sujetos, que se fundamenta en información provista en su carácter de dueños, socios, responsables y trabajadores de las organizaciones investigadas. Se analiza una muestra teórica de casos significativos seleccionados y, a través de entrevistas personales, se profundiza el estudio de las variables investigadas.

Técnicas de investigación empleadas

Las técnicas aplicadas incluyen una *encuesta* para obtener los datos cuantitativos que caracterizan el sector de actividad (nivel meso), y entrevistas abiertas y con guías de ítems para lograr datos cualitativos, referidos al nivel micro. El instrumento de recolección de datos es un formulario aplicado mediante *entrevistas personales*. El mismo consta de dos partes: a) una sección general y básica (forma tipo "A") que permite reunir información básica sobre indicadores productivos aplicados al análisis comparativo inter-sectorial, en la fase exploratoria de

     ASALARIZACIÓN y PROFESIONALIZACIÓN

esta línea de investigación; y b) otra sección (forma tipo "B") diseñada específicamente para la actividad de producción de SSI. Esta encuesta se aplica sobre un total de diecinueve (19) organizaciones del polo IT Chaco, con trabajo de campo realizado entre 2013-2015[34].

A partir del PID comenzado en 2016, se observa que la población de referencia varía debido a la dinámica de altas y bajas de empresas en el sector SSI. En ese momento, se realizan entrevistas semi-estructuradas a sujetos que trabajan en el total de las veintitrés (23) organizaciones chaqueñas que se encuentran activas en el sector SSI, con la excepción de la gran empresa local. Se utiliza una guía de ítems con aproximación al trabajo informacional realizado y a las condiciones laborales[35].

En el PID iniciado en 2019, actualmente en ejecución, se efectúa un relevamiento de datos por *entrevistas abiertas* a graduados de la carrera de ISI, entre 2011-15[36]. En fuente institucional, se obtiene información sobre año de egreso, sexo y datos de contacto. Se localiza y entrevista a veintisiete (27) graduados en ISI que aportan datos sobre las empresas, entidades u organismos en el que se encuentran trabajando y las tareas desarrolladas.

Para tipificar tareas desarrolladas por los graduados insertos en el sector SSI, se utiliza la guía de perfiles ocupacionales de TI elaborada por la Cámara de la Industria Argentina del Softwarte (CESSI 2014), como referencia para la industria y el **ámbito** educativo.

Para determinar el universo de organizaciones SSI en Chaco, se usan como *fuentes*: el registro de la Administración Tributaria Provincial, el listado de empresas integrantes del Polo IT e informantes claves, que identifican las que se hallan activas en el medio local desarrollando las actividades pertinentes al sector. Se excluye a la gran empresa local, ya que no forma parte de los intereses de esta investigación[37].

Es importante señalar que la *población de empresas SSI* en estudio, siempre incluye al total de firmas económicamente activas en el sector estudiado, al momento de los relevamientos de datos. No obs-

---

34 El PID/UTN (2013-15) permite el análisis comparativo de datos generales inter-sectoriales, a través de la forma tipo "A", en función del monitoreo federal requerido para el Observatorio de Desarrollo Productivo de UTN (*cfr.* Giménez et alt., 2017). La forma tipo "B" facilita el acercamiento al sector específico en estudio.

35 El PID (2016-18) profundiza en las relaciones de trabajo informacional en empresas SSI, y brinda el marco a la realización de dos tesinas de licenciatura en Relaciones Laborales, presentadas a la UNNE por Tatiana Graf Sundberg y Miguel Burgos, como investigadores tesistas e integrantes del equipo del GEISIT/ MIG.

36 El PID (2019-20) *"Inserción profesional en sistemas de información. Estudios socio-laborales sobre graduados de Ingeniería en Sistemas de Información (ISI) y Analistas Universitarios de Sistemas (AUS), en la UTN Resistencia"*, se encuentra en ejecución.

37 Según su *Informe de Gestión* 2019, esa empresa emplea trescientos cuarenta (340) trabajadores, *cfr.* en línea [http://ecom.com.ar/pdf/informe-gestion-2019.pdf] (*Ibíd.*: 34).

tante, esa población registra variaciones a lo largo del tiempo por una dinámica propia de la actividad. Metodológicamente, se incorporan las novedades de altas y bajas en el período considerado por cada uno de los proyectos PID mencionados.

Discusión y Análisis de Datos sobre el Sector SSI en Chaco

Caracterización según tamaño, actividad principal, ámbito de aplicación SSI y ventas totales

Según su cantidad de trabajadores, el tamaño de las organizaciones muestra que el 44% del sector está conformado por micro-PyMEs de hasta 5 trabajadores; hay un 50% de pequeñas empresas, entre 5-20 personas trabajando y un 6% de medianas empresas, entre 20 y 150 trabajadores *(Gráfico 1)*.

Gráfico 1. Empresas SSI según cantidad de trabajadores N=19

Gráfico 2. Empresas SSI según actividad principal N=19

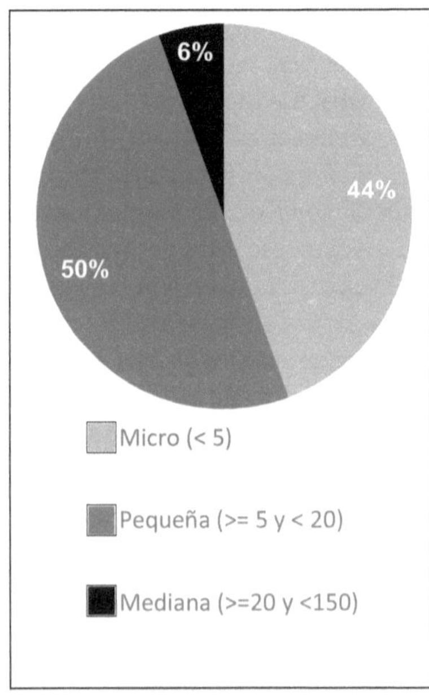

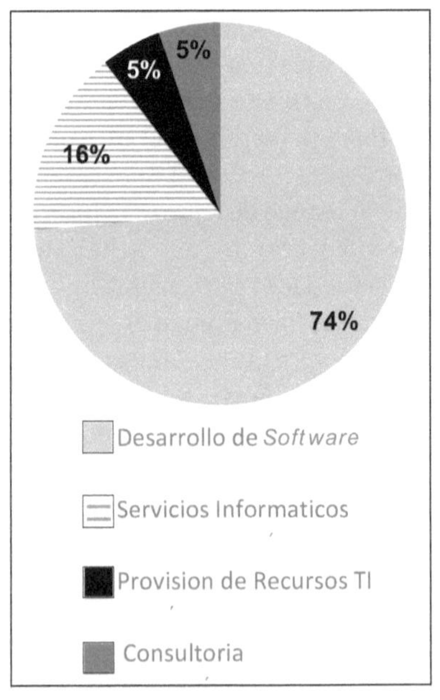

Fuente: GEISIT-MIG. Elaboración propia, s/datos PID UTN 1922. 2015.

La *actividad principal* del 74 % de esas organizaciones es desarrollar *software*, mientras un 16% de las empresas del sector se dedican a brindar servicios informáticos, y un 5 % realiza provisión de recursos para TI y otro 5% que realiza consultorías *(Gráfico 2)*.

El ámbito *de aplicación* de SSI producidos se encuentra distribuido entre varios rubros a los que va destinado *(Gráfico 3)*, a saber: al comercio 23%, entretenimientos y medios 21%, salud 16,4%, administración pública 15,5 %, industria manufacturera 9% educación 4%, construcción 2%, sector agropecuario y agroindustrial 2%, bancos y finanzas 1%, turismo 1%, energía 1% y otros el 3%.

Gráficos 3. Ámbito de aplicación de SSI. En % (N=23)

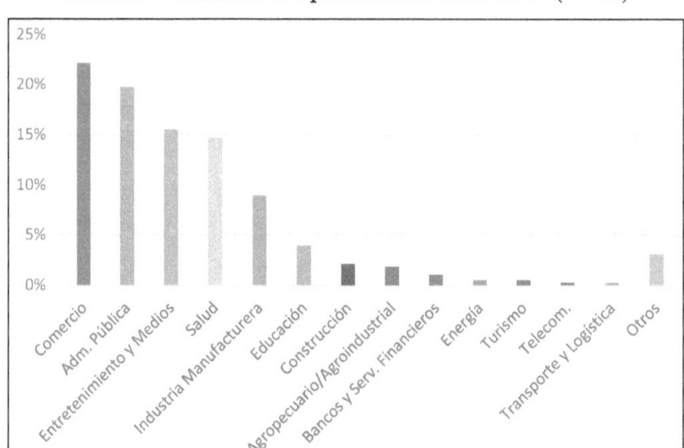

Gráficos 4. Ventas totales de SSI, por actividad. En % (N=23)

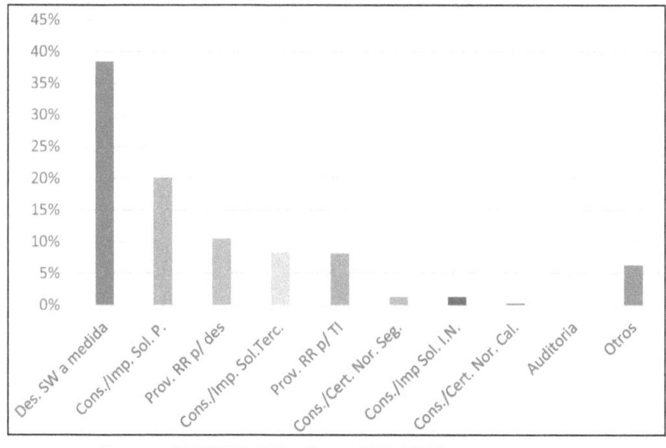

Fuente: GEISIT-MIG, s/datos PID UTN 3823. 2016-18.

En cuanto a *ventas totales de SSI* realizadas por las empresas estudiadas *(Gráfico 4)*, se ve que 38,4% son desarrollos de *software* a medida del cliente; 20,2% de consultoría e implementación de soluciones propias; 10,5% de provisión de recursos para desarrollo (diseño, *testing*, etc.); 8,3% de consultorías e implementación de soluciones de terceros; 8,2% de provisión de recursos para TI (capacitación, soporte, etc.); 1,3% de consultorías y certificación de normas de seguridad; 1,3% de consultorías e implementación de soluciones de inteligencia de negocios y 6,3% de otros rubros como los vinculados al comercio digital y a la construcción de sitios *web* para compra-venta (*marketplace*)[38].

Organización del trabajo y la producción, nivel de estudios en empresas SSI

La organización del trabajo depende de la *metodología de desarrollo de software* utilizada. No obstante, no todas las organizaciones siguen

Gráfico 5. Metodologías de Desarrollo de *Software* usadas

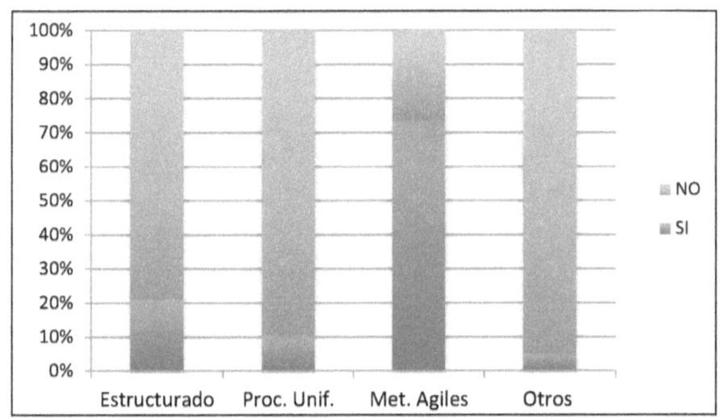

Fuente: GEISIT-MIG, s/datos PID UTN 1922. 2015.

Gráfico 6. Áreas funcionales en empresas SSI. Absolutos

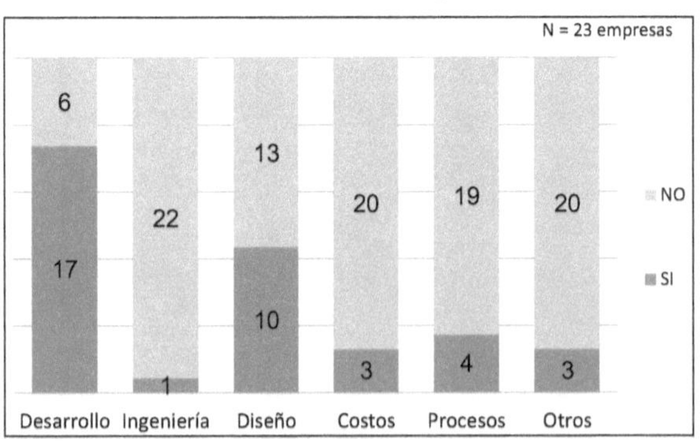

Fuente: GEISIT-MIG, s/datos PID UTN 3823. 2016-18.

---

38 Un 5% corresponde a datos indeterminados por falta de respuesta, en la opción de "no sabe/no contesta".

     ASALARIZACIÓN y PROFESIONALIZACIÓN

los pasos protocolares del proceso descripto *ut supra*. Se observa un 17% que trabaja con procesos estructurados, un 72% que emplea metodologías ágiles, un 6% que utiliza procesos unificados, y un 6% que usa otras metodologías para desarrollar *software (Gráfico 5)*.

Con respecto a las áreas funcionales en la organización del trabajo y la producción de SSI, se ve una acentuada orientación hacia la organización por proyectos y, por ello, en la mayoría de las empresas relevadas se destaca el trabajo informacional en áreas de desarrollo y diseño *(Gráfico 6)*. En tanto, hay menos empresas relevadas con áreas establecidas en procesos, costos y otros ítems; así como en áreas dedicadas a actividades de Ingeniería del *Software*.

Según el tipo de tareas ejecutadas en los *puestos de trabajo (Gráfico 7)* se observan dimensiones de *multifunción/especialización* operando

Gráfico 7. Trabajadores por tipo de puestos/tareas. Absolutos

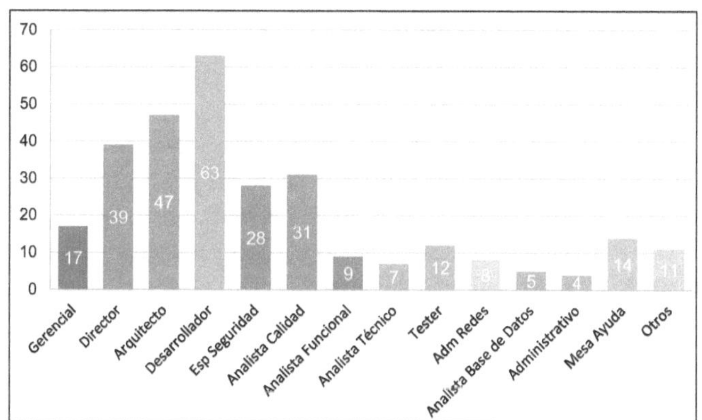

Gráfico 8. Trabajadores por nivel de estudios. En absolutos y %

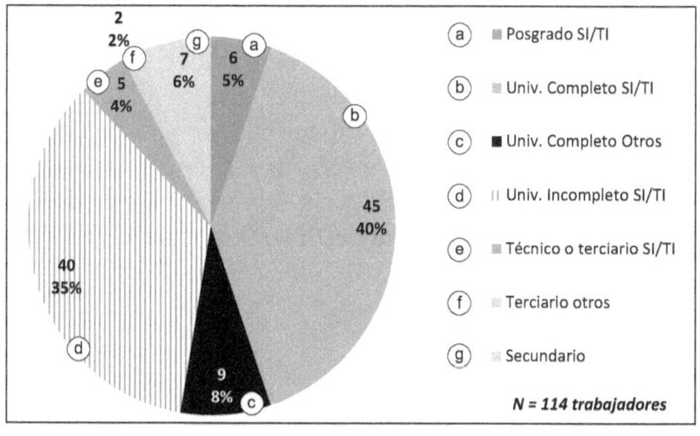

Fuente: GEISIT-MIG, elaboración propia s/datos. PID UTN 3823. 2016-18.

simultáneamente como estrategias de gestión del conocimiento, ya que las tareas se cumplen por "proyectos", con trabajadores realizando actividades reales asociadas a sus competencias y capacidades, más que a la definición previa de puestos establecidos.

En cuanto al *nivel de estudios* del personal *(Gráfico 8)*, 5% acredita algún posgrado específico en SI y/o tecnologías de la información (TI), y 40% del personal tiene carrera de grado completa, con un mayor porcentaje de ISI egresados de UTN-FRRe. Se observa el 35% con carreras universitarias incompletas (específicas de la actividad desempeñada), el 8% de personas con estudios universitarios finalizados en carreras no relacionadas a SSI, el 4% con tecnicatura o terciario completos (la mayoría de este porcentaje, con titulación como técnico superior en programación), el 2% posee algún título terciario no afín al sector, y el 6% tiene un título secundario, exclusivamente.

Inserción laboral de Graduados ISI. Perfiles ocupacionales y organismos empleadores

En esta sección, se exponen datos preliminares del proyecto actualmente en ejecución[39] que muestran un acercamiento inicial sobre la cuestión de la inserción laboral de graduados de la carrera de Ingeniería en Sistemas de Información (ISI), recibidos entre los años 2011 y 2015. El relevamiento de datos se realiza en 2019, a través de entrevistas abiertas a un grupo de veintisiete (27) graduados.

Para identificar las tareas y roles desarrollados por los entrevistados en sus trabajos actuales, se utiliza el encuadramiento de la tabla de perfiles ocupacionales de TI, elaborada por CESSI (versión 2014) como referencia tanto para la industria como para el sector educativo *(Tabla I)*.

Los *perfiles laborales* identificados en la labor cotidiana de los graduados del grupo entrevistado, se corresponden a un desempeño que abarca casi todas las categorías de los tipos enunciados por la guía CESSI, con la ausencia de la categoría de *Project manager/Líder de proyecto*, para el desarrollo de *software* que no se corresponde al trabajo de ninguno de los entrevistados; y la aparición de una función de *Atención al Cliente*, dentro del perfil de tareas de comunicación *on line* que no figura en la versión 2014, de la Guía CESSI.

---

39 PID UTN 5321 (2019-2020).

     ASALARIZACIÓN Y PROFESIONALIZACIÓN

Tabla I. Desempeño en perfiles ocupacionales TI, según clasificación CESSI

PERFIL	CATEGORÍAS				
Desarrollo de Software	Project Manager Líder de proyecto	Desarrollador	Arquitecto / Ingeniero de *Software*		
Análisis	Analista Funcional	Analista Big Data	Consultor BI	Analista de Negocios	
Diseño	Diseñador *Web*	Analista UX (usabilidad)			
Calidad de Software	Analista Tester / Tester	Analista de Calidad			
Soporte de Infraestructura	IT Manager: Administrador Redes, Comunicaciones y Sistema Operativo	Administrador de Base de Datos (DBA)	Analista Middleware	Soporte Técnico	Especialista en seguridad de la información
Implementador/Soporte al Usuario	Implementador / Configuration Manager	Implementador de *Software* de Gestión			
Comunicación On line	Atención al cliente				
Gerente de Sistemas	Director gerente TI	Gerente de SI			
Emprendedor informático	Desarrollador	Empresario			

Fuente: Elaboración propia GEISIT-MIG c/datos del trabajo de campo 2019, según Perfiles CESSI (v. 2014).

En el trabajo que están realizando los graduados también se identifican perfiles gerenciales que se corresponden al de *Gerente de Sistemas* (Director/Gerente TI, Gerente de Sistemas de Información, Director de Tecnologías de Información); y a un perfil de *Emprendedor Informático/Entrepeneur* como desarrollador de nuevos negocios, que puede transformarse en empresario o CEO de una nueva firma.

Tabla II. Organizaciones empleadoras según actividad principal

Actividad TI	Actividad pública	Actividad educativa	Actividad financiera	Otras empresas
Ecom Chaco S.A. Making Sense True North Tigo (Millicom) Innovar Sistemas Globant Softek Trade Helmic Iquall Network I See Internacional Netquest Desarrollos NEA	Administración Tributaria Provincial (ATP) Chaco Vialidad Nacional Distrito Chaco Dirección de Vialidad Provincial Chaco Gendarmería Nacional	UTN / FRRe Universidad Nacional del Chaco Austral (UNCAUS) Digital House	Nuevo Banco Del Chaco S.A. Banco De Corrientes S.A.	Lo Jack Allus (Global Dpo Center)
12	4	3	2	2

Fuente: Elaboración propia GEISIT-MIG, s/datos preliminares PID UTN 5321. 2019.

Las *organizaciones empleadoras* de estos graduados, desarrollan sus actividades en distintos sectores (Tabla II). De las veintitrés empresas mencionadas como ámbito laboral, la mayor parte corresponde a empresas del Sector TI (12 casos), Administración pública (4 casos), Entidades educativas (3), Bancos y entidades financieras (2 casos) y otras empresas (2 casos).

Consideraciones finales

La caracterización del sector de producción SSI en Resistencia (Chaco) se corresponde al marco general de esta industria para el interior del país. Demuestra una preeminencia de empresas micro y PyMEs, con dotaciones entre 2-25 trabajadores. Se observa que la mayoría del personal estuvo, o está, inserto en el sistema formal de educación superior en áreas vinculadas a las tecnologías informáticas (TI) y los sistemas de información (SI). Las actividades predominantes de estas organizaciones son el desarrollo de *software* a medida, y la implementación de soluciones propias. Los puestos más frecuentes en sus estructuras, son los de desarrollador, arquitecto/diseñador de soluciones y director de proyecto. La producción de SSI en las empresas chaqueñas analizadas, se destina principalmente a los sectores de comercio, administración pública, entretenimientos y medios, y salud. En cuanto a sus matrices organizativas, las áreas funcionales más fortalecidas son la de desarrollo y la de diseño. La organización del trabajo y de la producción expone una acentuada orientación hacia la organización por proyectos.

Con respecto al perfil de los puestos y la inserción laboral de ISI, su estudio está actualmente en plena realización. No obstante, algunos datos preliminares expresan que sus funciones y tareas se asocian a las competencias y capacidades, más que a una definición previa de puestos establecidos. La inserción profesional de la muestra teórica de graduados estudiados incluye, mayoritariamente, al sector SSI chaqueño, y exhibe además su presencia laboral en otros ámbitos socio-económicos de actuación.

La investigación en curso prevé incrementar la cantidad de entrevistas a la población de graduados ISI del período de referencia, y reunir la información cualitativa que permita profundizar en sus trayectorias ocupacionales e inserción en el sector SSI, aplicando el protocolo metodológico de los laboratorios MIG.

Bibliografía

Brower, M. T. (2002) "Weber, Schumpeter and Knight on Entrepreneurship and Economic Development", *Journal of Evolutionary Economics*, 12: 83-105.

Castells, Manuel (2008 [1998]) *La era de la información. Economía, sociedad y cultura*, vol. I: *La sociedad red*, Madrid, Alianza editorial.

Castells, Manuel (2001) *La Galaxia Internet. Reflexiones sobre Internet, empresa y sociedad*, Barcelona, Areté.

Ceballos Acasuso, M. (1999) "El cambio de paradigmas como gestor de conflictos laborales". En Equipo Federal de Trabajo (Coord.), *Trabajo y Conflicto*, La Plata, Librería Editora Platense, 19-44, ISBN: 950-536-115-7.

Ceballos Acasuso, M., Oviedo, L. y Lovey, C. (2015) "Trabajo y tecnologías digitales: emergencia de nuevos sujetos productivos en la ʹindustriaʹ del *software* y servicios informáticos en Resistencia (Chaco)". En *Actas II Jornadas Internacionales sobre Conflictos y problemáticas sociales, y IV Jornadas Interdisciplinarias sobre conflictos y problemáticas sociales en el Nordeste argentino*, Eje Acumulación, Resistencia, UNNE, FCE-FH-FAyU, 24 al 26 de junio.

Ceballos Acasuso, M., Lovey, C., Moreiro, F., Oviedo, L., Burgos, M. y Graf Sundberg, T. (2014a) "¿Constituyen una industria las actividades de producción de *software* y servicios informáticos en Resistencia (Chaco)?". En *III Jornadas de investigación en Ingeniería del NEA y países limítrofes*, UTN FRRe, 9, 10 y 11 de junio.

Ceballos Acasuso, M., Lovey, C., Oviedo, L. y Moreiro, F. (2014b) "Avances en la caracterización del sector de *software* y servicios informáticos (SSI) de Resistencia, Chaco". En *Rumbos tecnológicos*, Año 6, Vol. 6, abril, UTN Facultad Regional Avellaneda.

Cuenca Pletsch, L., Dapozo, G., Greiner, C. y Estayno, M. (2012) "Vinculación universidad-empresa orientada a la promoción de la industria del *software*. Una experiencia de colaboración en el NEA". En *Revista del Núcleo de Estudios e Investigaciones en Educación Superior del Mercosur*, N° 1, 36-41. En línea: [https://revistas.unc.edu.ar/index.php/integracionyconocimiento/article/view/5632]. Consulta: 19/08/2016.

Chudnovsky, D., López, A. y Melitsko, S. (2001) "El sector de *software* y servicios informáticos (SSI) en la Argentina: Situación actual y perspectivas de desarrollo". En *IDES*, DT, N° 27, julio. En línea: [https://trabajoinformacional.files.wordpress.com/2010/12/chudnovsky-daniel-lopez-andrc3a9s-y-melitsko-silvana-2001el-sector-de-software-y-servicios-informc3a1ticos-ssi-ides-cessi.pdf]. Consulta: 12/12/2016.

Escalante Hughes, E. M. e Ibañez, L. (2015) "Conceptos relacionados con los sistemas de información y la producción SSI", Documento de trabajo, PID 1922, GEISIT-MIG/ UTN FRRe, 29 páginas.

Escuela de Gobierno Chaco (2018) "El Sector *Software* y Servicios Informáticos de la Provincia de Chaco. ¿Ámbito estratégico o ámbito privilegiado de acumulación? Equipo de Investigación, Escuela de Gobierno". En *Tramas*, Revista de Política, Sociedad y Economía, Desarrollo y Desigualdades, N° 2, marzo, 64-68, ISSN 2591-6599. En línea: [http://tramas.escueladegobierno.gob.ar/wp-content/uploads/REVISTA-TRAMAS-2-Desarrollo-y-Desigualdades.compressed-1.pdf]. Consulta: 05/08/19.

Estayno, M., Dapozo, G., Greiner, C., Cuenca Pletsch, L. y Pelozo, S. (2009) "Caracterización de las PyMEs de *software* de la región NEA orientada hacia un marco de mejora de la calidad". En *Congreso Argentino de Ciencias de la Computación (CACIC 2009)*, RedUNCI/SEDICI-UNLP. En línea: [http://sedici.unlp.edu.ar/bitstream/handle/10915/21071/2835.pdf?sequence=1].

Giménez, L., García, A., Ferraresi, M., Iglesias, R., Martínez, A., Palumbo, D., Senia, V. y Vela, J. (2017) "Observatorio de Desarrollo Productivo UTN: red virtuosa entre universidad, empresa y estado para el desarrollo productivo". En *I Congreso Latinoamericano de Ingeniería*, Entre Ríos, Argentina, 13 al 15 de setiembre. En línea: [http://ria.utn.edu.ar/xmlui/handle/20.500.12272/4033].

Koontz, H. y Weihrich, H. (2008) *Administración. Una perspectiva global y empresarial*, Cap. 8, 227-242, México, Mc Graw Hill, 8ª edición.

Mon, A. y Estayno, M. (2004) "Estudio comparativo del proceso *software* y los modelos industriales aplicando agilidad en los procesos", Buenos Aires, Universidad Nacional de La Matanza. En línea: [http://sedici.unlp.edu.ar/handle/10915/22319]. Consulta: 01/07/16.

Oviedo, L. y Ceballos Acasuso, M. (2015) "Capitalismo informacional y Sindicalismo. La representación gremial del trabajador informático en Argentina". En *Actas II Jornadas Internacionales sobre Conflictos y problemáticas sociales, y IV Jornadas Interdisciplinarias sobre conflictos y problemáticas sociales en el Nordeste argentino*, Eje Acumulación, Resistencia, UNNE, FCE-FH-FAyU, 24 al 26 de junio.

Piattini, M. y Garzás Parra, J. (2006) *Fábricas de Software: Experiencias, Tecnologías y Organización*, Madrid, Ed. RA-MA, 2ª edición.

Piattini, M., García, F. y Caballero, I. (2007) *Calidad de los sistemas Informáticos*, México, Editorial Alfa Omega, ISBN 978-970-15-1267-8.

Pinzón, S. y Guevara Bolaños, J. C. (2006) "La gestión, los procesos y las metodologías de desarrollo de *software*". En *Vínculos*, N° 2, Vol. 2. En línea: [http://revistas.udistrital.edu.co/ojs/index.php/vinculos/article/view/4094]. Consulta: 01/07/16.

Romero, G., Pinto, N. y Burgos Boero, M. (2015) "Informatorio Chaco: una experiencia de educación no formal para la '*Knowmad Society*' de TICs". En *X Congreso de Tecnología en Educación & Educación en Tecnología*, Red de Universidades Nacionales con Carreras en Informática (RedUNCI), UNNE, Corrientes, 11 y 12 de junio. En línea: [http://sedici.unlp.edu.ar/bitstream/handle/10915/48556/Documento_completo.pdf?sequence =1&isAllowed=y].

Scalone, F. (2006) "Estudio comparativo de los modelos y estándares de calidad del *software*", Tesis de Maestría en Ingeniería en Calidad, Universidad Tecnológica Nacional, Facultad Regional Buenos Aires. En línea: [http://laboratorios.fi.uba.ar/lsi/scalone-tesis-maestria-ingenieria-en-calidad.pdf]. Consulta: 20/06/19.

Schumpeter, J. (2012) [1911] *The Theory of Economic Development*, New Brunswick, London, Transaction Publishers, 6ª edición.

Silverschatz, A., Galvin, P. y Gagne, G. (2009) *Operating Systems Concepts*, 8ª Ed. Hoboken N J: John Wiley & Sons. En línea: [http://www.uobabylon.edu.iq/download/M.S%2020132014/Operating_System_Concepts,_8th_Edition%5BA4%5D.pdf]. Consulta: 07/10/18.

Spinak, Ernesto (2007) "Una nueva definición de 'empresa-red'". En *Revista El profesional de la información*, N° 1, V. 16, enero-febrero, pp. 49-56.

Stair, R. y Reynolds, G. (2010) *Principles of Information Systems. A managerial approach*, Cap. 4, 9ª Ed., Boston, Thompson Learning. En línea: [https://drive.uqu.edu.sa/_/fbshareef/files/principles%20of% 20information%20systems%20 9th%20-stair,%20reynolds.pdf]. Consulta: 19/08/2016.

Tapias, D. (2015) *Organización empresarial y proyectos*, Universidad Autónoma de Madrid, Escuela Politécnica Superior, Cursos 2014 y 2015. En línea: [http://arantxa.ii.uam.es/~proyectos/teoria/C6_Organizacion %20empresarial%20 y%20proyectos.pdf].

Torrisi, S. (1998) *Industrial Organization and Innovation. An International Study o the Software Industry*, Cheltenham, Edward Elgar, p. 224.

Zukerfeld, M. (2013) *Obreros de los bits. Conocimientos, trabajo y tecnologías digitales*, Buenos Aires, Universidad Nacional de Quilmes.

Zukerfeld, M. (2008) "Capitalismo cognitivo. Trabajo Informacional y un poco de música". En *Revista NOMADA*, N° 28, pp. 52-65. En línea: [http://www.scielo.org.co/pdf/noma/n28/n28a6.pdf]. Consulta: 30/11/2019.

Zukerfeld, M. (2005) *Bienes informacionales y capitalismo*. En línea: [http://etcs.org/wp-content/uploads/2011/11/Bienes-Informacionales-y-Capitalismo-2005-Concurso-pensar-a-Contracorriente-tomo-II.pdf]. Consulta: 05/12/19.

Otras fuentes consultadas

CESSI (2018) "La economía de la industria argentina del *software*. Ley de protección del *software* y su impacto en la evolución del sector", Cámara de la Industria del *Software* (CESSI), Noviembre. En línea: [https://www.cessi.org.ar/comunicados/docs/Reporte-ECONOMICO-Fundacion-FIEL-CESSI.pdf - consulta 19/08/19].

CESSI/OPSII (2019) "Reporte anual sobre el Sector de *Software* y Servicios Informáticos de la República Argentina. Reporte Año 2018", Observatorio Permanente Industria del SSI de la República Argentina. En línea: [https://www.cessi.org.ar/opssi-reportes-949/index.html]. Consulta: 21/02/20.

CONES (2011) "Plan estratégico de la Industria del *software* y Servicios Informáticos del Chaco", Punto 3.6., "Eje de Promoción Sectorial", pp. 6-7. En línea: [http://www.coneschaco.org.ar/images/pdf/ trabajosinvestigacion/rsn.pdf]. Consulta: 27/08/16.

IEEE (1990) "Standard Glossary of Software Engineering Terminology", Institute of Electrical and Electronics Engineers (IEEE), Standards Board, New York, USA. En línea: [http://www.informatik.htw-dresden.de/~hauptman/SEI/IEEE_Standard_Glossary_of_Software_Engineering_Terminology%20.pdf]. Consulta: 03/11/2016.

OCDE (1985) *Software: an emerging industry*, Information Computer Communications Policy, Paris, OECD.

Peger, E. (2019) "Doce sindicatos pelean por quedarse con 240.000 nuevos trabajadores...". En *InfoTechnology*, BDO, Buenos Aires, 29/03/2019. En línea: [https://www.infotechnology.com/negocios/12-sindicatos-pelean-por-quedarse-con-240.000-nuevos-trabajadores-hay-7.500-M-en-juego-20190329-0009.html]. Consulta: 12/12/19.

Pizarro, C. (2017) "El emprendedor schumpeteriano". En *El quinto poder*, Fundación Democracia y Desarrollo, Santiango, Chile. En línea: [https://www.el-quintopoder.cl/economia/el-emprendedor-schumpeteriano/]. Consulta: 12/12/18.

Los nuevos estándares de acreditación en las carreras de Ingeniería en Argentina. Programa Institucional de la Facultad Regional Avellaneda de UTN

Luis Alberto Garaventa

Introducción

La Facultad Regional Avellaneda de la Universidad Tecnológica Nacional fue creada en el año 1955 en el marco del "Plan Quinquenal" en la segunda presidencia de Juan Domingo Perón. En la actualidad sostiene una matrícula de aproximadamente 3500 estudiantes de Ingeniería distribuidos en seis carreras: Ingeniería Civil, Ingeniería Eléctrica, Ingeniería Electrónica, Ingeniería Industrial, Ingeniería Mecánica e Ingeniería Química.

Como parte de la Universidad Tecnológica Nacional, integra un colectivo de 30 facultades regionales distribuidas a lo largo del país. A diferencia de las universidades tradicionales cuyas facultades están referenciadas a campos de conocimiento, nuestra universidad dicta en todas sus facultades carreras de Ingeniería. Este formato determina que una misma carrera se pueda dictar en varias facultades regionales, hecho que beneficia ampliamente la movilidad estudiantil. Esta característica tan beneficiosa en términos de movilidad estudiantil, tiene su contracara en los procesos de cambio de planes de estudio que son muy lentos en el tiempo debido a las dificultades para obtener consensos entre todos los directores de una misma carrera en las diferentes unidades académicas.

El último cambio de planes de estudio para las carreras que se dictan en la Facultad Regional Avellaneda es del año 1994 para Ingeniería Mecánica y 1995 para las restantes carreras. Los procesos de acreditación demandaron adecuaciones que se realizaron entre los años 2003 y 2007, vinculadas a contenidos faltantes o cargas horarias pero no a cuestiones estructurales.

En el ámbito del Consejo de Universidades, se dio en los últimos años el debate sobre las actividades reservadas a las carreras, por otro lado en el seno del Consejo Federal de Decanos de Ingeniería comenzó un trabajo profundo acerca de la perspectiva de las competencias como herramienta fundamental para el diseño de enseñanza en carreras de Ingeniería. Vinculado con estos procesos en el año 2018 el Ministerio de Educación de la Nación modifica los enunciados de las actividades reservadas para la Ingeniería y otras carreras alcanzadas por la medida, también en este año el Consejo Federal de Decanos de Ingeniería propone una nueva perspectiva para los estándares de acreditación de las ingenierías. Estos dos hechos requieren de cambios sustanciales, tanto en la formulación de nuevos diseños curriculares para las carreras como en las formas de gestión de la enseñanza en el seno de cada carrera. Esta presentación recorre la estructura de los cambios producidos, analiza los impactos posibles en el seno de las unidades académicas y propone un Programa Institucional que ponga en diálogo las demandas externas de cambio con la cultura institucional de cómo se enseña y gestiona una carrera.

La resolución ministerial 1254/18

Un poco de historia

La Ley N° 24.521 de Educación Superior, se refiere en su artículo 43 a las profesiones reguladas por el Estado, cuyo ejercicio pudiera poner en riesgo de modo directo la salud, seguridad, derechos, bienes o formación. Al respecto de ellas, afirma que por un lado el Ministerio de Educación determinará con criterio restrictivo en acuerdo con el Consejo de Universidades tanto la nómina de títulos como sus actividades profesionales reservadas exclusivamente, por el otro determina que las carreras deberán ser acreditadas periódicamente por la Comisión Nacional de Acreditación Universitaria (CONEAU).

A partir de la promulgación de la ley se fueron sucediendo Resoluciones Ministeriales que contenían tanto las actividades reservadas como los estándares de acreditación. En el caso de la Ingeniería, la resolución 1232 del año 2001 produce un quiebre en lo que respecta a la construcción de diseños curriculares porque pone un marco que termina homogeneizando las carreras en tanto regula los contenidos mínimos, la distribución de los mismos en bloques de conocimiento y su carga horaria mínima, una distribución horaria de las actividades curriculares que contengan laboratorios, resolución de problemas de Ingeniería y actividades de diseño y proyecto, la inclusión de una práctica profesional supervisada y de un proyecto integrador al finalizar

     ASALARIZACIÓN y PROFESIONALIZACIÓN

la carrera. Esta resolución de algún modo pone de manifiesto que un modo de estructurar las carreras de Ingeniería, que hay cierta estructura de conocimiento común en la formación de la Ingeniería, a veces discutida en el interior de las especialidades, que marca claramente qué cosas debe saber y saber hacer un ingeniero, independientemente de su especialidad.

A casi 20 años de promulgación de la ley y sus resoluciones ministeriales asociadas, las nuevas demandas tecnológicas, formas de producción y algunas cuestiones no resueltas en sus inicios pusieron de manifiesto algunas "zonas grises" en relación a las prácticas profesionales y el título que puede realizarlas. Estas superposiciones produjeron algunas demandas por parte de los Colegios Profesionales en el ámbito del Ministerio de Educación, algunas de las cuales también involucraron a la justicia.

Se hacía necesario revisar las actividades reservadas y en ese sentido el Consejo Interuniversitario Nacional (CIN) comenzó un proceso de reescritura de las mismas, con criterios más fundamentados en intereses corporativos que de construcción de un sistema de clasificación de las actividades. En este sentido los equipos que trabajaron sobre la escritura de estas actividades no dan cuenta de un sistema de consulta que incluyera oficialmente la participación de colegios profesionales, asociaciones de decanos, especialistas en teoría de las profesiones entre otros, con un sistema presentaciones que posibilite el acervo de documentación que luego permita una construcción más ordenada y con criterio de equidad para todo el campo profesional.

La sanción de la Ley de Educación Superior determina un avance de las universidades respecto de su autonomía en tanto hasta 1994 las incumbencias de los títulos los fijaba el Ministerio de Educación. A partir de este cambio el Ministerio solo regula actividades reservadas y el resto de la actividad profesional que habilita el título se fija desde cada unidad académica.

> "Cuando se trate de títulos correspondientes a profesiones reguladas por el Estado, cuyo ejercicio pudiera comprometer el interés publico poniendo en riesgo de modo directo la salud, la seguridad, los derechos, los bienes o la formación de los habitantes, se requerirá que se respeten, además de la carga horaria a la que hace referencia el artículo anterior, los siguientes requisitos: a) Los planes de estudio deberán tener en cuenta los contenidos curriculares básicos y los criterios sobre intensidad de la formación practica que establezca el Ministerio de Cultura y Educación, en acuerdo con el Consejo de Universidades: b) Las carreras respectivas deberán ser acreditadas periódicamente por la Comisión Nacional de Evaluación y Acreditación Universitaria o por entidades

privadas constituidas con ese fin debidamente reconocidas. El Ministerio de Cultura y Educación determinara con criterio restrictivo, en acuerdo con el Consejo de Universidades, la nomina de tales títulos, así como las actividades profesionales reservadas exclusivamente para ellos"[1].

Con la normativa vigente hoy, hablamos de Alcances del Título a la actividad profesional que habilita la obtención de ese título. Estos alcances tienen un subconjunto que lo determina el Ministerio de Educación compuesto por las actividades reservadas. Las unidades académicas deben tomar recaudos para que los alcances que definen no se superpongan con actividades reservadas a otros títulos.

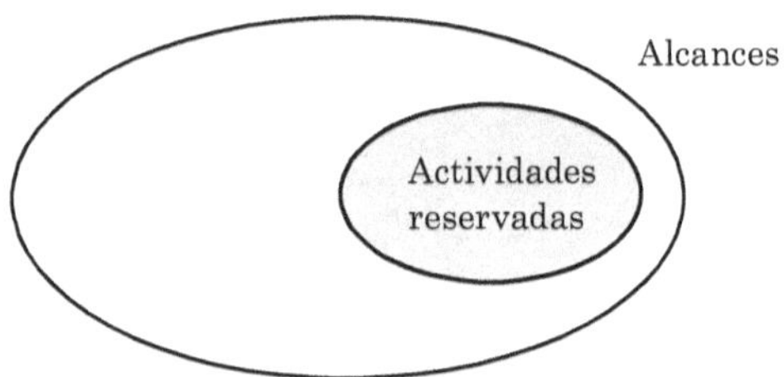

En su acuerdo 849/13, el Consejo Interuniversitario Nacional (CIN) refiere a tres componentes en la definición de una actividad reservada: la función, la localización y la tarea.

"La función describe actividades que expresan principalmente la relación con otros profesionales y tipos de actividad y es el concepto que se relaciona de manera más estrecha con la organización social del trabajo. La localización expresa el ámbito o contexto de desempeño de la actividad y la tarea define el tipo de acción, intervención u operación competente realizada por el profesional".

En la Resolución Ministerial 1254/18 las actividades reservadas para las ingenierías en tanto las funciones se plantean en la mayoría de los casos en cuatro ítems:

- Cálculo, diseño y proyecto de los objetos propios de la disciplina.
- Proyecto y dirección de la producción de esos objetos.
- Certificación.
- Proyección y dirección en lo referido a la higiene, seguridad y cuidado de medio ambiente de la actividad profesional[2].

---

1   Ley 24541.

2   Las actividades referidas al cuidado ambiental no se han incluido en todas las ingenierías. Por este motivo se han presentado reclamos por parte de las asociaciones de profesionales que están en análisis al momento de escribir este artículo.

Cuadro 1. Distinción entre función, localización y tarea. Ejemplo

Actividades Reservadas al título de Farmacéutico/Licenciado en Farmacia RM 566/04	
1. Desarrollar en forma exclusiva las siguientes actividades: a) Ejercer la dirección técnica de farmacias privadas; farmacias de establecimientos asistenciales públicos, privados y de fuerzas armadas; servicios de esterilización de establecimientos productivos o asistenciales, públicos, privados y de las fuerzas armadas; droguerías, distribuidoras; laboratorios o plantas industriales que realicen: investigación, diseño, síntesis, desarrollo, producción, control de calidad, fraccionamiento, envasado, esterilización almacenamiento, conservación, distribución, importación, exportación y transporte, de medicamentos y productos para la salud del ser humano y otros seres vivos. Ejercer la supervisión del personal técnico a su cargo.	**Función:** - Ejercer la dirección técnica de - Ejercer la supervisión técnica del personal a su cargo. **Localización:** - Farmacias privadas; farmacias de establecimientos asistenciales públicos, privados y de fuerzas armadas, servicios de esterilización de establecimientos productivos o asistenciales, públicos, privados y de las fuerzas armadas; droguerías; distribuidoras; laboratorios o plantas industriales. **Tarea:** Que realicen investigación, diseño, síntesis, desarrollo, producción, control de calidad, fraccionamiento, envasado, esterilización, almacenamiento, conservación, distribución, importación, exportación y transporte, de medicamentos y productos para la salud del ser humano y otros seres vivos.

Fuente: Acuerdo 849/13 Consejo Interuniversitario Nacional.

Las carreras de Ingeniería, al estar incluidas en los procesos de acreditación de la Comisión Nacional de Acreditación Universitaria (CONEAU) requieren de los llamados estándares de acreditación que son condiciones que deben cumplir las unidades académicas para dar cuenta de una implementación de carrera que forme profesionales capaces de ejercer las actividades reservadas al título.

Es importante destacar que esta resolución no reemplaza en su totalidad a las resoluciones ministeriales que refieren a la actividad profesional[3] sino que se limita a reemplazar el Anexo V que corresponde a las actividades reservadas. Por este motivo queda un sin sentido sobre el que hay que trabajar profundamente porque la modificación de las actividades reservadas necesariamente implica la misma tarea sobre los estándares de acreditación. En este momento,

---

3   Existen varias resoluciones ministeriales que indican estándares para las carreras de Ingeniería, que fueron promulgándose a medida que las carreras se fueron incorporando a los procesos de acreditación de CONEAU.

la normativa vigente impide iniciar un proceso de acreditación sólido porque los estándares refieren a una actividad profesional que ya no está vigente.

En este punto es fundamental la intervención histórica del Consejo Federal de Decanos de Ingeniería (CONFEDI), que desde hace muchos años viene trabajando y debatiendo sólidamente la enseñanza de la Ingeniería, incluyendo la perspectiva de las competencias. Como fruto de este trabajo se pueden hallar diversas declaraciones y documentos que han tenido impacto no solo en es espectro de la Ingeniería argentina sino también en las asociaciones vinculadas a las carreras científico tecnológicas nacionales y en la Ingeniería a nivel iberoamericano.

Previo al debate de las nuevas actividades reservadas, el CONFEDI logró consensos internos en relación con las "Competencias genéricas de egreso del ingeniero argentino" (2006) y de las "Competencias requeridas para el ingreso a las carreras de Ingeniería en Argentina" (2009), renombrada como "Competencias requeridas para el ingreso a los estudios universitarios" en consenso con AUDEAS (Asociación Universitaria de Educación Superior Universitaria), CONADEV (Consejo Nacional de Decanos de Veterinaria), CUCEN (Consejo Universitario de Ciencias Exactas y Naturales) ECUAFyB (Ente coordinador de Unidades Académicas de Farmacia y Bioquímica), FODEQUI (Foro de Decanos de las Facultades de Química), RED UNCI (Red de Universidades con carreras en Informática).

Estos dos documentos revelan la decisión de pensar la enseñanza de la Ingeniería en términos de competencias. Aún cuando en esos momentos no se ahondaba en la discusión de los modelos pedagógicos y los formatos curriculares que se adoptaran, se logró definir que la perspectiva de las competencias era el modelo más adecuado en tanto el ejercicio profesional del ingeniero conjuga el saber con el saber hacer.

En su marco conceptual adoptan los aportes de Perrenoud y LeBoerf (2007) para definir

> "Una competencia es la capacidad de articular eficazmente un conjunto de esquemas (estructuras mentales) y valores, permitiendo movilizar (poner a disposición) distintos saberes en un determinado contexto con el fin de resolver situaciones profesionales".

Esto refiere a capacidades complejas e integrales, relacionadas con saberes, vinculadas con el saber hacer y direccionadas al contexto profesional. Respecto de las estrategias de enseñanza, enmarca las tendencias futuras poniendo el eje en la profesión, propone revisarlas poniendo en el centro la actividad del estudiante y brega por la constitución de evaluaciones que permitan acreditar el desarrollo de competencias.

Se establece en este documento una diferenciación entre las competencias genéricas y las específicas, considerando las primeras como las que son comunes a todos los ingenieros y las últimas comunes a los ingenieros de una misma terminalidad.

Una de las cuestiones a salvar por parte del CONFEDI en la redacción de este documento es la extensa lista de especificaciones que suele acompañar el enunciado de competencias y que las torna en el momento de planificar, tanto una implementación de carrera como una asignatura, una tarea altamente engorrosa. Por este motivo deciden adoptar el siguiente esquema:

1. Competencia XX
    a. Capacidades asociadas integradas.
        i. Capacidades componentes.

Por ejemplo para la primera competencia enunciada:

Cuadro 2. Ejemplo de redacción de competencia genérica

<table>
<tr><td>

1. Competencia para identificar, formular y resolver problemas de Ingeniería. *Esta competencia requiere la articulación efectiva de diversas capacidades, entre las cuales se pueden detallar:*

    a. Capacidad para identificar y formular problemas. *Esta capacidad puede implicar entre otras cosas:*

        i. Ser capaz de identificar una situación presente o futura problemática.

        ii. Ser capaz de identificar y organizar los datos pertinentes al problema.

        iii. Ser capa de evaluar el contexto particular del problema e incluirlo en el análisis.

        iv. Ser capaz de delimitar el problema u formularlo de manera clara y precisa.

</td></tr>
</table>

CONFEDI (2007) Competencias genéricas: "Desarrollo de competencias en la Enseñanza de la Ingeniería Argentina" Primer Acuerdo.

En este marco y con este formato CONFEDI define para toda la ingeniería argentina, 10 competencias genéricas: cinco que son Competencias Tecnológicas y otras cinco que son Competencias sociales, políticas y actitudinales que se detallan a continuación:

- Competencias tecnológicas

  1. Identificar, formular y resolver problemas de Ingeniería.
  2. Concebir, diseñar y desarrollar proyectos de Ingeniería.
  3. Gestionar, planificar, ejecutar y controlar proyectos de Ingeniería.
  4. Utilizar de manera efectiva las técnicas y herramientas de aplicación en la Ingeniería.
  5. Contribuir a la generación de desarrollos tecnológicos y/o innovaciones tecnológicas.

- Competencias sociales, políticas y actitudinales

  6. Desempeñarse de manera efectiva en equipos de trabajo.
  7. Comunicarse con efectividad.
  8. Actuar con ética, responsabilidad profesional y compromiso social, considerando el impacto económico, social y ambiental de su actividad en el contexto local y global.
  9. Aprender en forma continua y autónoma.
  10. Actuar con espíritu emprendedor.

Las indefiniciones del momento respecto de las actividades reservadas a cada una de las ingenierías impedían enunciar alcances y competencias específicas de cada carrera con la precisión que se requería para los procesos de acreditación que sostenían los mismos estándares de acreditación que los de su ingreso a CONEAU.

A posteriori, con estos enunciados, CONFEDI comienza un trabajo en talleres con docentes de las diversas facultades asociadas para el enunciado de las Competencias de Ingreso, que se trabajaron solo para el contexto de la Ingeniería pero que, como se menciona anteriormente, fue consensuado con varias asociaciones vinculadas con carreras científico tecnológicas. Estas competencias se sostienen sobre los requerimientos para el ingreso y permanencia sin dificultades de base en carreras que tienen en su primer año materias vinculadas con la matemática, la física y la química en un gran porcentaje.

Estas competencias de acceso se clasifican en tres grupos: Competencias Básicas que aluden a cualquier tipo de actividad intelectual, las Competencias Transversales que aluden a capacidades claves para los estudios superiores, y Competencias Específicas que aluden a capacidades que permiten desempeños satisfactorios en el estudio de las carreras de estas características. En estas formas de definición, para cada competencia básica o transversal se indican fases e indicadores de logro para cada fase, y para cada competencia específica se indican indicadores de logro. Además, en este documento se especifica para cada tipo de competencia, el nivel esperado a través del cumplimiento de los niveles de logro.

Estas competencias son una base para comenzar a dialogar con las escuelas medias respecto de la formación esperada y esta tarea es altamente complicada desde lo político porque la formación secundaria depende de los gobiernos provinciales lo que genera un espacio diverso tanto en lo político como en las culturas de cada sistema educativo provincial. Aún así, este trabajo, en el seno del CONFEDI, permitió sostener las discusiones sobre las competencias y ahondar en su seno las conceptualizaciones sobre competencias y también comenzar a trabajar desde cada institución la construcción de los diagnosticos de ingreso sobre la base de estas definiciones y la construcción de estrategias para el ingreso y el primer año de carrera con el fin de trabajar sobre las distancias entre la realidad y lo esperado.

Si exploramos las publicaciones en congresos, encuentros y simposios referidos a la enseñanza de las ciencias de los primeros años de las carreras de Ingeniería, vemos que hay una enorme producción sobre el tema competencias de acceso y de estrategias didácticas, pero concentrada en la reflexión teórica o las actividades en el ingreso a las carreras, o a diagnósticos que prueban, sobre la base de modelos teóricos sólidos muchas veces, que los estudiantes llegan a las universidades carentes de esas competencias que se le requieren. Pero estos diagnósticos, en la mayoría de los casos se utilizan más para justificar el fracaso del sistema en retener a la matrícula estudiantil que para construir un sistema de enseñanza sólido que parta de ese estado de situación. No basta establecer diagnósticos de rendimiento académico en los ingresos si no se aplican para construir nuevas estrategias de enseñanza en las materias del primer año de las carreras. El objetivo de los diagnósticos es proveernos de herramientas para realizar diseños de enseñanza que mejoren el ritmo de avance de los estudiantes en la carrera por permitirles una mayor comprensión de los objetos de estudio y la apropiación de las competencias enunciadas para las carreras. Aún así, mirando el lado positivo de la situación, en los últimos años se ha instalado en el contexto de la Ingeniería la perspectiva de las competencias como un objeto de estudio para docentes y también la necesidad de adoptar otro modelo de enseñanza que el vigente.

Desde hace algunos años también, desde el CONFEDI se propone una actividad que se hace a distancia desde las facultades que es un diagnóstico de competencias en matemática que permiten hacer un acopio de información a nivel nacional otorgando información valiosa para la programación de actividades.

El desafío más fuerte en la adopción de esta nueva perspectiva es el de una formación docente que introduzca las competencias y nuevos modelos de enseñanza sin pensarlos como una ruptura con la actualidad. Es común que cuando se aborda una nueva perspectiva se inicie la capacitación con el clásico diagnóstico de reformular todo porque lo que se hace en ese momento está mal. Necesitamos pensar cómo incluir esta perspectiva sin el uso del concepto "cambio radical de paradigma". Si bien los modelos teóricos no son compatibles si se quiere, las estrategias que hoy se están aplicando en las aulas no responden unívocamente a ningún modelo de enseñanza porque han incorporado elementos de diversos enfoques.

En este contexto el CONFEDI comienza un proceso de formación docente con talleres de debate sobre la perspectiva de competencias y de enfoques y modelos de enseñanza que son afines a ella. El programa se denomina "Programa de capacitación de docentes para el desarrollo de un aprendizaje centrado en el estudiante en las carreras de Ingeniería" y tuvo como objetivo formar referentes institucionales en cada una de las unidades académicas asociadas para un posterior impacto en el seno de cada Facultad de Ingeniería.

Esta mirada sobre la enseñanza no es aceptada en muchos medios académicos en parte por sus orígenes, porque se confunde con los cursos para la adquisición de habilidades en la formación de oficios, porque se lo asocia también con las estrategias conductistas de los '70 o se cree que el único modelo de aplicación es el del diseño curricular por competencias que se ha aplicado en algunas instituciones y no ha tenido el éxito esperado. También existe una mirada resistente hacia las competencias vinculadas con las demandas del sector productivo, y que esas demandas son solo direccionadas para un recorte de toda la posible inserción laboral y en una coyuntura particular, hecho que es realmente un problema si los diseños que se construyan abarquen solamente las demandas del sector productivo y no contemplen todo el abanico de actividades posibles para las cuales el ingeniero está habilitado a ejercer.

Las competencias específicas en la Ingeniería

Como se comentaba anteriormente, la resolución ministerial 1254/18 modifica solamente el artículo que enuncia las actividades reservadas en las Resoluciones ministeriales de estándares de acreditación para las carreras alcanzadas por el artículo 43 de la Ley de Educación Superior, pero no modifica el resto del texto. En estos artículos que no se modifican se incluyen entre otras cosas la división curricular en bloques, con su carga horaria mínima, los contenidos mínimos que deben impartirse en cada bloque y una clasificación de las actividades curriculares (teóricas, de resolución de problemas, de diseño y proyecto, de laboratorio) y sus cargas horarias mínimas. Por lo tanto, la modificación de las actividades reservadas produce una pausa en los procesos de acreditación en tanto los requerimientos académicos solicitados no quedan alineados con las nuevas actividades reservadas.

El CONFEDI comienza la construcción de estándares de acreditación una vez que el Consejo de Universidades (CU), entidad integrada por el Consejo Interuniversitario Nacional (CIN) y el Consejo de Rectores de Universidades Privadas (CRUP) aprobara las actividades reservadas y las elevara al ministerio de educación.

Para esta tarea, aprueban el documento "Marco Conceptual y Estándares de Acreditación de las Carreras de Ingeniería", en el que se incluyen las Competencias Genéricas de las Ingenierías y una serie de aspectos o dimensiones a contemplar para el desarrollo institucional y de las carreras. Además convocan a las redes de carreras de Ingeniería a sumarse al trabajo y promueven su formación en las terminales que no las tenían constituidas. El proceso de elaboración de estándares convoca a la participación de 25 redes de terminales y más de 500 directores de carrera que se discuten en la 62° Reunión Plenaria de Mar del Plata en octubre de 2017 y se aprueban en la siguiente reunión plenaria en la Ciudad de Rosario entre el 31 de mayo y 1 de junio de 2018. Todos los estándares llamados "de segunda generación" se encuentran en el documento llamado "Libro rojo". En este libro se describen las Condiciones Generales Comunes para las carreras de Ingeniería que refieren a contextos institucionales, las Condiciones Curriculares Comunes para las carreras de Ingeniería que refieren al perfil de egreso, las competencias genéricas de egreso, la estructura curricular, y criterios mínimos y generales que determinan la duración mínima de la carrera y el dedicado a cada bloque curricular. También sostiene la necesidad del trabajo final integrador y la práctica profesional supervisada. En un anexo aparte se tratan las competencias específicas para cada una de los 25 títulos. La forma de redacción de estos estándares específicos para cada terminal incluye:

a) Las actividades reservadas
b) Las competencias específicas vinculadas con cada actividad reservada.

c) Los descriptores de conocimiento agrupados por los bloques de conocimiento (ciencias básicas, tecnologías básicas, tecnologías aplicadas y ciencias y tecnologías complementarias).

Impacto en las facultades de Ingeniería

Las carreras que incluyen actividades reservadas y en particular las ingenierías quedan al momento de estos enunciados en una situación de incertidumbre en lo que respecta a tiempos de acción, de reflejos de poder generar en tiempos razonables, diseños curriculares nuevos o modificaciones a los existentes que se adecuen a estándares y actividades reservadas vigentes.

Cabe la pregunta si corresponde trabajar sobre los proyectos de estándares mientras en Ministerio de Educación los trabaja y aprueba o si se espera la letra oficial de la normativa para no tener que reescribir o volver sobre conceptos que ya se creían resueltos. A partir de allí se estipula que hay un año de tiempo hasta adecuarse, pero las instituciones universitarias tienen una historia y una cultura que las hace muy lentas para tomar decisiones.

Las experiencias en el inicio de los procesos de acreditación han dejado en las instituciones por un lado enormes aprendizajes en relación con la autoevaluación, los planes y procesos de mejora, el pensar la enseñanza que en muchos casos se pensaba como propio de los otros niveles ya que los métodos aplicados desde los orígenes del sistema permanecían –permanecen pero en menor escala– como casi una constante en las aulas universitarias. La demanda de cumplir con cuotas de tipos de actividad –laboratorios, resolución de problemas de Ingeniería, actividades de proyecto y diseño– produce un corrimiento de los clásicos modelos de carreras excesivamente teóricas.

Pero estos procesos de acreditación se produjeron "hacia atrás", con una mirada sobre lo que había que tener y no se tenía, lo que debimos construir y no nos dimos cuenta. Todas esas acciones remediales que implicaron la elaboración de programas institucionales, planes de equipamiento, formación de recursos humanos, modificaciones a la infraestructura, se hicieron para resolver carencias, como plan de mejora y como respuesta en tiempo y forma a un requerimiento del momento y para el momento. En muchos casos, ciertas modificaciones que se realizaron en las instituciones han quedado grabadas y no se modifican bajo el argumento de haber sido "requerimientos de acreditación".

   ASALARIZACIÓN y PROFESIONALIZACIÓN

Los cambios que se produzcan a partir de la Resolución Ministerial 1254 y la que contenga los estándares de acreditación pueden hacerse de una forma menos traumática que en el pasado. Poder pensar hacia adelante, planificar desde una mirada más integrada y no sobre la fragmentación de una suma de requerimientos. Esto requiere de una mirada profunda hacia el interior de las instituciones para tomar conciencia de su actualidad para poder proyectarse en un nuevo diseño y sobre todo un nuevo modelo de gestión académica. La perspectiva de las competencias también cuestiona la tradicional forma de gestión de las carreras que consiste en la búsqueda y formación en cada disciplina los mejores profesionales para la enseñanza porque requiere una mirada transversal respecto buscar los espacios curriculares más propicios para el desarrollo de las competencias y trazar en lo vertical y horizontal de la carrera los niveles de logro crecientes en cada caso.

Desafíos institucionales en la Facultad Regional Avellaneda

La aprobación de estos estándares, el sostenimiento por parte de las facultades de Ingeniería asociadas al CONFEDI de la apropiación de la perspectiva de las competencias implica para la gestión de las carreras nuevos desafíos que implican una mirada hacia el presente para poder construir el futuro:

- *¿Cómo diseñar un nuevo Plan de Estudios para las carreras que contemple los nuevos estándares de acreditación?*
  Los planes de estudio actuales están estructurados solamente sobre la base de los contenidos. Los procesos de acreditación actuales controlan una distribución de los tipos de actividad curricular pero no su coherencia en relación con lo que se espera que un egresado de la terminal pueda hacer.

- *¿Están las carreras adecuadas a la demanda profesional en todas sus dimensiones?*
  Nos preguntamos si, más allá de los requerimientos de acreditación que se constituyen sobre las actividades reservadas, las carreras contemplan en sus diseños de enseñanza toda la actividad profesional asimilada al título. Esto es de importancia fundamental en tanto, si bien los estándares están construidos sobre las actividades reservadas, el plan de estudios debe tener cobertura sobre los alcances de la carrera.

Los planes de estudio en su mayoría tienen entre 15 y 20 años y tenemos que reflexionar y preguntarnos si hemos sido lo suficientemente flexibles para incluir en esa caja curricular los cambios que se han dado tanto en los perfiles profesionales, como en los requerimientos de las nuevas formas de producción y manejo de nuevas tecnologías.

- *¿La caja curricular actual de asignaturas permite abarcar los descriptores definidos en los nuevos estándares?*
  Estos nuevos estándares incluyen descriptores de conocimiento que actualmente no son contemplados en los diseños curriculares. ¿Hay espacio en las cajas curriculares para su inclusión? ¿Es necesario definir nuevas asignaturas –que implican una nueva fragmentación del conocimiento– o esos nuevos descriptores son inherentes a la caja actual?

- *Si la formación en las competencias de egreso es transversal al desarrollo de las asignaturas ¿cómo coordinar la actividad curricular en las diversas asignaturas para favorecer una adquisición creciente de esas competencias por parte de los estudiantes?*
  La estructura de gestión actual de las carreras está sostenida sobre una división del conocimiento en campos disciplinares que se asimilan a materias que son fragmentaciones de esos campos. Una buena gestión en este contexto es lograr que en cada una de esas materias tengamos contratados a los mejores profesionales de la disciplina, que muchas veces no dialogan con la carrera sino que se limitan a "enseñar su parte". Esta nueva perspectiva requiere de una gestión que sea transversal no solo en lo horizontal sino también a lo largo del tiempo de cursada y requiere del diálogo y el trabajo conjunto del cuerpo docente para el logro de esas transiciones.

- *¿Cómo diseñar una planificación de la asignatura que considere y explicite taxativamente las competencias cuyo desarrollo favorece?*
  Los formularios actuales de planificación están centrados en lo que hace el docente. De hecho, un concurso docente implica "dar una clase" en la que necesariamente se explicita lo que hace el docente. Hay objetivos, descripción de contenidos, los prácticos de laboratorio y las formas de evaluación que, en su enorme mayoría son solamente esquemas de acreditación de la materia: cuántos exámenes y condiciones de aprobación. Estas planificaciones no explicitan la actividad del estudiante en clase ni la vinculan con lo que debe apropiarse. Tampoco ponen en claro qué es lo que se va a evaluar más allá de los contenidos de las unidades involucradas.

   ASALARIZACIÓN y PROFESIONALIZACIÓN

- *¿Cómo establecer criterios e instrumentos adecuados que consideren las competencias y no solo los contenidos como dimensión a ser evaluada?*

Un relevamiento de los instrumentos de evaluación utilizados en la actualidad, denotan que son un chequeo de conocimientos: en algunos casos en dos dimensiones: la teórica como una enunciación de conocimientos, y la práctica como una selección de ejercicios o problemas cercanos a una tipología que se desarrolla en clase.

Estos desafíos en el contexto de los actuales modelos de enseñanza, evaluación y planificación nos llevan a pensar que el punto donde más impactan los cambios es sobre las estructuras de gestión de las instituciones y de las carreras porque es desde allí donde se deberán entramar las competencias y los descriptores y poner en diálogo a los docentes con ellos y trabajar sobre sus concepciones acerca de cómo se aprende y cómo se enseña.

Desde la Facultad Regional Avellaneda, la propuesta es no concebir estos cambios como un barajar y dar de nuevo sino trabajar desde el hoy, desde el modelo real de enseñanza aplicado en el presente.

Estos modos y cultura institucional de la enseñanza de la Ingeniería, al igual que en la mayoría de las facultades de Ingeniería, no encuadra en ninguna corriente de enseñanza porque es producto de años de aportes pedagógicos institucionales, formaciones asincrónicas de los docentes que se capacitan en programas institucionales y externos a la vez, y las concepciones sobre la enseñanza que introdujeron, sin modelo pedagógico teórico explicitado que las sustente, los procesos de acreditación a través de los requerimientos de los evaluadores para el cumplimiento de lo exigido para acreditar las carreras. Cuando dialogamos con docentes o autoridades de carreras, muchas veces aparece en el discurso que se debe continuar con una práctica del mismo modo que siempre, porque ha sido requerimiento de acreditación. Todas estas concepciones que están vigentes constituyen un perfil o un modelo de enseñanza de la carrera que tiene características muy particulares y que debemos analizar desde la perspectiva de las competencias.

Si observamos las aulas por las que transcurren los estudiantes en los diversos niveles, nos encontramos con prácticas que son muy similares a lo que ocurría hace más de 40 años, a pesar de que en todo este tiempo se introdujeron en el sistema diversas capacitaciones para la aplicación de nuevos métodos de enseñanza o perspectivas didácticas. Estos cambios que se intentan introducir en la formación docente, en la mayoría de los casos plantean un escenario rupturista en el cual la nueva perspectiva reemplaza las prácticas actuales del docente por ser estas últimas obsoletas o porque con su aplicación en el aula los estudiantes no aprenden. Estas formas de proponer cambios al accionar docente sustentados en que esos docentes realizan mal su tarea necesariamente fracasan porque construyen un imaginario sobre una práctica equivocada, sobre una posible –valga el término– mala praxis docente, que pone al actor en situación de defensa.

Si bien los cambios siempre producen algún tipo de ruptura, deberíamos también buscar continuidades: conceptos, prácticas que se realizan en la actualidad y que se adaptan de alguna forma a las nuevas perspectivas. No siempre es necesario cambiar todas las prácticas y todos los diseños de clase: seguramente hay experiencias en la actualidad que proponen actividades que son significativas para los estudiantes y que les permite aprender o, desde esta nueva perspectiva, desarrollar competencias.

Por otro lado, las experiencias de nuestros graduados, dan cuenta de que han desarrollado algunas competencias porque tienen exitosas trayectorias de inserción laboral que no son compatibles con una instrucción enciclopedista. Esto nos hace pensar que hay actividades que se plantean en algunas asignaturas que están cerca de estas nuevas perspectivas y que permiten sostener los cambios sobre estas continuidades.

Con el objeto de proveer herramientas conceptuales a directores de carrera para las futuras discusiones en el seno de la universidad para la construcción de construir un diseño de enseñanza para las carreras que se funde sobre el concepto de competencias y que contemple la transversalidad de las mismas a través de las articulaciones verticales del cursado de materias involucrando a un amplio conjunto de actores institucionales se formula un programa institucional.

Programa de Análisis y Proyección

Sobre la base de lo anteriormente expuesto, producto de reuniones con los directores de especialidad con las secretarías general, de planeamiento y académica y sus equipos técnicos, se propone a la comunidad educativa un programa que se desarrollará sobre cuatro líneas:

1. El análisis de los diseños curriculares actuales desde la perspectiva de los nuevos estándares como base tanto para proyectarse hacia el nuevo modelo de carrera como de establecer modificaciones a la implementación vigente para la transición entre los dos modelos.

2. La capacitación docente en diseño de enseñanza y su evaluación
    en el contexto de la formación por competencias, con el objeto de
    desarrollar la planificación, en el interior de las cátedras, de una
    secuencia racional que incluya actividades curriculares favorece-
    doras de las competencias de egreso por parte de los estudiantes.
3. Reformulación de los documentos institucionales vinculados con la
    enseñanza de modo que sean por un lado facilitadores de la tarea
    docente en el aula y por el otro permitan la evaluación institucional.
4. Conformación de un equipo de monitoreo que, a partir de las ela-
    boraciones realizadas en las líneas 1 a 3, diseñe instrumentos de
    evaluación institucional y del programa y los ponga en práctica.

Estas cuatro líneas pondrán en diálogo las nuevas demandas
externas con la cultura institucional evitando los conflictos de los
primeros períodos de acreditación en los cuales por no tener formación
previa en estos procesos en muchos casos se obedeció instrucciones
de pares evaluadores que no siempre fueron criteriosas y que dejaron
marcas en las formas de enseñanza en cada institución respecto de lo
que se debe hacer, de lo que se puede o no se puede hacer.

Con una sólida formación y conocimiento conceptual de las perspectivas de las competencias, y un diagnóstico que conjugue la
demanda de los estándares con la actualidad de las carreras a través
esa perspectiva consolidamos los equipos de gestión de las carreras
para afrontar las discusiones hacia la universidad en la construcción
de nuevos diseños, hacia el interior de la carrera para lograr acuerdos
en la implementación de esos nuevos diseños y en un futuro ante los
equipos de evaluadores para poder avalar con fundamentos sólidos la
posición institucional.

A continuación se presentan con más especificidad las características de cada línea.

**Línea 1: Análisis de la implementación del diseño curricular
actual de la carrera desde la perspectiva de los nuevos estándares.**

Esta primera línea de trabajo se propone los siguientes objetivos:

-   Analizar si los diseños curriculares actuales cubren el desarrollo
    de competencias para la actividad profesional tanto en relación
    con las Actividades Reservadas como para las que no lo son, pero
    forman parte del campo de actividad del graduado.
-   Obtener información para realizar modificaciones a la propuesta
    de enseñanza dentro del marco del diseño curricular actual.

- Adquirir herramientas conceptuales para el futuro trabajo de modificación, implementación y seguimiento de los diseños curriculares.

Para el cumplimiento de estos objetivos se parte de la constitución de un equipo de docentes referentes con actividades reconocidas en el campo de la docencia, la investigación y la actividad profesional que acompañen a las autoridades de los departamentos de especialidad en el desarrollo de este programa.

Con estos equipos y en esta línea se llevarán las siguientes acciones:

1. Análisis de la actividad profesional.
2. Formación de los equipos de docentes referentes en competencias y modelos de enseñanza y evaluación centrados en el estudiante.
3. Análisis de la relación Competencias-Implementación de Diseño Curricular vigente.

Estas tres acciones se realizan necesariamente en ese orden. La primera en particular acompaña una acción por parte de la Secretaría Académica de la Universidad para la determinación en cada carrera de los alcances y perfiles de graduado de cada carrera.

Una primera tarea es analizar las incumbencias actuales de las carreras y contraponerlas con las actividades reservadas definidas en la RM 1254/18, esta mirada permitirá ver, por un lado, si se han definido actividades reservadas que no estaban incluidas en las incumbencias actuales y por el otro definir el espacio de los alcances que no son actividades reservadas. Sobre este grupo se deberá sondear en las otras carreras si no han sido incorporadas como reservadas a otros títulos. Por otro lado, y con la convocatoria a investigadores, directivos de empresa, graduados y docentes que tengan posiciones laborales destacadas, analizar el estado del arte de la actividad profesional actual vinculado con las nuevas tecnologías, los nuevos modos de producción, las nuevas industrias para, en principio, hacer una lista de las diversas actividades en las que se desempeñan los profesionales de la especialidad en la actualidad.

Del análisis de estas dos dimensiones se pueden determinar los nuevos alcances que deberían tener los títulos de las carreras y en consecuencia diseñar un modelo curricular que permita la formación de graduados competentes para la actividad profesional definida.

El concepto de competencias ha adquirido en los últimos tiempos una importante relevancia en la definición de diseños curriculares y el diseño de modelos de enseñanza. Existe extensa bibliografía al respecto que abordan las competencias desde un abanico muy variado de modelos de diseño y enseñanza, por este motivo, se hace necesaria

 ASALARIZACIÓN Y PROFESIONALIZACIÓN

la búsqueda y adopción, entre las múltiples vertientes existentes, de un marco teórico de referencia que, ante todo, sea consistente con la formación de ingenieros.

Para la formación de equipos de referentes se diseñó un curso intensivo de capacitación con el propósito de proveer de herramientas conceptuales a los equipos para la tarea. Este curso apunta a desarrollar en los Referentes Departamentales la competencia para analizar los Diseños Curriculares vigentes con el fin de proyectarse hacia el nuevo modelo de carrera así como establecer modificaciones a la implementación vigente para la transición entre los dos modelos y a desarrollar la competencia para diseñar, ejecutar y valorar propuestas de enseñanza y evaluación acordes con las definiciones de competencias aprobadas en el Libro Rojo. Se espera que al finalizar el curso el referente demuestre que:

- Analiza la relación entre las actividades profesionales definidas en la RM 1254/18 y las que regulan los planes de estudio vigentes, analiza el Diseño Curricular y las planificaciones actuales a la luz de competencias y descriptores del Libro Rojo, Caracteriza el concepto de "competencia" y distingue competencias genéricas y específicas. Diferencia competencias de resultados de aprendizaje u objetivos y maneja adecuadamente conceptos que hacen al enfoque de la formación por competencias.
- Una vez finalizada la definición de los alcances de la carrera y con la formación en competencias de los referentes departamentales, se inicia la tarea de la tercera acción de esta línea que es el Análisis de la relación Competencias-Implementación de Diseño Curricular vigente. El trabajo se lleva adelante a partir de la construcción de dos matrices de análisis que cruzan los espacios curriculares con las competencias en un caso y los descriptores en la segunda. Este trabajo se realiza con un formulario computarizado a partir de guías elaboradas por especialistas destinados para este fin (Kozak y Cabona, 2019).

El punto de partida son los alcances definidos en cada carrera que se discriminan en:

- Los incluidos en las Actividades Reservadas
- Los no incluidos en las Actividades Reservadas. En este grupo podemos encontrar tanto las incumbencias del diseño actual que no se definen como reservadas en la RM 1254/18, como aquellas que se considere necesario definir a partir del análisis de la actividad profesional actual.

A partir de la definición de estos alcances se trabajará en simultáneo en las dos dimensiones con que se explicitan los estándares: las competencias de egreso y los descriptores.

Respecto de las competencias, el análisis del diseño curricular debe contemplar los siguientes grupos:

- Las competencias genéricas (LIBRO ROJO DEL CONFEDI).
- Las competencias específicas asociadas a las Actividades reservadas (LIBRO ROJO DEL CONFEDI).
- Las competencias específicas no asociadas a las AARR (Definidas por los referentes departamentales).

Las unidades de análisis para este cruce serán en cada espacio curricular los objetivos de la asignatura y las actividades de los estudiantes.

Como los descriptores definen grupos de contenidos disciplinares en forma amplia, para la elaboración de las matrices se hace necesario establecer el grupo de contenidos mínimos de cada descriptor necesarios para la formación del ingeniero de la especialidad. Por ejemplo en Matemática uno de los descriptores es Álgebra Lineal, analizar este descriptor implica preguntarse qué elementos del Álgebra Lineal son inherentes a la formación de ingenieros para determinar de esta forma los contenidos mínimos. El preguntarse para qué, determina asimismo el enfoque de enseñanza con que se abordará el concepto.

Los descriptores de contenidos se distribuyen en cuatro grupos:

- Ciencias Básicas
- Tecnologías Básicas
- Tecnologías Aplicadas
- Ciencias y Tecnologías Complementarias

La unidad de análisis para completar estas matrices son los contenidos de las asignaturas. No siempre un descriptor equivale a una asignatura. En algunos casos una asignatura alberga más de un descriptor. En otros casos un mismo descriptor está presente en varias asignaturas.

El formulario que se completa tanto para las matrices como para los descriptores tiene además preguntas que refieren a la coherencia interna entre objetivos, actividades, estrategias de enseñanza y evaluación.

   ASALARIZACIÓN Y PROFESIONALIZACIÓN

Linea 2: Formación docente en competencias y diseño de enseñanza.

Esta línea de trabajo, tiene como objetivo general, construir herramientas conceptuales que permitan a los y las docentes:

- Comprender los nuevos estándares de acreditación de las carreras.
- Analizar los diseños de enseñanza vigentes a la luz de los nuevos requerimientos que implican el enunciado de los estándares por competencias.
- Configurar una planificación anual de la asignatura en línea con los nuevos estándares de cada carrera.

Los cuatro bloques en que se organizan los contenidos de las carreras de Ingeniería, encierran una forma de concebir la formación:

Cuadro 3. Distribución de los Bloques de Conocimiento según niveles de carrera

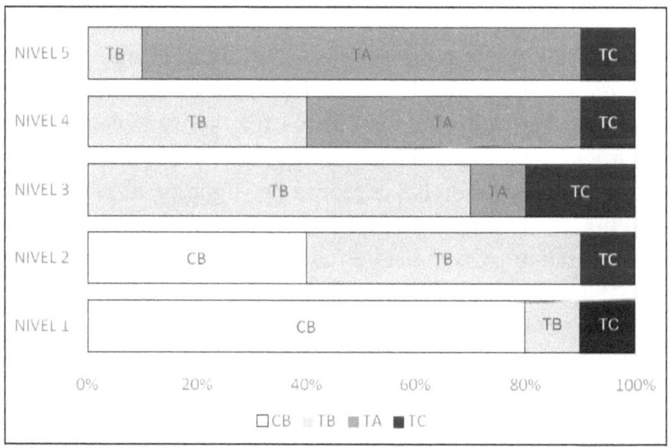

Nota: Elaboración propia sobre diferentes diseños de carreras de Ingeniería.

Esta distribución da cuenta de la forma en que se construye el conocimiento en la carreras de Ingeniería: primero las ciencias básicas para construir una base teórica sólida, en general común a casi todas las ingenierías, luego las tecnologías básicas y luego las aplicaciones. Esto requiere también pensar la formación docente con diferencias específicas según sea el bloque de trabajo. En particular, en la Universidad Tecnológica Nacional, la mayor parte de las materias que desarrollan contenidos del bloque de Ciencias Básicas y Ciencias y

Tecnologías Complementarias, se gestionan a través del Departamento de Materias Básicas. Por este motivo, los objetivos específicos de esta capacitación están discriminados por departamento y son los siguientes:

Departamento de Materias Básicas

- Analizar los objetivos y contenidos de cada disciplina desde una mirada epistemológica.
- Evaluar los aportes de la disciplina en la formación básica del ingeniero tanto desde los contenidos como desde sus abordajes y el desarrollo de competencias genéricas.
- Diseñar una propuesta de enseñanza para cada asignatura que contemple tanto el desarrollo de contenidos como de competencias.
- Construir modelos de evaluación acordes con las propuestas de enseñanza y las reglamentaciones vigentes.

La formación en este espacio requiere poner un pie en cada disciplina y trabajar a partir de las didácticas específicas. Preguntarse no solamente el cómo enseñar sino también el qué enseñar. Los programas de muchas de las materias básicas siguen respondiendo textuales a los índices de los libros que se escribieron hace más de 40 años. ¿Son estos contenidos los que se requieren para luego abordar los propios de las carreras de Ingeniería?

La matemática, por ejemplo, contiene múltiples formas de definir una función. ¿Cuál de ellas es la más apropiada para estudiar Ingeniería? ¿Cómo se diseña un cálculo diferencial e integral sobre la base de esta forma de definir una función?

Muchos años de repetir las teorías y de proponer y resolver los mismos problemas en las aulas han fijado el criterio del único camino, con matices, pero único camino y en esencia, en las distintas unidades académicas, se enseña casi siempre de la misma forma, como si esta didáctica estuviera unívocamente vinculada con los objetos a enseñar.

Una discusión que suele generarse en estos ámbitos tiene que ver con un cierto nivel de jerarquización de las ciencias básicas en los ámbitos de aplicación: los especialistas en esas disciplinas suelen oponerse a sostener las Ciencias Básicas como herramienta en tanto consideran que tienen un sentido en sí mismas y que la comprensión de ese sentido es fundamental como resultado de aprendizaje. Si bien hay algo de razonable en este planteo a veces solo justifica una forma homogénea de enseñar las Ciencias Básicas

   ASALARIZACIÓN y PROFESIONALIZACIÓN

independientemente de las carreras en las que se encuentren insertas. Es cierto que estas ciencias aportan no solamente contenidos sin formas de pensamiento para el ejercicio de las profesiones por eso es importante analizar y seleccionar enfoques que enfaticen las formas de pensamiento más acordes al ejercicio profesional de la Ingeniería.

Respecto de las competencias, tanto las genéricas como las específicas no son de alcance directo de las materias básicas, es por esto que las disciplinas del campo de las materias básicas deben expresar sus expectativas en términos de niveles de logro, capacidades, habilidades, destrezas que se espera que los estudiantes desarrollen en las cursadas.

Departamentos de Especialidad

- Relacionar, a través del análisis de desarrollo de competencias elaborado por el departamento, el aporte de cada asignatura al desarrollo del ingeniero en línea con los nuevos estándares.
- Generar una propuesta global de la carrera que incluya tanto articulaciones horizontales como verticales de contenidos como niveles de logro de competencias a lo largo de la carrera.
- Diseñar una propuesta de enseñanza para cada asignatura que contemple tanto el desarrollo de contenidos como de competencias.
- Construir modelos de evaluación acordes con las propuestas de enseñanza y las reglamentaciones vigentes.

Se busca una formación que permita a los docentes de las materias específicas pensar la asignatura no solamente desde la planificación de contenidos, sino desde el aporte que ellos pueden hacer para el desarrollo de competencias profesionales. Esta dimensión estaba excluida de las formas tradicionales de la enseñanza de la Ingeniería, que aún hoy se sostiene en algunas carreras donde se practica la escisión de la teoría y la práctica en dos espacios distintos que no tienen comunicación, con laboratorios o prácticos que no conectan con los desarrollos teóricos.

Esta nueva perspectiva en el contexto de la Ingeniería requiere pensar la carrera ya no como la suma de materias, sino como un espacio transdisciplinar con recorridos que son transversales a toda la currícula. Una competencia no se desarrolla en una unidad de una asignatura sino que hay que buscar en la trama curricular las instancias más propicias para el desarrollo con niveles de logro crecientes y esto implica a las coordinaciones de las carreras ponerse en diálogo con los docentes y poner también a los docentes en diálogos entre sí.

Y en este punto cabe volver sobre un cuestionamiento que aparece reiteradamente cuando hablamos de generar una formación en competencias para los docentes y es si podemos encontrar en las prácticas actuales actividades que promuevan el desarrollo de competencias aún cuando la perspectiva de enseñanza esté dentro de lo que llamamos tradicional. La realidad nos muestra que sí, que hay desarrollo de competencias: los estudiantes resuelven problemas, diseñan dispositivos con propósitos específicos, planifican desarrollan y evalúan proyectos, realizan tareas de laboratorio que vinculan el diseño de experimentos, el uso de los instrumentales y el análisis de resultados entre otras cosas. Lo que ocurre es que el eje del planeamiento educativo no está puesto en las competencias y por ende no tenemos herramientas para evaluar ni en los estudiantes ni como gestores de educación en la propuesta de enseñanza, si estamos propiciando el desarrollo de todas las competencias vinculadas con los alcances del título que otorga la carrera.

Se puede observan que si bien los objetivos específicos de la capacitación están diferenciados en materias básicas y materias de especialidad, existen dos objetivos comunes a ambos grupos y son los que tienen que ver con el diseño de enseñanza y la evaluación.

Es fundamental comprender que esta perspectiva cambia el formato de diseño de enseñanza de cada asignatura y en este punto hay que aclarar que no es suficiente el uso de actividades adecuadas al desarrollo de competencias sino que es imprescindible secuenciarlas dentro de un diseño que tenga un recorrido que permita un nivel creciente de desarrollo de competencias tanto dentro de cada asignatura como en los diferentes niveles de la carrera, aún cuando las cursadas de asignaturas por niveles sea asincrónica. Este trazado requiere de un alto nivel de flexibilidad en tanto los recorridos académicos de los estudiantes no siguen el patrón de organización de la caja curricular. La mayoría de los estudiantes, luego del primer año de cursada, se inscriben en asignaturas de distintos niveles, por este motivo los recorridos deben ser flexibles y no ceñidos estrictamente a los bloque de asignaturas de cada nivel.

Otro tema central es la evaluación que requiere coherencia en conjunto con las competencias a desarrollar y las actividades. En la mayoría de las planificaciones que observamos en la actualidad, en el apartado dedicado a la evaluación, se suelen consignar más las condiciones de acreditación de la asignatura que las estrategias que se utilizarán para evaluarla. La estructura clásica dentro de una cursada anual es presentar dos evaluaciones parciales, una a fin de cada cuatrimestre, que son exámenes escritos de lápiz y papel con el desarrollo de ejercitaciones y algunas preguntas o desarrollos de tipo teórico como los que se realizan en las explicaciones docentes. Es importante ver que, si bien las actividades de laboratorio son consideradas cruciales por los docentes, al momento de construir la calificación final del estudiante en la asignatura, no se consideran los desempeños académicos de los estudiantes en estas actividades que suelen considerarse condiciones necesarias pero no suficientes de aprobación. Se hace necesario plantear un conjunto de dispositivos que permitan abarcar todas las dimensiones abarcadas por las competencias.

Es necesario destacar que evaluar competencias no implica el abandono de los contenidos. Las competencias tienen significado en los contenidos: uno no aprende a diseñar en general, diseña dispositivos vinculados con una disciplina y con un determinado propósito. Esto pone en juego necesariamente los contenidos de la asignatura desde una perspectiva que le permite al estudiante una acercamiento no solo teórico a los conceptos fundamentales de la disciplina.

Estructura de la formación

Se realizará a través de dos módulos complementarios

Módulo A:
Con el objeto de proveer a los docentes de herramientas de análisis para el trabajo sobre los diseños curriculares con criterios comunes de trabajo, este módulo tendrá un enfoque esencialmente teórico, abordando definiciones propias de la formación en competencias.

Módulo B:
Con el objeto de favorecer en los docentes el desarrollo de competencias para la elaboración de diseños de enseñanza y evaluación de las asignaturas en el contexto de los nuevos estándares, este módulo incluye un acompañamiento al docente en la elaboración de su planificación tomando como insumos los análisis realizados sobre el diseño curricular por los departamentos de especialidad. El diseño de este módulo es específico para cada departamento de especialidad y trabajará sobre las necesidades detectadas en el análisis previo.

El módulo A es el que sienta las bases teóricas para el desarrollo del diseño de enseñanza y evaluación por lo que requiere trabajar sobre algunos conceptos fundamentales que serán base para todo el trabajo en el siguiente módulo. Se espera que, al finalizar este módulo los docentes puedan:

- Analizar una planificación a la luz de los descriptores y competencias que se emanan del Libro Rojo de Confedi.
- Caracterizar el concepto de competencia.
- Distinguir competencias genéricas y específicas.
- Diferenciar competencia de resultados de aprendizaje y objetivos.
- Manejar adecuadamente conceptos que hacen al enfoque de la formación por competencias.
- Considerar las perspectivas del Aprendizaje Basado en Problemas y el Aprendizaje Basado en Proyectos en la elaboración de sus diseños de enseñanza.
- Seleccionar actividades adecuadas en función de las competencias propuestas a desarrollar.
- Diseñar una propuesta de evaluación para cada materia que incorpore la lógica de la disciplina, la perspectiva de las competencias y que sea acorde con la propuesta de enseñanza.

Por esto los ejes que se abordan en el son:

- Diseño curricular: Estructura y propósitos del diseño curricular. Cómo leer un diseño curricular de carrera. Objetivos. Contenidos mínimos.
- Competencias: definiciones diferenciación con habilidades, capacidades, destrezas. Diferenciación con objetivos de aprendizaje. Niveles de logro.
- Enseñanza: Perspectivas acordes con las competencias: Aprendizaje Basado en problemas, aprendizaje basado en proyectos. Estrategias: Resolución de Problemas. Análisis de Casos.
- Evaluación. Evaluación formativa y sumativa. Estrategias e instrumentos de evaluación. Rúbricas. Listas de cotejo.

En el módulo B se fusionan las perspectivas teóricas con el plan de trabajo anual de la materia. Para llevarse a cabo es necesaria la formación en el módulo A de todos los docentes pero también que los referentes departamentales hayan finalizado su análisis de implementación del diseño curricular actual y las propuestas que surjan de los equipos de referentes departamentales para cada área y cada materia. La línea de acción anterior permite obtener matrices que indiquen

   ASALARIZACIÓN y PROFESIONALIZACIÓN

descriptores, competencias y niveles asociados con cada asignatura además del conocimiento de las actividades vigentes y su relación con el desarrollo de competencias. Esos mismos equipos trabajan en conjunto con los pedagogos de la Secretaría Académica para acompañar a cada docente en la construcción de diseño de enseñanza y evaluación en la convergencia de la mirada teórica de la enseñanza, la disciplinar y también desde una mirada transversal de la carrera.

Se espera que al finalizar este módulo cada docente haya logrado el diseño de enseñanza para su asignatura para el ciclo lectivo siguiente. Es posible que ciertas modificaciones que se propone no pueda realizarlas en lo inmediato ya sea por necesidad de equipamiento, por necesidad de formación extra en alguna dimensión disciplinar (por ejemplo uso de alguna tecnología) o porque requiere de demasiado tiempo de elaboración de material didáctico. Por eso se puede proponer además un plan con metas anuales para los próximos dos años.

Línea 3: Reformulación de los documentos institucionales vinculados con la enseñanza.

Los procesos de acreditación actuales se basan en la relación entre los descriptores, contenidos de las materias y la distribución de los tipos de actividades curriculares.

Definir los estándares a través de competencias implica poder dar cuenta, a través de los documentos institucionales, de actividades que favorezcan en los estudiantes el desarrollo de las mismas. Esto implica necesariamente un cambio en los formatos de las planificaciones y, en consecuencia, de los documentos involucrados también en la carrera académica.

En esencia el cambio de perspectiva de la enseñanza produce la necesidad de generar instrumentos de planificación que den cuenta de ello: en el modelo actual, las planificaciones dan cuenta de la actividad del docente. Qué va a enseñar, con qué estrategias, que tipos de actividad va a realizar y con cuáles de los contenidos, cómo va a evaluar.

Al centrar el proceso en el estudiante, cambia el sentido de todo formulario porque el formato de planificación tiene que dar cuenta de su actividad. Se requiere de la construcción de un instrumento que de cuenta de qué conceptos va a aprender el estudiante, qué actividades va a realizar en ese proceso de aprendizaje y cuáles instrumentos se pondrán en juego para dar cuenta de haber adquirido las competencias requeridas y acreditar el espacio curricular. Este instrumento debe además dar cuenta de qué competencias genéricas y específicas se desarrollan en la materia y además los niveles con que se desarrollan.

Dada la cantidad de documentaciones en diferentes formatos que se suele solicitar a los docentes se trabajará para que el documento único y con anexos sea considerado como planificación de la materia para información de los estudiantes, plan anual de actividades académicas para la carrera académica y también como programa de la asignatura del año para futuras acreditaciones de estudiantes.

También, en los casos de cátedras con cursos múltiples, se establecerá un modelo de plan de gestión de cátedra que de cuenta de las interacciones entre los docentes y también permita observar la equidad en el desarrollo de las actividades programadas en todos los cursos de la misma asignatura. Es muy importante en estos casos trabajar con los docentes para instalar el concepto de la cátedra única a la que se arriba por consensos y no por imposición. Se torna complejo en algunos casos lograr estos objetivos en tanto en el sistema universitario, el acceso a la titularidad de una cátedra se da por sumatoria de antecedentes académicos y de investigación pero la gestión es una dimensión que tiene muy poco peso en el otorgamiento de puntaje en los concursos. Se sigue el concepto de que la persona más capacitada para coordinar una cátedra es "la que más sabe", lo que genera en muchos casos inconvenientes de convivencia en el interior de las cátedras.

Sobre la base del diseño de enseñanza y el modelo de gestión, se hace necesario también en estas cátedras de gran multiplicidad de cursos que tienen una enorme movilidad de recursos humanos establecer planes de formación para los nóveles auxiliares en la perspectiva de las competencias, los modelos de enseñanza y también en cuestiones disciplinares.

Todas estas acciones deben estar documentadas en forma precisa para poder dar cuenta en los procesos de acreditación de cómo se trabaja en pos del desarrollo de competencias con los estudiantes.

Se constituirá para todas estas tareas un equipo interdisciplinario integrado por las secretarías general, académica y de planeamiento –responsables del seguimiento integral de los procesos de acreditación– sus equipos técnicos y responsables de los departamentos de especialidad para el diseño de esta documentación.

    ASALARIZACIÓN y PROFESIONALIZACIÓN

Línea 4: Seguimiento del programa.

La implementación de un programa hace necesaria la evaluación y construcción de indicadores e instrumentos que permitan observar el cumplimiento de sus objetivos. En este sentido se constituirá un equipo técnico que elabore los materiales de monitoreo del programa.

Como la gestión del programa implica consensos a lo largo de su desarrollo, será función de este equipo documentar los acuerdos y construir, a partir de ellos, los instrumentos adecuados.

En una primera fase se desarrollarán e implementarán instrumentos de seguimiento para las líneas de trabajo 1, 2 y 3 de modo se asegurar la eficacia de la implementación, en una segunda fase se desarrollarán e implementarán instrumentos de seguimiento y medición de la puesta en marcha de los productos de este programa para garantizar la mejora continua.

Consideraciones finales

Los permanentes cambios sociales producen demandas en el Sistema Universitario Argentino que requieren de respuestas adecuadas y también en tiempos. La universidad debe dar respuesta, a través de sus canales de docencia, investigación y gestión, a esas demandas que, en estos tiempos, están relacionadas con volver a pensar lo que debe enseñar y cómo hacerlo. Esto despliega en las instituciones movimientos internos en los distintos estamentos que requieren de un ordenamiento. Por este motivo se hace necesaria la elaboración de un programa institucional con amplia participación de los diferentes actores, construido en la búsqueda del mayor consenso posible con el fin de ser apropiado por la comunidad y llevado a cabo con las menores resistencias posibles.

Frente a las demandas externas de nuevos diseños curriculares para dar respuesta a la redefinición de actividades reservadas y estándares de acreditación para las carreras de Ingeniería, la Facultad Regional Avellaneda elabora este programa institucional que pone en diálogo las demandas con la cultura institucional en tanto la formación de ingenieros y las concepciones de cómo se enseña y como se aprende una carrera de Ingeniería.

Los avances producidos al momento de esta presentación dan cuenta del compromiso de los equipos de gestión, docentes y estudiantes en esta tarea.

Bibliografía

Carreras, B. y Perrenoud, P. (2008) *El debate sobre las competencias en la enseñanza universitaria*, Barcelona, Ediciones Octaedro.

CONFEDI (2007) "Competencias Genérica. Desarrollo de competencias en la enseñanza de la Ingeniería argentina. Primer acuerdo", Facultad de Ingeniería de la Universidad Nacional de San Juan, San Juan.

CONFEDI (2014) Documentos de CONFEDI: "Declaración de Valparaíso" sobre Competencias genéricas de egreso del ingeniero iberoamericano, Competencias genéricas de egreso del Ingeniero Argentino, Competencias requeridas para el ingreso a los estudios universitarios en Argentina, Mar del Plata, Universidad Fasta.

Diaz Barriga Arceo, F. (2006) *La enseñanza situada: vínculo entre la escuela y la vida*, México, Mc Graw Hill.

Kozak, Ana y Cabona, Fabiana (2019) "Matrices de análisis de diseños curriculares". Documento interno sin publicar. Marzo.

Perrenoud, P. (2007) *Desarrollar la práctica reflexiva en el oficio de enseñar. Profesionalizacion y razón pedagógica*, México, Grao.

Tobón, S. (2008) *La formación basada en competencias en la educación superior. El enfoque complejo*, México, Universidad Autónoma de Guadalajara.

Sobre los autores

Cecilia Blanco
Mgtr. en Ciencias Sociales (UNC); Título de Posgrado en Estadística Aplicada a la Investigación (UNC); Doctora en Estudios Sociales de América Latina con mención en Sociología (UNC); Becaria Pos Doctoral CONICET 2017-2019; Lic. en Comunicación Social (UNC); Investigadora Categoría IV ME; Profesora Asistente en la Carrera de Comunicación (ECI, FDyCS, UNC). Docente en la Maestría en Sociología (CEA, UNC). Investigadora del Centro de Investigaciones Jurídicas y Sociales (FDyCS, UNC). Área de especialización: Sociología del Trabajo y de las Profesiones.
e-mail: berrone.cecilia@gmail.com

Claudia Borlido
Veterinaria por la Universidad de la República, Especialista en Entornos Virtuales de Aprendizaje por la Organización de Estados Iberoamericanos para la Educación, la Ciencia y la Cultura; Magíster en Tecnologías de la Información y Comunicación aplicadas a la Educación por la Universidad Autónoma de Barcelona y Estudiante de Doctorado en Educación Universidad Internacional Iberoamericana, docente del Departamento de Educación Veterinaria.
e-mail: claudiaborlido@gmail.com

Paola Cabral
Veterinaria por la Universidad de la República, Especialista en Entornos Virtuales de Aprendizaje por la Organización de Estados Iberoamericanos para la Educación, la Ciencia y la Cultura; y Estudiante de Doctorado en Educación de Ciencias Experimentales en la Universidad Nacional del Litoral, docente del Departamento de Educación Veterinaria.
e-mail: paocab@gmail.com

Marta Ceballos Acasuso
Licenciada en Relaciones Industriales UNNE. Dra (c) en Antropología Social UNAM. Directora Grupo de Estudios Interdisciplinarios sobre Innovación y Trabajo (*GEISIT*), y Laboratorio de Monitoreo de Inserción de Graduados (MIG), UTN Facultad Regional Resistencia. Profesora Regular *"Sociología del Trabajo"* e *"Ingeniería y Sociedad"* UTN. Investigadora Categoría II ME - Cat. «B» UTN. Secretaría de Ciencia y Tecnología UTN FRRe 2008-2009. Investigadora Visitante (Research Officer) *London School of Economic & Political Science (LSE)* Londres, Reino Unido 2001-2002. Directora Académica Relaciones Laborales UNNE 1997-98.
e-mail: macebac@gmail.com

Raúl Eduardo Chauque
Lic. en Sociología (UBA), Maestrando en Ciencias Sociales del Trabajo (UBA), Lic. en Enfermería (UNSa-UMAI), miembro de la Unidad de Terapia Intensiva de Fundación Favaloro. Integrante del Laboratorio de Monitoreo de Inserción de Graduados MIG-UNDAV.
e-mail: rechauque@gmail.com

Analía Chiecher
Dra. en Psicología, 2017, Universidad Nacional de San Luis; Magíster en Educación y Universidad, Universidad Nacional de Río Cuarto, 2004; Licenciada en Psicopedagogía, Universidad Nacional de Río Cuarto, 1998. Investigadora independiente de CONICET y docente en la Universidad Nacional de Río Cuarto. Autora de libros, capítulos de libros y artículos científicos sobre aprendizaje en entornos virtuales y trayectorias académicas de estudiantes universitarios.
e-mail: achiecher@hotmail.com

Leticia Concha
Licenciada en Psicopedagogía, Universidad Nacional de Río Cuarto, 2019. Becaria Doctoral de CONICET sobre temas vinculados con emprendedorismo.
e-mail: leti_c95@hotmail.com

Luis Garaventa
Profesor de Matemática y Licenciado en Educación (UNQ). En el campo de la enseñanza de la matemática ha escrito y editado diversos libros de texto para primaria y secundaria. Actualmente se desempeña como profesor de Probabilidad y Estadística en UTN Avellaneda, institución en la que además es Secretario Académico y uno de los directores del Laboratorio de Monitoreo de Graduados (MIG).
e-mail: luisgaraventa@gmail.com

Gabriel Carlos Hruza
Analista Universitario de Sistemas UTN. Becario de investigación en *GEISIT/* Laboratorio MIG de UTN FR Resistencia (Chaco). Estudiante avanzado de Ingeniería en Sistemas de Información (UTN) Auxiliar de Calidad del Software en Banco de la Provincia del Chaco.
e-mail: gabriel.hruza@gmail.com

Natalia Iribarnegaray
Licenciada en Sociología. Maestranda en Ciencias Sociales del Trabajo. FCS-UBA. Miembro del Laboratorio MIG-UNDAV desde 2014.
e-mail: natuig@hotmail.com

Carlos Alberto Lovey
Ingeniero Mecánico UTN. Especialista en Gerencia y Vinculación Tecnológica UNNE. Integrante *GEISIT* (Grupo de Estudios Interdisciplinarios sobre Innovación y Trabajo) y Co-director MIG (Laboratorio de Monitoreo de Inserción de Graduados), UTN Facultad Regional Resistencia. Profesor Asociado Regular "Administración Gerencial", carrera de Ingeniería en Sistemas de Información; y Profesor Asociado Interino "Organización Industrial", carrera de Ingeniería Química. Investigador Categoría "C" UTN.
e-mail: carloslovey@gmail.com

Marta Panaia
Socióloga (UBA) Máster en Ciencias Sociales (FLACSO) Dra. en Ciencias Económicas (UBA).Investigadora Principal del CONICET, con sede en el Instituto de Investigaciones Gino Germani de la Universidad de Buenos Aires. Titular Regular de Sociología del Trabajo, en grado y postgrado de la UBA y UTN. Directora del Laboratorio MIG-UNDAV. Coordinadora Gral. De la Red de Laboratorios MIG.
e-mail: ptrabajo@yahoo.com.ar

Paola Paoloni
Licenciada en Psicopedagogía, Magíster en Educación y Universidad, Doctora en Psicología, miembro de la Carrera de Investigador Científico (categoría asistente) del CONICET. Docente e integrante del Laboratorio MIG de la Facultad de Ingeniería de la UNRC. Directora de becarios doctorales del CONICET y del FONCYT.
e-mail: paopaoloni17@hotmail.com

José Passarini
Veterinario y Magíster en Enseñanza Universitaria por la Universidad de la República (Uruguay), Doctor en Educación por la Universidad de la Habana (Cuba), Coordinador del Departamento de Educación Veterinaria y Presidente de la Comisión de Evaluación Interna y Acreditación - Universidad de la República (Udelar).
e-mail: josepasa@gmail.com

Brasiliano Rodríguez
Veterinario y Estudiante de la Maestría de Educación y Extensión Rural, por la Universidad de la República, docente del Departamento de Educación Veterinaria.
e-mail: brasilianomartin@gmail.com

Vanina Simone
Licenciada en Sociología, Magíster en Ciencias Sociales del Trabajo y Doctoranda de la Facultad de Ciencias Sociales,Universidad de Buenos Aires (FSOC-UBA). Co-directora del Laboratorio de Monitoreo de Inserción de Graduados (MIG) de la Facultad Regional Avellaneda, Universidad Tecnológica Nacional (UTN). Docente en la FSOC-UBA y en la FRA-UTN. Investigadora del Laboratorio-MIG Universidad Nacional de Avellaneda (UNDAV).
e-mail: vaninainessimone@yahoo.com.ar